SARA KUBURIC
Angekommen bei dir

arkana

SARA KUBURIC

ANGEKOMMEN BEI DIR

AKZEPTIERE, WAS IST, ENTDECKE DICH SELBST UND ÄNDERE DEIN LEBEN

Aus dem Englischen von Christina Hackenberg
und Ursula Pesch

arkana

Die amerikanische Originalausgabe ist 2023 unter dem Titel »It's On Me: Embrace Hard Truths, Discover Your Self and Change Your Life« bei The Dial Press, an imprint of Random House, a division of Penguin Random House LLC, New York erschienen.

MIX
Papier | Fördert gute Waldnutzung
FSC® C014496

Penguin Random House Verlagsgruppe FSC® N001967

1. Auflage
Deutsche Erstausgabe

in der Penguin Random House Verlagsgruppe GmbH,
Neumarkter Straße 28, 81673 München

Originally published in 2023 by The Dial Press, an imprint of Random House,
a division of Penguin Random House LLC, New York
Published by Arrangement with ONA FOUNDATION PTY. LTD.
Dieses Werk wurde vermittelt durch die Literarische Agentur
Thomas Schlück GmbH, 20161 Hannover
Lektorat: Doreen Fröhlich
Umschlaggestaltung: ki 36 Editorial Design, München,
Daniela Hofner
Umschlagmotiv: © Daniela Hofner
Satz: Satzwerk Huber, Germering
Druck und Bindung: GGP Media GmbH, Pößneck
Printed in Germany
ISBN 978-3-442-34300-3

www.arkana-verlag.de

Anmerkung der Autorin

Die Lebenserfahrungen, die wir alle haben und teilen, sind intim und heilig. Sie gehören uns und können von anderen nie ganz verstanden werden. Das Beste, was Lesende tun können, ist, sie zur Kenntnis zu nehmen, sie zu interpretieren und aus ihnen zu lernen. Sie sind eine Leihgabe, wobei der ursprüngliche Impuls im Inneren derjenigen zu finden ist, die diese Erfahrungen gemacht haben. Deswegen bin ich allen, die bereit waren, mir ihre Geschichten zu erzählen und mir kostbare Einblicke in ihr Leben zu gewähren, zutiefst dankbar.

Dieses Buch wurzelt in meinem theoretischen und klinischen Fachwissen, doch die Anregung dazu gaben mir meine eigenen Erfahrungen und meine Gespräche mit Menschen, die ich kenne und mit denen ich arbeite. Die Namen und identifizierenden Merkmale all meiner Klienten und Klientinnen, Freunde und Freundinnen sowie aller Forschungsteilnehmenden – wie auch die wiedergegebenen Gespräche – wurden in dem Bemühen geändert, die Privatsphäre zu schützen und Vertraulichkeit zu gewährleisten. Auch meine biografischen Details wurden hin und wieder leicht geändert, um meine eigene Privatsphäre zu schützen und mein Sicherheitsgefühl aufrechtzuerhalten, doch die Integrität meiner eigenen gelebten Erfahrung wurde gewahrt.

Schließlich ist die Philosophie eine schwierige Angelegenheit, und obwohl ich mein Bestes getan habe, um einige komplizierte Ideen vereinfacht darzustellen, möchte ich dich ermutigen, deine eigene Deutung vorzunehmen und deine eigene Wahrheit zu finden.

Für alle, die sich verloren fühlen

Inhalt

Anmerkung der Autorin 5

Ich weiß nicht, wer ich bin 11

TEIL I: Das Selbst

Was ist Selbstverlust? 25

Was ist das Selbst? 47

Was erwartet das Leben von mir? 75

TEIL II: Dein verlorenes Selbst

Was verursacht den Selbstverlust? 95

Wie hält die Gesellschaft den Selbstverlust aufrecht? 125

Wo ende ich, und wo beginnen andere? 157

TEIL III: Das Selbst, das du auslebst

Mentales Entrümpeln 183

Der elektrische Körper 209

Alles fühlen 243

TEIL IV: Das Selbst, das du bist

Die Kunst, du selbst zu sein 271

Danksagungen 285

Anmerkungen 287

Literaturempfehlungen 293

Sachregister 295

Ich weiß nicht, wer ich bin

»Bist du glücklich?«

Die Frage überrascht mich völlig, ebenso mein Drang zu antworten: Nein, überhaupt nicht. Ich ertrage einfach nur die Tatsache, dass ich am Leben bin.

Ich bin fassungslos.

Ich bin 24 Jahre alt, über das Wochenende in L.A. und sitze gerade mit einem engen Freund aus Collegezeiten zusammen, den ich seit unserem Abschluss nur selten gesehen habe. Die Unterhaltung war unbeschwert gewesen – wir hatten in Erinnerungen an unsere sorgenfreien Tage während des Studiums geschwelgt, Erinnerungen, die uns zusammenzucken ließen, über die wir aber auch lachen mussten. Doch dann hatte er mich mit der scheinbar harmlosen Frage umgehauen:

»Bist du glücklich?«

Ich sage es zwar nicht laut, *erlaube* es mir jedoch zum ersten Mal, der Tatsache ins Auge zu sehen, dass ich zutiefst unglücklich bin. *Warum jetzt?* An diesem Kreuzungspunkt von Wahrheit und roher Emotion – diesem Moment, den ich Jahre später bei meinen Klienten und Klientinnen erleben werde, wenn sie plötzlich und unwiderruflich erkennen, dass sich ein Aspekt ihres Lebens für sie nicht mehr ehrlich anfühlt – laufen mir mit einem Mal Tränen übers Gesicht. Verwirrt starrt mein Freund mich an.

Ich sitze da, fühle mich von meinem Körper aus dem Hinterhalt angegriffen und betrogen. Meine Brust hebt sich, während meine Lunge versucht, zwischen den einzelnen Schluchzern Luft zu bekommen. Ich sage nichts, sondern gerate in einen Strudel unzusammenhängender, dröhnender Gedanken.

Ich bin todunglücklich.

Ich weiß nicht mehr, wer ich bin – und ich kann mich nicht erinnern, wann ich es das letzte Mal wusste.

Ich fühle mich innerlich zerbrochen – kann mich aber nicht daran erinnern, zerbrochen zu sein.

Ich sage meinem Freund, dass ich zur Toilette muss. Schwankend erreiche ich das Waschbecken und umfasse den Rand, um Halt zu finden. In mir schwillt ein Schrei an, doch ich lasse ihn nicht heraus. Ich spritze mir Wasser ins Gesicht und auf den Hals und hoffe, dass die Kälte mich wieder in eine Realität zurückbringt, die ein bisschen weniger wehtut.

Als ich schließlich in den Spiegel schaue, blicken mir hohle, fremde Augen entgegen. Sie sind leer. *Steckt da überhaupt jemand drin?* Ich hebe den Arm, um mir das Gesicht abzuwischen, und die Fremde spiegelt mich. Die Frau, die meine Wangen berührt, bin ich, aber *sie* fühlt sich nicht an wie *ich*. Ich fühle mich vollkommen getrennt von der Person, die mich anstarrt. *Ist sie es, die alle anderen sehen?*

Mir ist schwindlig, aus unerklärlichen Gründen fühle ich mich total überwältigt.

Schließlich dämmert es mir: *Ich HASSE die Frau im Spiegel.* Ich bin verwirrt, frustriert und werde ständig von ihr verletzt. Sie kann mich mal! Ich leide, während sie einfach zuschaut, wie ich ein Leben lebe, das zu leben sich vielleicht nicht einmal lohnt.

Also, nein …

»Ich bin nicht glücklich«, sage ich schließlich laut, in einem leeren Toilettenraum, zu niemand Bestimmtem.

Heute, am Morgen danach, muss ich ein Flugzeug erwischen – meine Schwester und ich haben einen »Mädels-Ausflug« nach Los Angeles unternommen und fliegen zurück nach Hause, nach Vancouver. Gestern Abend in der Bar konnte ich mich zusammenreißen, aber jetzt ist meine Angst davor, in mein »wirkliches« Leben zurückzukehren, deutlich spürbar. Beim Packen fühle ich mich mit jedem Kleidungsstück, das ich in den Koffer lege, schwerer. Ich wundere mich über all die Menschen, Dinge und Rollen, die ich in mein Leben »hineingeholt« habe, obwohl sie nicht für mich bestimmt waren. Dann schelte ich mich schnell, fühle mich undankbar, ja, schäme mich sogar für meine Unzufriedenheit. Ich habe den Bosnien- und den Kosovokrieg überlebt, und die Tatsache, dass ich am Leben und gesund bin und seit meinem neunten Lebensjahr in Kanada lebe, ist ein großes, wunderbares Privileg. Ich habe zu essen, ein Dach über dem Kopf und frische Meeresluft. *Alles ist gut!*

Doch angesichts dieser erzwungenen Positivität fühle ich mich nur noch elender.

Die Wahrheit ist, dass es mir zurzeit schwerfällt, dankbar zu sein. Ich wohne in einer dunklen, beschissenen Einzimmererdgeschosswohnung, die mein Mann und ich uns kaum leisten können. Der ramponierte Van, den ich fahre, macht jedes Mal, wenn ich auf die Bremse trete, peinlich viel Lärm. Ich habe im Sommer vor Beginn der Graduiertenschule im zarten Alter von 22 geheiratet, und in der konservativen, christlichen Gemeinschaft, in der ich aufwuchs, ist niemand zusammengezuckt, als ich eine so enorme Verpflichtung eingegangen bin, noch bevor sich mein präfrontaler Cortex voll entwickelt hatte. *Warum hat mich niemand davon abgehalten?*, frage ich mich. Jetzt komme ich nach Hause zu einem Ehemann, den ich nicht liebe. Glücklicherweise bin ich tagsüber meist damit beschäftigt, Kurse zu besuchen und für meinen Masterstudiengang in Beratungspsychologie zu lernen – doch obwohl mich das ablenkt, ist mein Studium anstrengend und von Konkurrenz bestimmt. Mit jeder Aufgabe werden meine Schwachstellen und vergangenen Traumata überdeutlich. Neben den akademischen Anforderungen soll ich in Therapiesitzungen etwas über den emotionalen Schmerz anderer Menschen erfahren, ihnen helfen, damit umzugehen, während ich gleichzeitig versuche, mit meinem eigenen Schmerz zurechtzukommen. Um irgendwie mit meiner Realität fertigzuwerden, verbringe ich viel Zeit damit, von einem ganz anderen Leben tagzuträumen – über endlose Hätte-sein-Können zu fantasieren. In letzter Zeit ist mir aufgefallen, dass meine Sinne abgestumpft sind und ich mich fast losgelöst von meiner eigenen Existenz fühle.

Ich fühle mich gedrängt, jemand zu sein, der ich nicht bin, und ein Leben zu leben, das ich nicht leben will. Die Leute nehmen an, dass mir das Leben Spaß macht, dass es super, ja, sogar idyllisch ist, und meine Aufgabe besteht nun darin, den Schein zu wahren – die perfekte Ehe, die schlanke Figur, die akademischen Leistungen. Doch sosehr ich es auch versuche, ich habe das Gefühl, dass ich mich selbst und die Menschen um mich herum enttäusche.

Ich ertrinke.

Man erwartet von mir, dass ich vieles bin: Ehefrau, Studentin, Therapeutin, Freundin, Tochter und Schwester. Doch niemand erwartet von mir, dass ich mich so zeige, wie ich wirklich bin – ich selbst bin –, und es würde auch keine Rolle spielen, wenn jemand es täte, denn selbst ich weiß nicht, wer ich wirklich bin. Mir fehlt der Raum, um meine Gedanken zu enträtseln oder meine Gefühle zu entschlüsseln, obwohl das vielleicht nur eine Entschuldigung ist, weil ich den heimlichen

Verdacht habe, dass ich mich auflösen würde, wenn ich es täte. Ich fühle mich gefangen, habe Angst, dass all meine Entscheidungen – die kleinen wie die großen – mich zu einem Leben verurteilt haben, das ich nicht will, ohne Bewährung. Tief in meinem Inneren weiß ich, dass die einzige Möglichkeit, zu entkommen, die ist, das Leben, das ich lebe, zu zerschlagen.

Doch was, wenn *ich* dabei zerbreche? Wenn ich zerbreche, bevor ich mich befreien kann?

Im Taxi auf dem Weg zum Flughafen schwitze ich stark und grabe die Fingernägel in die Handflächen, um zu verhindern, dass ich mich übergebe. Mein Körper spielt verrückt, *nichts* fühlt sich mehr richtig an. Ich kann nicht einmal eine einfache Unterhaltung mit meiner Schwester führen; meine Gedanken rasen. Als wir am Flughafen ankommen, werden meine Sinne überflutet. Die Menschenmenge, der Geruch nach Fast Food und Kaffee und die Schwierigkeit, mich aufrechtzuhalten, während ich Schlange stehe, um das Flugzeug zu besteigen – *es ist einfach alles zu viel.*

Als das Unbehagen zunimmt, versuche ich noch angestrengter, es zu ignorieren. (Was ist das nur, dass wir Menschen eher Leid ertragen würden, als der Wahrheit ins Auge zu sehen?) Ich leugne meine Realität ziemlich erfolgreich, bis wir im Flugzeug sitzen und für den Start das Anschnallzeichen aufleuchtet. Als ich mich anschnalle, sehe ich mit einem Mal nur noch verschwommen. Ich kriege kaum noch Luft, und meine Haut fühlt sich viel zu eng an. Ich sehne mich verzweifelt danach, mir einen Weg herauszubahnen – heraus aus diesem Sitz, aus meinem Körper, aus meinem Leben. Die Blechwände des Flugzeugs kommen immer näher, und die Luft fühlt sich dicker an, abgestanden. Schweiß tropft mir den Nacken und die Brust hinab. Ich schnalle mich los, stehe auf und dränge mich nach vorne durch. Verwirrte Passagiere starren mich an, während die Flugbegleiterin mich wiederholt bittet, mich hinzusetzen.

»Ich muss aussteigen! Ich muss jetzt aussteigen!«, schreie ich. Irgendetwas geschieht. *Nichts* wird mich aufhalten.

Ich erinnere mich nicht einmal, das Flugzeug verlassen zu haben, doch plötzlich stehe ich an einem leeren Flughafen-Gate und sehe voller Panik meine Schwester an.

Meine Beine zittern. Dann verkrampft mein Oberkörper. Meine Arme verschränken sich, meine Hände ballen sich auf der Brust zu Fäusten, während sich meine Handgelenke verdrehen und meine Finger zu Klauen werden. *Ich bin in meinem Körper gefangen*. Meine Schwester läuft los, um medizinische Hilfe zu holen. *Heilige Scheiße*. Ich habe schreckliche Angst, als ich sie in der Ferne verschwinden sehe. Sie kommt wenige Minuten später (die sich wie *Stunden* anfühlen) zurück, gerade rechtzeitig, um zu beobachten, wie ich meine Sprachfähigkeit verliere. Ich kann meinen Unterkiefer und meine Lippen nicht mehr bewegen, und die Worte kommen als Geächze aus meinem Mund.

So plötzlich, wie die Symptome aufgetreten sind, bekomme ich wieder einen klaren Kopf. Ich bin fokussiert.

Es ist seltsam, wie frei wir werden, wenn wir glauben, mit dem Tod konfrontiert zu sein. In diesem Moment erkenne ich, dass ich bereit bin, alles zu tun, um mich zu schützen, weil nichts dieses Gefühl wert ist. *Was ist, wenn ich sterbe, bevor ich überhaupt die Chance habe, wirklich zu leben*?, frage ich mich.

Mich selbst offen anzuschauen und mein Leben zu ändern, fühlt sich nicht länger wie ein Vorschlag, sondern wie eine Notwendigkeit an. Ich bin bereit, alles in Ordnung zu bringen, zu verbrennen, wegzuwerfen, zu verlassen oder zu zerschlagen. Ein Gedanke übertönt alle anderen: *Ich werde für mich selbst da sein. Ich werde keine passive Beobachterin mehr in meinen eigenen verdammten Leben sein.*

Mehrere Minuten später treffen die Sanitäter ein. Ich sterbe nicht. Ich hatte meine erste Panikattacke. Sie geben mir eine Pille und fordern mich auf zu atmen. Sie sind ruhig, und ihre Nonchalance irritiert mich – *ich habe gerade dem Tod ins Gesicht gesehen*! Doch schon bald kehrt meine Sprachfähigkeit zurück, meine Arme lösen sich wieder, und ich kann stehen.

Heute verstehe ich, dass meine Panikattacke *als Reaktion* auf die Erkenntnis auftrat, unter einem tiefgreifenden Verlust zu leiden – der Tatsache, dass ich in einem Leben feststeckte, das nicht richtig für mich war, und dass ich darum kämpfte, ich selbst zu *sein*. Das Ereignis selbst änderte mein Leben nicht, doch es zwang mich zu erkennen, dass sich nichts ändern würde, solange ich keine Änderungen vornahm. Endlich die Verantwortung für mein Leben zu übernehmen, hieß unter anderem, zu erkennen, wann ich selbst das Problem war. Es hieß, nach innen zu schauen und einzusehen, dass letzten Endes meine Entscheidungen meine Realität geschaffen hatten, und dass ich die notwendigen Schritte unternehmen musste, die Dinge zu ändern.

Und so machte ich mich in den Monaten nach der Panikattacke am Flughafen ganz bewusst daran, Raum zu schaffen für die Version meines Selbst, die ich sein *wollte* – zu wachsen und mich zu entwickeln. Statt zu kontrollieren oder einzuschränken, wer ich war (oder zuzulassen, dass andere dies tun), lernte ich, es meinem Selbst zu erlauben, einfach zu *sein*. Und das gab mir nach und nach das Gefühl, mich besser zu kennen, zu sehen und zu verstehen als je zuvor. Ich lernte, wer ich war, und schließlich auch, als mein Selbst zu leben.

Ich beendete meine Ehe. Ich unterbrach für eine Weile mein Studium. Ich führte eine Zeitlang keine Sitzungen mehr mit Klienten und Klientinnen durch. Ich zog mich von den Menschen in meinem Freundeskreis zurück, bei denen ich das Gefühl hatte, dass sie nicht das Beste für mich wollten. Ich setzte Grenzen, wodurch viele der Beziehungen, die zu meinem Unbehagen oder meiner existenziellen Angst beitrugen, endeten oder sich auf einschneidende Weise veränderten. Ich begann, *sehr* genau auf meinen Körper zu hören. Ich gestand mir ein, dass ich in einem Käfig der Erwartungen gelebt hatte. Ich packte meinen Koffer, vergewisserte mich, dass 800 Dollar auf meinem Girokonto lagen, fragte eine Freundin, ob ich auf ihrem Sofa schlafen könne, und flog in die Stadt in Serbien, in der ich aufgewachsen war (ohne eine Vorstellung davon zu haben, was ich dort tun oder wann ich zurückkommen würde).

Ich schrieb Tagebuch. Ich erlaubte es mir, zu weinen. Ich begann, mich dem Trauma meiner vom Krieg beherrschten Vergangenheit zu stellen. Ich hatte nur noch dann Sex, wenn ich ihn wirklich wollte. Ich aß und bewegte mich auf eine Weise, die meinen Körper respektierte. Ich betrauerte die Selbstbeziehung, die ich nie hatte. Ich hörte zu, was ich zu sagen hatte, und hinterfragte es. Ich ruhte mich aus. Ich lernte, mir all dies zur Gewohnheit zu machen, zu einem fortlaufenden und wiederholten Bemühen, das mein Leben formte. Und das Wichtigste: Ich übernahm die *Verantwortung* für mein eigenes Leben. Als ich zum College zurückkehrte, machte ich meinen Master in Beratungspsychologie, an den sich ein Doktoratsstudium in Psychotherapiewissenschaft anschloss. Ich wurde eine Vertreterin der existenziellen Psychotherapie und half Klienten und Klientinnen mit Traumata sowie Identitäts-, Beziehungs- und ja, existenziellen Problemen (mehr hierzu später). Ich begann, mit Menschen zu arbeiten, die sich leer, abgeschnitten oder frustriert fühlten oder einfach unglücklich waren über das Leben, das sie führten, oder über das Selbst, das sie verkörperten.

In meinen Sitzungen kristallisierte sich ein roter Faden heraus:

Selbstverlust.

Selbstverlust ist, wie ich glaube, der Kern eines sehr großen Teils des menschlichen Leids. Obwohl die meisten von uns intuitiv verstehen, was »Selbstverlust« bedeutet, ist es gut möglich, dass sie diesen Begriff nie zuvor gehört haben oder dass er ihnen nie erklärt wurde. *Selbstverlust erwächst aus unserer versäumten Verantwortung, wir selbst zu SEIN.* Der Selbstverlust ist kein Konzept, über das du in einem Psychologie-Lehrbuch oder in der Mehrzahl der Therapiezimmer stolpern wirst, sondern eine grundsätzlich menschliche Erfahrung, die in Romanen, in der Kunst, der Musik und im Leben der meisten von uns zum Ausdruck gebracht wird.

Nachdem ich diesen Verlust erlebt hatte, war es leicht, ihn bei anderen zu erkennen, und es war faszinierend zu beobachten, dass ich meine eigene Erfahrung in den Geschichten wiederfand, die ich im Lauf der Jahre von meinen Klienten und Klientinnen, Forschungsteilnehmern und Forschungsteilnehmerinnen hörte. Und so habe ich mich aus folgendem Grund entschlossen, dieses Buch zu schreiben: um dir zu helfen, das Konzept des Selbstverlusts zu erforschen, damit du für dich die beiden wohl beunruhigendsten Fragen beantworten kannst:

Wer bin ich?
Warum bin ich hier?

Ich werde beziehungsweise *kann* dir die Antworten nicht geben. Stattdessen werde ich dir zeigen, wie du *mit diesen Fragen leben* kannst. Das Leben ist chaotisch und kompliziert. Wir müssen uns von der Vorstellung verabschieden, dass das Menschsein leicht und mühelos ist. Wir müssen aufhören, so zu tun, als gäbe es auf alle Fragen des Lebens definitive Antworten oder als seien wir alle zu ein und demselben Ziel des Glücks oder Erfolgs unterwegs. Das ist nicht möglich, dieser

Ort existiert nicht. Doch du wirst sehen, dass es unglaublich befreiend und zutiefst bedeutungsvoll ist, sich ein Leben zu erschaffen, in dem man ständig Fragen stellt und die Verantwortung dafür übernimmt, seine eigenen persönlichen und individuellen Antworten zu leben.

Der Schmerz, den viele von uns empfinden, rührt daher, dass sie sich dagegen wehren, wer sie sind und was sie wollen – dass sie nicht offen sind für die Absurdität der Existenz und die unbekannten Weisen, auf die das Leben sich entfaltet. Meine Panikattacke war zwar qualvoll, aber auch der entscheidende Moment, der mich dazu brachte, mich auf den bedeutsamen und beglückenden Weg zu machen, mein wahres Ich zu verkörpern. Heute empfinde ich bei dieser Erinnerung Dankbarkeit.* Ohne sie würde ich vielleicht noch immer herumirren und mich fragen, wer ich bin und warum ich überhaupt existiere. Oder schlimmer noch: Ich würde nach wie vor *einfach weiterhin die Tatsache ertragen, dass ich am Leben bin.*

Ich fühle mich endlich *frei* – frei, mich selbst zum Ausdruck zu bringen; den Wein zu schmecken, den ich trinke, das Meer vor meinem Fenster zu riechen. Die Menschen in meinem Leben sind aufrichtig und unterstützen mich. Meine »Rollen« stehen im Einklang damit, wer ich bin – ich lebe sie aus einem Gefühl der Zustimmung und nicht der Pflicht. Ich treffe Entscheidungen, die mich anerkennen, während ich bereitwillig die fortlaufende Aufgabe annehme, ich selbst zu *sein.* Wenn ich in den Spiegel schaue, erkenne ich die Person, die mir daraus entgegenblickt, und ich bin stolz auf sie.

Und so möchte ich dich bitten, dich mir auf dieser dynamischen, wunderbaren, lohnenden Lebensreise anzuschließen – in jedem Moment konsequent zu *entscheiden*, wer du bist, und

---

* Das heißt nicht, dass wir für schmerzliche Lebenserfahrungen immer »dankbar« sein sollten.

Ja zu den Menschen, Orten und Dingen zu sagen, die *deinem* Leben Bedeutung verleihen. *Ja* dazu zu sagen, dich deinem wunderschönen Leben – dem einen Leben, das du hast – und, noch wichtiger, deinem Selbst zu stellen und es voll und ganz zu akzeptieren.

TEIL I

Das Selbst

»Etwas zu wagen bedeutet, vorübergehend den festen Halt zu verlieren. Nichts zu wagen bedeutet, sich selbst zu verlieren.«[1]

SØREN KIERKEGAARD ZUGESCHRIEBEN

KAPITEL 1

Was ist Selbstverlust?

Folgende Visualisierung führe ich oft mit meinen Klienten und Klientinnen durch, um ihnen eine Vorstellung davon zu geben, wie sich der Selbstverlust anfühlt:

Stell dir vor, dass du allein bist und mitten in einem Raum in einem abgenutzten Ledersessel sitzt. Vor dir steht ein beschädigter Couchtisch, der droht, unter dem Gewicht der zahllosen staubigen Bücher zusammenzubrechen, die du lesen wolltest, wozu du aber nie die Zeit gefunden hast. Du trinkst einen Kaffee, der kalt geworden ist und auf dessen Oberfläche geronnene Milch schwimmt. Auf dem Beistelltisch neben dir steht eine klassische grüne Lampe, die nur noch einen dekorativen Zweck erfüllt, seit der Raum in Brand gesetzt wurde.

Die Flammen kriechen die Wände hoch, lösen die Tapeten und wirbeln Asche auf. Das Feuer kommt langsam auf dich zu; kleine Funken brennen Löcher in den Teppich zu deinen Füßen. Durch den Qualm hindurch kannst du kaum etwas sehen. Deine Lungen füllen sich mit Rauch, deine Augen tränen. Doch du bleibst einfach dort sitzen – bezahlst Rechnungen, checkst deine Mails, hältst Deadlines ein, versendest lange, verärgerte Textnachrichten oder postest inspirierende Zitate auf Instagram – und ignorierst deinen bevorstehenden Tod. Du hörst schwache, instinktive innere Schreie. Eine Stimme tief in deinem Inneren drängt dich, IN DIE GÄNGE ZU KOMMEN.

Doch stattdessen redest du dir ein, dass »alles in Ordnung ist«, dass es dir gut geht, ja, dass du die Kontrolle hast. Dass die von dir gewählte Art zu leben dir nicht wehtun wird. Dein Leben ist in Gefahr, doch aus dem einen oder anderen Grund siehst du es nicht. Du ignorierst es oder wartest vielleicht darauf, dass jemand anderer dich rettet. Du bist zu »eingespannt«, um dich selbst zu retten. Vielleicht bemerkst du aber auch die Flammen, bist jedoch stark damit beschäftigt, darüber nachzudenken, wer das Feuer gelegt hat – du würdest lieber herausbekommen, wem du die Schuld geben kannst, als einen Weg zu finden, wie du leben könntest. Wie dem auch sei, du entscheidest dich nicht dafür, die Flammen zu löschen, was letztlich heißt, dass du dich dafür entscheidest zu verbrennen.

Ich bitte meine Klienten und Klientinnen, sich Zeit zu nehmen, die Metapher zu erforschen und ihre Bedeutung zu erfassen. Wenn sie ihre eigene Interpretation vorgenommen haben, erkläre ich ihnen, was ich mit dieser Metapher sagen will:

Wir sind allein in diesem Raum, denn eines steht fest – niemand wird jemals wirklich wissen, wie es ist, wir zu sein. Der alte, abgenutzte Sessel repräsentiert das Wohlgefühl, das uns die Gewohnheiten und Muster vermitteln, die wir entwickelt haben. Er steht in der Mitte des Raums, weil wir oft – im Guten wie im Bösen – der Mittelpunkt unseres eigenen Lebens sind. Unsere angespannten Beziehungen (der Tisch) haben schwer zu tragen an unserem Mangel an Selbstwachstum und Heilung (die ungeöffneten Bücher). Der kalte Kaffee symbolisiert das

Vergehen der Zeit und die einsetzende Selbstzufriedenheit. Die Lampe ist ein Symbol für unser getrübtes Bewusstsein; ihr Licht wird von den die Wände hochkriechenden Flammen (unserem Leugnen) bezwungen.

Die Tapete stellt unsere Grenzen dar. Im Lauf der Zeit blättert sie ab und gefährdet die Integrität des Raums, die Integrität dessen, wer wir sind. Der Teppich, unser Fundament – unsere Überzeugungen, Moralvorstellungen, Werte –, wird in Brand gesetzt, und wir haben Mühe, nicht den Halt zu verlieren. Die verschwommene Sicht steht für die schädlichen Geschichten, die wir uns selbst erzählen, und der Rauch, der unsere Lunge füllt, für all die Dinge, die wir konsumieren, weil wir glauben, dass sie uns »gesund« machen werden, was sie aber nicht tun. Wir ignorieren erfolgreich die Gefahrenzeichen und die Aufforderung, Verantwortung zu übernehmen. Wir geben unsere Freiheit preis und riskieren unser Leben, um die Wärme des Vertrauten zu genießen – unsere sogenannten Pflichten und alltäglichen Banalitäten. Wir wissen vielleicht nicht, warum wir uns in einem brennenden Raum wiederfinden oder wer schuld daran ist, doch letztlich zählt nur eins: Was wir dagegen unternehmen.

Es kann schwerfallen zu verstehen, dass jemand sich einer so klaren Gefahr gegenübersieht und weiter so lebt, als spiele dies keine Rolle. Man kann sich kaum vorstellen, dass jemand, der kurz davor ist, etwas so Wichtiges wie sein Selbst zu verlieren, die Warnzeichen ignorieren kann. Dieser Verlust – die drohende Gefahr, von der ich spreche – ist nicht physischer, sondern existenzieller Natur.

Und es ist die Gefahr, der die meisten von uns wegen ihrer Art, ihr Alltagsleben zu leben, ausgesetzt sind.

Lass uns einen Tag im Leben eines Mädchens namens Alex verbringen. Wenn morgens ihr Wecker klingelt, greift sie als Erstes nach ihrem Handy. Es dauert nur ein paar Sekunden, bevor sie mit dem Finger auf die erste App tippt. Während ihre Augen sich an die Helligkeit gewöhnen, blinzelt sie die Unschärfe ihres Bildschirms weg und checkt ihre Nachrichten, wobei sie überlegt, wann sie antworten oder ein Bild liken soll, ohne zu interessiert zu wirken. Sie wird ein paar oder zehn oder 25 Minuten gedankenlos herumscrollen, bewusst oder unbewusst das Leben, die Körperform oder die Erfolge anderer Menschen wahrnehmen und ihrem Unbewussten neue Unsicherheiten, Vergleiche oder Erwartungen hinzufügen. Schließlich wird sie in ihrer Wohnung herumeilen, um sich (für die Blicke anderer) fertigzumachen, und, wenn genug Zeit bleibt, an diesem Morgen eine Sache für sich selbst zu tun – sich einen *Kaffee* zu kochen. Immer. Alex wird ihn runterkippen, während sie in ihr erstes Online-Meeting einsteigt oder nach draußen eilt, um den Zug zu erwischen, wobei sie völlig vergisst, zu frühstücken, Wasser zu trinken … oder tief Luft zu holen.

Bei der Arbeit setzt sie ein leichtes Lächeln auf, während sie es mit Menschen zu tun hat, die unangenehm oder unfreundlich sind oder einfach schlechte Arbeit leisten. Sie lebt nach ihrem Online-Kalender, der ihr sagt, mit wem sie wann sprechen und welche Aufgaben sie anpacken muss. Während langer Telefonate checkt sie oft ihre E-Mails, wobei sie beidem wenig Beachtung schenkt. Wenn sie sich langweilt, schickt sie eine bissige Nachricht an einen an derselben Videokonferenz beteiligen Kollegen, um zu sehen, ob sie ihm ein Lächeln entlocken kann. Zum Mittagessen holt sie sich Koffein-Nachschub und etwas zu essen, wobei sie sich kaum einen Moment Zeit nimmt, den Geschmack ihrer Mahlzeit wahrzunehmen. Sie wird ein Foto von ihrem Outfit oder der Aussicht von ihrem Schreibtisch aus machen – und sich zum Wetter oder ihrer Arbeitsbelastung äußern oder einen selbstironischen Witz reißen. Alle zwei oder drei Minuten wird Alex checken, wer sich ihre Story angesehen hat und sie sich selbst ansehen – ihre Bilder stellen ihr Leben in der Regel besser dar, als sie es zu leben vermag, und sie anzuschauen, verhilft ihr zu dem Gefühl, viel mehr zu leben, als sie es tatsächlich tut.

Nach der Arbeit steigt sie vielleicht auf ihren Heimtrainer, nicht weil ihr ihre Gesundheit wichtig ist, sondern weil sie ihren Körper hasst. Danach trifft sie sich mit ihren Freunden und Freundinnen oder setzt sich aufs Sofa und schaut sich einen Film auf Netflix an, um sich davon abzulenken, dass sie erschöpft, verärgert, gelangweilt oder unerfüllt ist. Dabei schielt sie die meiste Zeit auf ihr Handy und fragt sich, ob diese Person, mit der sie ausgeht, ihr zurückschreiben wird. Schließlich kriecht sie ins Bett und schaut auf den Bildschirm, bis die Augenlider schwer werden.

Alex hat sich daran gewöhnt (manche würden vielleicht sogar sagen, fühlt sich wohl damit), in dem brennenden Zimmer zu leben.

Und mit jedem Tag nimmt der Selbstverlust zu.

Kommt dir irgendetwas davon bekannt vor?

Der Begriff »Selbstverlust« klingt fast so, als könnten wir unser Wesen verlegen wie unsere Autoschlüssel oder das Ladekabel für unser Mobiltelefon. Doch auch wenn es eine verlockende Erklärung sein mag, wäre es falsch, den Selbstverlust damit zu vergleichen, *etwas* anderes oder *jemand* anderen zu verlieren. **Selbstverlust heißt, dass wir von unserem eigentlichen Selbst entfremdet sind und uns die Übereinstimmung, der Einklang und die Verbindung mit ihm fehlt.** Es ist das Gefühl, dass wir widersprüchlich und nicht authentisch sind – dass unser Handeln, unsere Gefühle und unsere Entscheidungen nicht länger repräsentieren, wie wir unser »wahres« Ich verstehen und erfahren.

Die traurige Realität ist, dass zu viele von uns unbeeindruckt davon ihr Leben weiterleben, dass sie *nicht wissen, wer sie sind.* Als Vertreterin der existenziellen Psychotherapie bin ich zu der Einsicht gelangt, dass das menschliche Selbstgefühl den Urstoff unseres Wohlergehens, unserer Beziehungen und unseres Gefühls der Erfüllung bildet. Selbstverlust hingegen ist oft der Grund dafür, dass wir es nicht schaffen, zu kommunizieren und Grenzen zu setzen, dass wir an Überzeugungen festhalten, die uns nicht länger dienlich sind, dass wir mit unseren Beziehungen nicht klarkommen, dass wir überfordert sind oder Angst haben, Entscheidungen zu treffen, dass Selbstliebe so *verdammt* schwierig ist, und schließlich, dass es so vielen von uns nicht gelingt, einen Sinn und Zweck im Leben zu finden.

Wenn du dies liest, kann es gut sein, dass du dich die meiste Zeit wie der Tod auf Latschen, ja, nicht bei vollem Bewusstsein, lebensprühend oder frei fühlst. Dieser Seinszustand ist so üblich, dass ich es in diesem Augenblick sogar wagen würde zu sagen, dass der Selbstverlust Teil unseres Menschseins geworden ist. Er ist nicht pathologisch, er stellt keine Diagnose dar (obwohl er gleichzeitig mit anderen psychischen Problemen auftreten kann). Er ist etwas, das viele von uns erleben, und er ist *das* Hindernis, das der Authentizität, der Erfüllung und der sinnvollen Verbindung mit anderen im Wege steht.

Die Krux beim Selbstverlust ist, dass er es uns nicht erlaubt, zu existieren – nicht wirklich erlaubt. Nicht auf eine Weise, die wir als erfüllend oder vielleicht als der Mühe wert empfinden.

In den meisten Fällen ist unser Selbstverlust die Folge unserer Art und Weise, unser scheinbar gleichbleibendes und zuweilen banales Leben zu leben. Er manifestiert sich durch unsere täglichen Entscheidungen und Handlungen und führt uns letztlich – und oft fast unmerklich – zu dem Punkt, an dem wir unser Selbst nicht mehr erkennen oder uns nicht mehr mit ihm verbinden. Dieser Verlust fühlt sich an wie eine Trennung oder Entfremdung von unseren Gefühlen, unserem Körper, unseren Gedanken, Werten, Überzeugungen, Beziehungen, unserer Freiheit und unserem Lebenssinn. Diese Trennung macht es unmöglich, konsequent und im Einklang zu handeln (denn womit sollte man auch im Einklang sein?). Und nach einer Weile erzeugt diese Dissonanz ein unausgesprochenes, quälendes Gefühl der Leere, Zerrissenheit oder Nichtübereinstimmung, das wir ignorieren und leugnen, solange wir es ertragen können.

Søren Kierkegaard, ein dänischer Philosoph, hat in Bezug auf den Selbstverlust einmal gesagt: »Man macht in der Welt nicht viel Aufhebens von dergleichen; denn nach einem Selbst wird in der Welt am wenigsten gefragt, und es ist am gefährlichsten von allem, sich anmerken zu lassen, dass man es hat. Die größte Gefahr, jene, sich selbst zu verlieren, kann in der Welt so geräuschlos sein, als wäre es gar nichts. Kein Verlust kann so still geschehen; jeder andere, der eines Arms, eines Beins, von fünf Reichstalern, einer Gattin usw., wird doch bemerkt.«[2]

Das Paradoxe an diesem Verlust ist, dass er oft unbemerkt vonstattengeht, aber dennoch unseren Willen erfordert. Soll heißen: Letztlich kommt es zu diesem Verlust, *weil wir es zulassen*. Wir verlieren unser Selbst nicht ohne unsere Erlaubnis oder Mitwirkung. *Wir entscheiden uns vielleicht nicht dafür, uns in einem brennenden Zimmer zu befinden, doch unser Nichthandeln, unser Versäumnis, die Flammen zu löschen, wird zu einer Entscheidung*. Der Auslöser für die Entfremdung mag unser mangelndes Bewusstsein, ein besonders ungesundes Umfeld, eine besonders ungesunde Beziehung oder eine alte Wunde sein. Doch meistens wird der Selbstverlust – die vollkommene Trennung von uns selbst – letztlich durch den Prozess der Selbsttäuschung herbeigeführt. Die Gefahr ist so groß, dass unsere einzige Möglichkeit, mit ihr fertigzuwerden – außer tatsächlich etwas gegen sie zu unternehmen –, darin besteht, uns selbst anzulügen und zu leugnen, dass wir uns leer, unerfüllt und verwirrt fühlen. Das Leben ist zu einem

Flickwerk geworden, das aus unseren fehlgeleiteten Bemühungen besteht, die Leere mit Beziehungen, Jobs, Besitztümern oder manchmal sogar Kindern zu füllen. Mit allem, was uns hilft, ein bisschen länger so tun zu können, als ob alles in Ordnung sei. Wir ignorieren fortwährend unsere Vergangenheit, unsere Schatten, unsere Wunden und wundern uns dann, warum wir Entscheidungen treffen, die uns nicht dienlich sind.

Unsere Neigung, uns selbst zu täuschen – die Wahrheit vor uns zu verbergen und trotz gegenteiliger Beweise nur zu sehen, was wir sehen wollen –, ist nicht einfach eine individuelle Marotte, sondern eine Einstellung zum Selbst, die für unsere Gesellschaft insgesamt gilt. Es ist in unserer Gesellschaft *normal* geworden, etwas anderes als wir selbst zu sein, und ehrlich gesagt wissen die meisten von uns nicht, dass es einen alternativen Weg gibt. Man hat uns beigebracht, unser Ich zu erfinden, es vorzutäuschen, zu verändern und umzuarbeiten, um »Anerkennung« und ein Gefühl der »Zugehörigkeit« zu erlangen, als würden diese äußeren Vorteile uns für die Leere im Inneren entschädigen.

Einige von uns wussten, wer sie waren, und verloren dann ihren Weg. Andere wurden erst gar nicht sie selbst. Wir wurden älter, wir wurden reifer, und unsere Rollen und Funktionen veränderten sich, doch wir verstanden nie unser *Wesen* (die intrinsische Qualität, die uns zu dem macht, wer wir sind, ein Konzept, das ich im nächsten Kapitel genauer erforschen werde). Wir wurden vieles – Experten und Expertinnen, Partner und Partnerinnen, Mentoren und Mentorinnen, Freunde und Freundinnen, Elternteile –, doch wir wurden nie wirklich wir selbst. Wir übernahmen nie wirklich die Verantwortung für die kostbare, begrenzte Zeit, die uns gegeben ist. Ehe wir uns versahen, machte es uns ein tiefes Gefühl der Orientierungslosigkeit schwierig, auch nur zu wissen, wo wir anfangen sollten.

In seiner grundlegendsten Funktion schränkt der Selbstverlust unsere Fähigkeit ein, wir selbst zu *sein*.

Er gehört zu den schmerzlichsten menschlichen Erfahrungen – ein unsichtbares Leiden, das sich auf *jeden* Aspekt unseres Lebens auswirkt. Als Folge davon, dass wir nicht wissen, wer wir sind:

Betreiben wir Selbstsabotage und tun uns ungewollt weh.
Haben wir Mühe, zu erkennen und zu verbalisieren, was wir brauchen, denken oder wie wir uns fühlen.
Ertappen wir uns dabei, ein Leben zu leben, das wir nicht wollen oder nicht erfüllend finden.
Geben wir anderen den Vorrang vor uns selbst.
Bleiben wir in Beziehungen, in denen wir nicht sein sollten.
Geraten wir in Kreisläufe, ungesunde Muster zu wiederholen.
Sind wir unfähig, unseren Sinn im Leben oder die Richtung, die wir einschlagen wollen, zu finden.
Gelingt es uns nicht, Grenzen zu setzen und aufrechtzuerhalten.
Sind wir mit einem tiefen Gefühl der Unzufriedenheit konfrontiert.
Haben wir mit unserer Selbstachtung zu kämpfen.
Fühlen wir uns ständig vom Leben überfordert oder enttäuscht.
Haben wir letztlich Schwierigkeiten, uns wirklich mit unserem Selbst zu verbinden, es zu akzeptieren und ihm zu vertrauen.

WIE ZEIGT SICH DER SELBSTVERLUST?

Ich habe mich lange Zeit nicht mit meinem eigenen Selbstverlust beschäftigt, hauptsächlich, weil ich nicht wusste, dass ich verloren war. Dass es so schwierig ist, den Selbstverlust genau festzustellen, liegt – abgesehen von unserer willentlichen oder unwillentlichen Ignoranz – unter anderem daran, dass er für viele von uns zutiefst verflochten ist mit der Erfahrung des Menschseins.

Bei mir zeigte sich der Selbstverlust in jedem Aspekt meines Lebens:

Ich unterdrückte meine Gefühle, bis sie mich überwältigten.
Ich ignorierte die Signale, die mein Körper sendete, bis er mich zwang, ihm zuzuhören.
Ich hatte die schlechte Angewohnheit, das Funktionieren von Beziehungen zu erzwingen, weil ich nicht wusste, wer ich ohne sie war.
Ich akzeptierte einen Großteil meines Lebens blind ein Glaubenssystem, das mein sittliches Verhalten steuerte. Das Problem war nicht die Weltanschauung an sich, sondern meine mangelnde Handlungsfähigkeit und die fehlende Einstimmung auf meine Bedürfnisse und Wünsche.
Und obwohl ich schließlich eins dieser langweiligen, stets verantwortungsvollen menschlichen Wesen zu sein schien, ging ich unbekümmert verantwortungslos mit meinem eigenen Leben um. Ich lebte, als hätte ich Zeit zu vergeuden und würde die Folgen meines Handelns nicht spüren. Ich redete mir ein, dass unerfüllt, traurig und verwirrt zu sein die Art von Leben war, das mir bestimmt war.

Ich wünschte, ich hätte meinen Verlust früher erkennen können, doch dazu hätte ich wissen müssen, wonach ich suchen sollte – und das wusste ich nicht. Lass mich dir also helfen, besser zu verstehen, wie der Selbstverlust sich in der Regel *in allen Aspekten* unseres Lebens manifestiert. Lass uns fünf wesentliche Kategorien betrachten:

1. Emotionen
Menschen, die einen Selbstverlust erleiden, haben oft Mühe, sich selbst zu regulieren, sich selbst zu beruhigen oder emotionale Bindungen einzugehen – ihnen fehlt die innere Stabilität. Und so greifen sie zu Bewältigungsmechanismen wie Vermeidung, Unterdrückung oder Realitätsflucht.

Einige Bewältigungsmechanismen sind offensichtlicher – sich zum Beispiel allabendlich zu betrinken oder Binge-Watching zu betreiben. Andere Bewältigungsmechanismen lassen sich nur schwer entdecken, weil sie vielleicht auf den ersten Blick bewundernswürdige Verhaltensweisen zu sein scheinen. So halten sich viele Menschen *beschäftigt* oder streben nach Erfolg (den Ehrenabzeichen der Gesellschaft). Wir sind beeindruckt von diesen Menschen, statt uns Sorgen um sie zu machen (was manchmal eine angemessenere Reaktion wäre). Sie schaffen es, während sie durchs Leben gehen, ihren Verlust auszublenden, indem sie ihre Gefühle betäuben oder sich von ihnen lösen, weil sie zu beschäftigt sind, um den Schmerz zu spüren.

Die emotionale Wirkung des Selbstverlusts zeigt sich oft in Extremen.

Einige Menschen werden gereizt, wenn andere viele Emotionen zeigen (oder genauer: werden durch sie getriggert). Sie bedauern andere für ihren »Mangel an Kontrolle« und klopfen sich selbst dafür auf die Schulter, sich derart beherrschen zu können, dass sie nichts fühlen. Sie halten ihre Lebenseinstellung für die bessere und bieten anderen keinen Raum, in ihrer Gegenwart ihre Emotionen zu zeigen. Ich war früher auch so.

Andere hingegen erleben ihren Selbstverlust vielleicht als das ständige Gefühl, von ihren Emotionen überwältigt zu sein (nicht zu wissen, was sie mit ihnen anfangen sollen). Möglicherweise erlauben sie es ihren Emotionen, ihr

Handeln zu diktieren, und erwarten, dass andere ihnen helfen, mit diesen Emotionen fertigzuwerden, während sie darum ringen, zu verstehen, was sie bedeuten, oder versuchen, sie zu kommunizieren. So zerschlagen Mütter von Neugeborenen manchmal Gegenstände in ihrem Zuhause oder hämmern gegen Wände. Die Belastung und die Verletzung des Selbst, die damit einhergehen kann, ein Kind zu bekommen, führt gelegentlich zu übermächtiger Wut und selbstverletzendem Verhalten. Ja, dies können Symptome einer postpartalen Wut sein, aber auch die Folge der Auflösung des Selbst aufgrund der endlosen Anforderungen, die plötzlich an die frischgebackene Mutter gestellt werden.

2. Der Körper
Wir können unseren Körper nicht davon trennen, wer wir sind. Und so überrascht es nicht, dass der Selbstverlust es schwieriger macht, uns mit unserem Körper zu identifizieren und im Einklang zu fühlen – es also problematisch wird, in puncto Sex, Essen, Bewegung (Sport) und unseres Selbst zu Übereinstimmung, Harmonie und Vereinbarkeit zu gelangen. Wir verkennen oft unsere physischen Bedürfnisse, Wünsche, Vorlieben oder Erfahrungen. Wir nutzen unseren Körper eher als Werkzeug denn als Ausdrucksform oder als Erweiterung unseres Selbst.

Viele von uns erwarten zu viel von ihrem Körper, schenken ihm gleichzeitig jedoch sehr wenig Aufmerksamkeit (ein Rezept für jede ungesunde Beziehung). Wir treiben übermäßig Sport, regulieren Stress nicht, sagen grausame Dinge über bestimmte Körperteile (unsere Oberschenkel, unseren Bauch, unseren Hals), schlafen zu wenig, decken unseren Flüssigkeitsbedarf mit Kaffee statt mit Wasser, ignorieren Signale des Unbehagens oder der Erschöpfung, haben auf eine Weise Sex, wie wir es nicht wollen, unterdrücken unsere Tränen und nutzen unseren Körper als

Köder oder Trophäe statt als lebendes, atmendes, sich änderndes Gebilde. Das liegt daran, dass die meisten von uns ihren Körper nicht als Teil ihres *Kern-Selbst* verstehen.

3. Beziehungen
Die Beziehung, die wir zu unserem Selbst haben, wird sich in unseren Beziehungen mit anderen spiegeln. Menschen, die einen Selbstverlust erleiden, werden eher Beziehungen eingehen und in Beziehungen bleiben, die 1) ungesund, 2) einseitig, 3) nicht erfüllend oder 4) alles zusammengenommen sind. Warum? Weil der Selbstverlust oft mit unserer Unfähigkeit oder Abneigung einhergeht, zu erkennen, welche Beziehungen mit unseren Gefühlen, unseren Bedürfnissen und unserem Selbst im Einklang stehen. Wenn wir uns selbst nicht verstehen, wählen wir eher einen Partner oder eine Beziehung als Reaktion auf unsere Wunden, unsere Unsicherheiten oder unser modelliertes Verhalten.

Der Selbstverlust raubt uns oft unser Selbstwertgefühl, was dazu führt, dass wir versuchen, es durch Bestätigung von außen zurückzubekommen. Viele von uns wissen, wie es sich anfühlt, wenn sie das Funktionieren von Beziehungen erzwingen wollen; sie reden sich ein, dass das, was der Partner oder die Partnerin will, das ist, was *sie* wollen, dass seine oder ihre Art, sie zu behandeln, »normal« ist, oder – mein persönlicher Favorit – dass »niemand perfekt ist«, um damit wiederholtes schlechtes Verhalten zu entschuldigen. Diese Haltung kann (*gelinde gesagt*) zu vielen nicht erfüllenden oder schmerzlichen Dynamiken führen und den Selbstverlust fördern, weil sie uns nicht den Raum oder die Erlaubnis gibt, wir selbst zu sein. Viele von uns wissen schließlich nicht mehr, wer sie außerhalb einer Beziehung sind. Wenn du jemals das Gefühl hattest, total auf jemanden fixiert zu sein, ist es gut möglich, dass du nicht wusstest, wer du ohne ihn oder sie warst.

4. Innere Zustimmung
Selbstverlust kann zu fehlender innerer Zustimmung führen. »Innere Zustimmung«[3] ist ein Begriff aus der Existenzanalyse, eine ausgefallene Art, von *Einverständnis* oder *Erlaubnis* zu sprechen, wenn es darum geht, wie wir unsere menschliche Freiheit nutzen und unser Leben leben. Wenn wir einen Selbstverlust erleiden, nehmen wir oft nicht bewusst oder voller Einsicht am Leben teil und haben als Folge Probleme, nicht nur unsere Situation, unser Handeln oder unsere Verantwortlichkeiten zu verteidigen und zu akzeptieren, sondern auch, wer wir sind.

Innere Zustimmung ist unsere Bereitschaft, *Ja* zum Leben zu sagen – *Ja* zu sagen zu unseren Gedanken, unseren Werten, unserer Emotionalität, dazu, wer wir sind und was für uns wichtig ist, zu unseren Überzeugungen, unserer Einzigartigkeit, unserer Haltung und unserer Bestimmung. Es ist die Gepflogenheit, zu verfolgen und zu bewerten, ob etwas im Einklang oder in Harmonie damit steht, wie wir unser Selbst verstehen.

Wenn du in den Spiegel schaust, kannst du dann hinter der Person stehen, die dir daraus entgegenblickt? Kannst du die Art akzeptieren, wie sie sich von Augenblick zu Augenblick zeigt? Bist du, was dein Handeln angeht, mit dir im Reinen, selbst wenn es anderen nicht gefällt? Lebst du deine Wahrheit? Inspiriert dich das Leben, das du lebst?

Unsere innere Zustimmung zu geben, ist eine notwendige, fortlaufende Praktik, weil unsere Existenz eine Aneinanderreihung von Abläufen ist. Es reicht nicht, unsere Zustimmung nur zu ein paar großen, lebensverändernden Entscheidungen oder Ereignissen zu geben. Stimmen wir dem Leben, das wir leben, nicht Schritt für Schritt zu, kann es schwierig sein, ihm als Ganzem zuzustimmen. Wenn wir unsere innere Zustimmung geben, hört das Leben auf, uns zu passieren. Stattdessen wird es zu etwas, das wir formen, so wie wir es möchten.

Innere Zustimmung ist eine *ermächtigte* Haltung.

Manchmal bedeutet *Ja* sagen in Wirklichkeit *Nein* sagen. Hab Nachsicht mit mir. Manchmal müssen wir, um Ja zu unseren Werten, Überzeugungen, Wünschen, Gedanken oder Gefühlen zu sagen, zu bestimmten Einladungen, Menschen, Jobs, Beziehungen, Meinungen und Weltanschauungen Nein sagen. *Ja* zum Leben zu sagen, heißt, *Ja* zu der Verantwortung dafür zu sagen, wie wir leben. Es heißt nicht, darin einzuwilligen, alles zu tun, was man uns anbietet oder worum man uns bittet.

Innere Zustimmung wird eher gefühlt als nur gedacht. Sie ist ein tiefes Gefühl der Resonanz – ein Gefühl der »Richtigkeit«. Sie ist eine bestätigende Erfahrung, die es uns ermöglicht, ganz wir selbst zu sein, uns zu behaupten und unser Selbst zum Ausdruck zu bringen. Sie ist ein Gefühl der völligen Übereinstimmung mit unserem Handeln und damit, wie wir unser Selbst sehen. Es gibt keine innere Zustimmung ohne eine klare Vorstellung davon, wer wir sind. Und ohne innere Zustimmung gibt es keine Authentizität oder Erfüllung.

5. Sinn und Moral
Der Sinn ist der *Grund* dafür, dass wir uns für das Leben entscheiden, während die Moral unsere *Art* zu leben diktiert. Sinn und Moral geben die Richtung für unser Leben vor. Der Selbstverlust ist nicht einfach nur das Ergebnis von Handeln oder Nichthandeln. Manchmal ist er die Folge von Irreführung. Die Auswirkungen des Selbstverlusts manifestieren sich als unklare Werte, unklare Moralvorstellungen oder unklares ethisches Verhalten, ja, sogar als Sinnlosigkeit. Wir haben oft große Schwierigkeiten zu erkennen, woran wir glauben oder warum und

wie wir uns gezielt auf die uns umgebende Welt einlassen sollen.

Den meisten von uns wurde als Heranwachsenden beigebracht, der Sinn rühre von unserem Beitrag zur Welt her. Obwohl viele dies erfüllend finden, konzentriert sich diese Botschaft allein auf den Sinn als Folge unseres *Outputs* oder unserer »Nützlichkeit«. Dieses Narrativ kann uns vergessen lassen, dass wir (ja, du – genau so, wie du in diesem Moment bist) Sinnträger sind. Punkt. Wir haben die Macht, durch die Art, wie wir uns auf die Welt einlassen und sie verstehen, Sinn zu erschaffen, und nicht nur dadurch, wie wir zu ihr beitragen. Es ist wichtig zu verstehen, dass wir Sinn in einer Unterhaltung, in einer Kunstgalerie oder einfach nur darin finden können, zu beobachten, wie Wellen gegen einen Felsen krachen.

Was die Moral angeht, fühlen sich Menschen, die mit festen Regeln (Moralvorstellungen) aufgewachsen sind, an die sie sich gehalten haben, oft verloren, sobald sie sich von diesen Regeln distanzieren, sie ändern oder ihr Glaubenssystem infrage stellen. Viele meiner Klienten und Klientinnen haben die Tugend des Gehorsams erlernt, doch die meisten dachten nicht selbstständig – oder durften es nicht. Fehlendes Infragestellen und Reflektieren kann zu blindem Gehorsam führen, der die innere Zustimmung, Gestimmtheit oder Ausrichtung außer Acht lässt. Vorgegebene Moralvorstellungen diktierten ihr Handeln, boten ihnen eine Art Spickzettel und formten sie zu dem, der sie sind – wobei einige ihr Selbst verloren.

ES WIRD BESSER

Niemand hat je die Absicht, sein Selbst zu verlieren, doch irgendwann wird diese Absicht irrelevant. Nicht irrelevant, was die Verantwortung, sondern was die Folgen angeht. Wenn jemand dein Haus in Brand steckt – egal ob aus Versehen oder absichtlich –, ist da ein Feuer, mit dem du umgehen musst. Später in diesem Buch werden wir erforschen, wer oder was die Flamme entzündet haben mag, die dein Selbst unter sich begraben hat, aber denk daran: Der Ursprung des Funkens wird *nie* so wichtig sein wie das, was du gegen das Inferno zu unternehmen beschließt. Es ist unrealistisch zu erwarten, dass wir immer völlig authentisch und in jedem Moment unseres Lebens im Einklang mit unserem Selbst sind, aber wir *dürfen nicht* aufhören, es zu versuchen. Wir haben die *Verantwortung*, wir selbst zu sein (und uns selbst gegenüber gnädig zu sein, während wir es immer wieder versuchen).

Wir müssen aufhören, die schmerzlichen Erfahrungen des Selbstverlusts als normal zu betrachten. Obwohl der Selbstverlust weitverbreitet ist, ist er kein Zustand, mit dem man sich zufriedengeben sollte. Wenn wir unser Selbst verlieren, werden wir mit einem Leben dastehen, das wir lediglich ertragen und in dem wir einfach nur funktionieren. Wir verdienen mehr, und wir können mehr haben.

Es ist leicht, jedwede menschliche Erfahrung, die Leid mit einschließt, zu pathologisieren, doch lass uns die Rolle, die der Schmerz in unserem Leben spielen kann, nicht abtun. Das soll nicht heißen, dass wir den Schmerz suchen, sondern dass wir Erkenntnisse aus ihm ziehen sollten, wenn er uns widerfährt (was der Fall sein wird). Es ist hilfreich, unser Leid als Signal und als Boten zu verstehen.

Der Schmerz, den du empfindest, wenn eine Flamme deine Haut berührt, sorgt dafür, dass du deine Hand wegziehst, um dich vor dem Verbrennen zu schützen. Der Schmerz des Selbstverlusts unterscheidet sich davon nicht wesentlich. Er signalisiert, dass etwas nicht in Ordnung ist, und eben dieses Signal kann dich motivieren, dein Leben zu ändern.

Ich erkläre meinen Klienten und Klientinnen immer, dass sich die Dinge während des Heilungsprozesses oft verschlechtern, bevor sie besser werden. Denn je mehr wir uns unseres Verlustes bewusst werden, desto größer wird zu Anfang der Schmerz sein. Es kann schwierig sein, der Tatsache ins Auge zu sehen, dass unsere Eltern uns irgendwie im Stich gelassen oder uns wehgetan haben oder dass wir der Grund für das Scheitern unserer letzten Beziehung waren. Aber hier kommt die gute Nachricht: Der Selbstverlust ist nicht nur ein Untertauchen in die Dunkelheit; er kann auch als Neuorientierung dienen. Er ermöglicht Wiedergutmachung (indem er uns Versöhnung und Vergebung bietet) und Veränderung und ist letztlich unsere Chance, Ganzheit zu *erzeugen*. Der Selbstverlust kann unsere Chance sein, handlungsfähig und frei zu werden. Ähnlich wie das Feuer beinhaltet diese Erfahrung sowohl Zerstörung als auch generative Kraft – und formt und bahnt kompromisslos die Wege unserer Existenz.

»Verloren« ist ein wunderschöner Ort, an dem du dich bei deiner Reise, neue Ideen, Menschen, Bedeutungen und Dinge zu erforschen, frei und unbefangen fühlen kannst. »Verloren« kann den Beginn deines Selbst kennzeichnen.

Mir ist bewusst geworden, dass der Wandel, der aus unserer Entscheidung erwächst, zu *sehen*, zu verstehen und zu *sein*, wer wir sind, beispiellos ist. Wer wir sind, ist eine einzigartige, sich ständig weiterentwickelnde Echtzeit-Erfahrung, die sich nie mit irgendeiner anderen Person teilen lässt. Die Frage »Wer bin ich?« muss im *gegenwärtigen* Moment beantwortet werden – und die Antwort wird sich mit jeder Entscheidung und jeder Ausübung der menschlichen Freiheit ändern. Es ist wichtig zu erkennen, dass unsere Aufgabe *nicht* darin besteht, zurückzugehen und zu versuchen, die Person zu »finden«, die wir früher waren.

Das Selbst ist wie ein Gemälde. Jeder Moment und jede Interaktion fügt unserer Leinwand Farbe hinzu. Die vorherigen Schichten tragen zum derzeitigen Bild bei, doch mit jedem Pinselstrich ändert sich das Gemälde – wird mehr zu dem, was es wirklich ist. Das Gemälde kann nie wieder das werden, was es einst war. Deine Reise geht nur vorwärts. Jeder Aspekt deines Lebens – jedes Versagen, jeder Wandel, jeder Verlust, jeder Augenblick der Verzweiflung oder Freude – weist darauf hin, wer du bist und welches Leben du im gegenwärtigen Moment führst.

Mit unserem Selbstverlust fertigzuwerden ist eine lange Reise mit unbekanntem Ziel – und ich bin hier, um dir bei dieser Reise zu helfen. Der erste Schritt ist der, sich den Selbstverlust einzugestehen. Es ist normal, sich überfordert zu fühlen, wenn man versucht, sein Selbst zu betrachten – ich meine, sein Selbst *wirklich* zu betrachten. Es ist normal, sich erschöpft oder entmutigt zu fühlen, wenn man danach strebt, bewusst zu leben: *Jeden. Einzelnen. Tag.* Es ist normal, unter der Last der Verantwortung zusammenzubrechen, die aus der Erkenntnis erwächst, dass wir die Freiheit haben, zu formen und zu *sein*, wer wir sind.

Doch der Lohn überwiegt bei Weitem die Mühe, das verspreche ich dir.

Der Lohn bist *du*. Dein wahres Ich, das ein authentisches, freies und sinnerfülltes Leben lebt. Dies bedeutet *nicht*, dass dein Leben leicht, angenehm oder perfekt sein wird. Es wird vielmehr ein Leben sein, in dem du jeden Aspekt des Lebendigseins erlebst, ein Leben, an dem du voll teilhast, ein Leben, in dem du alles spürst – die quälenden ebenso wie die erhebenden Momente. Ein Leben, in dem du Fehler machst und Lehren aus ihnen ziehst. Ein Leben, in dem du voll und ganz verkörperst, wer du bist.

Harte Wahrheit

Wer du in diesem Moment bist – ob du dich in einem Flugzeug befindest, an deinem Küchentisch oder auf deinem Bett sitzt –, IST, wer du wirklich bist. Wenn du diese Person nicht magst, liegt es an dir, etwas dagegen zu tun.

Sanfter Hinweis

Es ist nie zu spät, du selbst zu sein.

KAPITEL 2

Was ist das Selbst?

Es ist unglaublich schwierig, ja vielleicht sogar unmöglich, über den Selbstverlust zu sprechen, ohne das Konzept des Selbst zu verstehen. Denn *wer* ist schließlich verloren gegangen? Nach *wem* suchen wir? Wir alle haben das Konzept des »Selbst« bis zu einem gewissen Grad erforscht. Einige von uns, indem sie sich einfach gefragt haben, wer sie sind (wenn auch nur zeitweilig nach einer Trennung, einem Todesfall oder einem anderen wichtigen Ereignis), andere, indem sie eine ausgewachsene Identitätskrise durchgemacht haben.

Die Frage »Wer bin ich?« ist universell. Sie spiegelt ein angeborenes Bedürfnis wider, unser Selbst zu verstehen. Obwohl sie unabdingbar für unsere Existenz ist, wird sie oft nur gestellt, wenn wir uns Herausforderungen oder Veränderungen gegenübersehen, verzweifelt oder verunsichert sind oder einen Selbstverlust erleiden. Die Wahrheit ist: Die meisten von uns machen sich nicht die Mühe, sich auf unbekanntes Terrain vorzuwagen, es sei denn, sie werden dazu gedrängt.

Die bei einem Selbstverlust »offensichtliche« und gängige Vorgehensweise ist die, nach Selbstfindung zu streben, doch was heißt das eigentlich? »Selbstfindung« kann oft auf zweierlei Weise verstanden werden:

1. Zu »finden«, was oder wen wir verloren haben. Etwas zu suchen, was bereits existiert (ein Selbst, das außerhalb

unseres gegenwärtigen Bewusstseins oder Handelns geformt wird). Ein Selbst zu finden, das zu sein uns »bestimmt« ist.

2. Das Selbst zu entdecken, indem wir *sind* oder *erschaffen*, wer wir sind.

Dieses dichotome Denken ist nicht neu, und unsere Art, das Konzept der Selbstfindung zu verstehen, wird davon abhängen, was wir in Bezug auf das Selbst glauben.

Die Frage nach dem Selbst reicht zurück bis zu Aristoteles und Platon, den Vätern der modernen Philosophie, die behaupteten, dass jeder Mensch eine ihm angeborene Essenz habe – eine Reihe von Kerneigenschaften, die notwendig oder *essenziell* sind, damit eine Sache sein kann, was sie ist. Wenn eine gewisse Eigenschaft fehlt, ändert sich die Essenz und wird zu etwas anderem. So wie ein Messer ohne eine Klinge aufhört, ein Messer zu sein, hören wir auf, wir selbst zu sein, wenn wir bestimmte Eigenschaften nicht haben. Diesen frühen Philosophen zufolge bedeutet »Essenzialismus«, dass unsere Aufgabe als Mensch darin besteht, eine Essenz zu verkörpern, die uns *gegeben* wurde. Sie glaubten, dass wir geboren wurden, um etwas Bestimmtes zu sein, und dass uns dies entweder gelingen oder misslingen kann. Die meisten von uns teilen genau diese Auffassung vom Selbst, ohne sich bewusst zu sein, dass sie auf den Essenzialismus zurückgeht. Und wenn wir genau genug hinschauen, werden wir bemerken, dass auch andere dies tun – Mediengestalter und -gestalterinnen, Personen des öffentlichen Lebens, selbst unsere Freunde, Freundinnen und Familienmitglieder. Der Essenzialismus ist mitnichten mit den frühen Philosophen gestorben.

Als Reaktion auf den Essenzialismus entstand im weiteren Verlauf der Geschichte der Philosophie der Existenzialismus. Dieser wird oft als eine Theorie oder ein philosophischer Ansatz definiert, der die Existenz eines Individuums als *freier* und *verantwortlicher* Akteur betont, der seine eigene Entwicklung durch willentliches Handeln bestimmt (und nicht abhängig ist von einer vorherbestimmten Essenz). Jean-Paul Sartre, der bekannteste Vertreter des modernen Existenzialismus, stellte die These auf, dass wir zuerst existieren und *dann* unsere Essenz entdecken (eine Ansicht, die in direktem Gegensatz zum Essenzialismus steht). Wir werden geboren und bestimmen dann durch unsere Entscheidung, wie wir leben *wollen*, wer wir sind. Sartre glaubte, dass uns unsere Essenz nicht »gegeben« wurde, sondern dass wir sie uns selbst schaffen.

Da ich eine Vertreterin der existenziellen Psychotherapie bin, wird es wahrscheinlich nicht überraschen, dass ich die folgenden beiden Fragen mithilfe des Existenzialismus zu beantworten versuche:

1. Was ist das *Selbst*?
2. Wie verstehen wir es?

Um dieses philosophisch schwierige Thema für dich erträglich zu machen, habe ich mein Bestes getan, dir eine vereinfachte Version des Selbst zu bieten, statt dich mit Theorien aus den verschiedensten Jahrhunderten zu ermüden (gern geschehen!).

Am existenzialistischen Ansatz gefällt mir, dass Handlungsfähigkeit, Entscheidungen und dem Tun eine zentrale Rolle zukommt. Søren Kierkegaard – wohl der erste Existenzphilosoph – sagte: »Das Selbst ist ein Verhältnis, das sich zu sich selbst verhält.«[4] (Falls dir der Kopf schwirrt: Halt dich fest! Ich verspreche, dass dieser Satz wirklich etwas bedeutet!) Das Selbst wird durch seine Art definiert, sich zum Ausdruck zu bringen.[5] Durch seinen *Selbstausdruck* manifestiert sich das Selbst in der Welt und erschafft so im Laufe der Zeit unsere Identität. Unser Verständnis davon, wer wir sind, beeinflusst unser Handeln, und unser Handeln beeinflusst, wie wir unser

Selbst sehen – mit anderen Worten: *Das Selbst kann nicht unabhängig von seinem Selbstausdruck sein.*

Als wahres Kind der 1990er-Jahre möchte ich anhand des Julia-Roberts-Films *Die Braut, die sich nicht traut*[6] veranschaulichen, dass unser Handeln sich nicht von unserem Selbstgefühl trennen lässt (denn wer sagt schon, philosophische Prinzipien würden sich nicht durch heitere romantische Komödien demonstrieren lassen?). Maggie, die von Roberts in diesem Film gespielte Figur, hat schon immer Eier »gemocht« und gegessen, die so zubereitet waren, wie ihre diversen Partner sie mochten. In einer Szene sagt Ike (ein von Richard Gere gespielter Reporter, der eine Story über ihre vielen gescheiterten Beziehungen schreibt), zu ihr:

> Ike: Du bist so verloren, dass du nicht einmal weißt, wie du deine Eier magst …
> Maggie: Das nennt man, seine Meinung ändern.
> Ike: Das nennt man, keine eigene Meinung haben!

An einem Wendepunkt im Film kocht Maggie dann einen Haufen Eier, und zwar auf jede nur erdenkliche Weise, um sie alle probieren und selbst zu einer Entscheidung gelangen zu können. Sie hat endlich den Punkt erreicht, an dem sie ihr Selbstgefühl erforschen möchte, um herauszufinden, was sie *wirklich* mag. Es ist eine einfache, aber eindrückliche Szene. Sie zeigt, dass wir in der Tat frei und dafür verantwortlich sind zu erkennen, wer wir sind – was manchmal bedeutet, auf das Wesentliche zurückzukommen und unsere Autonomie zu nutzen, um durch Versuch und Irrtum zu erkennen, wie die sprichwörtlichen Eier zubereitet sein sollen, damit wir sie mit wahrer innerer Zustimmung zubereiten und essen können.

Die kleinen Schritte sind genauso wichtig wie die großen Sprünge, denn wenn unser Handeln unkoordiniert ist, wird sich unser Selbstgefühl fragmentiert anfühlen oder undefiniert bleiben. Es ist schwierig zu wissen, wer wir sind, wenn unser Verhalten widersprüchlich, sprunghaft oder inkonsequent ist. Das ist so, als würden wir einen Raum mit Stroboskoplicht betreten und nur flüchtige Blicke von der Szene erhaschen können, während wir dort herumlaufen. Zu keinem Zeitpunkt würden wir ein zusammenhängendes, vollständiges oder akkurates Bild davon erhalten, wie der Raum tatsächlich aussieht. So verwirrend kann unser Handeln sein – im Großen wie im Kleinen.

Wir kommen stärker mit unserem Selbst in Berührung, indem wir aktiv sind oder Dinge wie Liebe, Kunst, unseren Körper, Schönheit, Natur und Essen erleben. Vertrautheit mit unserem Selbst kommt durch die Nähe zu der Erfahrung selbst oder das Einssein mit ihr zustande. Wir können uns selbst (Selbstnähe und Selbstintimität) nicht verwirklichen, indem wir uns von der Welt isolieren, sondern dadurch, dass wir sie bildlich gesprochen schmecken, ja, in ihr *existieren*.

MENSCH ZU SEIN IST SCHWIERIG

Menschen haben nicht nur die existenzielle Aufgabe, ihr Selbst zu erschaffen; laut Sartre geht mit dieser Aufgabe auch »die Absurdität der Freiheit«[7] einher, dies zu tun.[*] Obwohl Freiheit etwas ist, was wir uns wohl alle wünschen, muss uns bewusst sein, dass sie ständig von uns verlangt, **Entscheidungen** zu treffen und **Verantwortung** für diese Entscheidungen zu über-

---

* Sartre erachtete die Existenz als absurd (als etwas, dem ein inhärenter Sinn, ein Wert oder eine Bedeutung fehlte). Mit anderen Worten: Er glaubte, dass wir auf uns allein gestellt sind – dafür verantwortlich sind, unser eigenes Selbstgefühl zu erschaffen *und* unserem Leben einen Sinn zu verleihen.

nehmen. **Unser Maß an Freiheit wird immer unserem Maß an Verantwortung entsprechen.**

Einfach gesagt: Wann immer wir frei sind, liegt es an uns, was wir mit dieser Freiheit anfangen (oder nicht anfangen). Und (un)glücklicherweise sind wir immer frei.* In Sartres Worten: »Der Mensch ist *verurteilt*, frei zu sein.«[8] Sartre dramatisierte nicht, sondern erklärte einfach, dass wir »verurteilt« sind, weil es von der Freiheit keine Pause gibt. Was bedeutet, dass es keine Pause von der Verantwortung für das gibt, was wir tun, sagen oder wählen.

Entscheidungsmüdigkeit ist etwas sehr Reales, und wir sehnen Pausen herbei, ohne es auch nur zu merken. Wie oft möchten wir, dass jemand anderer entscheidet, wohin wir zum Essen gehen, welchen Film wir uns ansehen, ob wir eine Beziehung beenden, dieses Foto auf Instagram posten, diesen Töpferkurs besuchen oder unserem Chef die Stirn bieten sollten? Wir fragen häufig andere nach ihren Meinungen, bevor wir uns die Zeit genommen haben, uns unsere eigene Meinung zu bilden. Ja, es ist in Ordnung, um Rat zu fragen, doch sehr oft suchen wir nicht nach einer Perspektive oder (Lebens-)Weisheit, sondern nach einer Verringerung der Last, ständig Entscheidungen treffen zu müssen. Ich mache uns keinen Vorwurf! Entscheidungen zu treffen, ist anstrengend, vor allem wenn man, wie so viele von uns, so privilegiert ist, eine große Vielzahl an Wahlmöglichkeiten zu haben. Zusammen mit unserem schwachen oder nichtexistierenden Verständnis des Selbst kann es sich überwältigend anfühlen, zu erkennen, was das »Richtige«

---

* Mir ist klar, dass ich mit dieser Aussage gerade viele Menschen getriggert haben mag. Lass mich also klarstellen: Ich behaupte, dass wir *innerhalb der Parameter unseres Kontexts* und dessen, was wir mit dem tun, was uns angetan wird, frei sind – mehr dazu später in diesem Buch. Versprochen.

ist. Es wird sogar noch belastender, sobald uns klar wird, welche Bedeutung jede einzelne unserer Entscheidungen hat.

Im Lauf der Jahre habe ich viele Unterhaltungen mit Klienten und Klientinnen geführt, die sich so anhören:

Ich: Okay, du scheinst dir also der Veränderungen, die du vornehmen willst, bewusst zu sein. Aber wo, glaubst du, kommt der Widerstand dagegen her?

Klient: Ich habe Angst vor Veränderungen.

Ich: Ah, das ergibt Sinn. Warum machen Veränderungen dir solche Angst?

Klient: Weil ... was ist, wenn ich die falsche Entscheidung treffe und dann letztlich unglücklich bin?

Ich: Bist du jetzt glücklich?

Klient: Nein.

Ich: Was also ist der Unterschied?

Klient: Wenn ich etwas verändere, werde ich selbst die Schuld daran haben, dass ich unglücklich bin. Jetzt sind es die Umstände – die Folgen davon, wie das Leben sich entfaltet hat.

Ich: Hm. Für mich klingt das so, als hättest du Angst vor Verantwortung und nicht vor Veränderung.

Klient: Ich will einfach nicht an meinem eigenen Elend schuld sein.

Ich: Leider ist Nichtstun (keine Veränderung) auch eine Entscheidung. Selbst wenn du genauso bleibst, wie du bist – es bleibt deine Verantwortung.

Die meisten von uns wollen nicht die Verantwortung dafür übernehmen, dass sie nicht das Leben haben, das sie sich wünschen, oder die Person sind, die sie gern sein möchten. Stattdessen meiden sie die Verantwortung, indem sie ihre Freiheit aufgeben. Wenn wir jemandem die Schuld für unser Handeln, unsere Entscheidungen, unsere Haltung oder unser suboptimales Selbstgefühl geben können, werden wir das wahrscheinlich tun (es sei denn, wir sind jemand, der es allen recht machen will und deswegen *viel mehr* Verantwortung übernimmt, als er eigentlich müsste ... was ironischerweise auch eine *Form* ist, keine Verantwortung für unser Selbst zu übernehmen). Wenn wir einen Beweis dafür brauchen, dass Menschen sich gern vor Verantwortung drücken, brauchen wir uns leider nur die Gesellschaft als Ganzes anzusehen.

Unser kollektives Meiden von Verantwortung hat Probleme wie die globale Erwärmung, Armut, Sexismus und Rassismus (um nur einige zu nennen) verursacht. Wir hören es vielleicht nicht gern, doch unser mangelndes Verantwortungsbewusstsein hat unseren derzeitigen Umgang mit dem Thema psychische Gesundheit vergiftet. Wir bezeichnen inzwischen jeden, mit dem wir nicht zurechtkommen, als »toxisch« oder »narzisstisch«, und wir missbrauchen den Begriff »Trauma« als Sammelbegriff für jede Unannehmlichkeit, die unserer Meinung nach ein unverantwortliches Verhalten *rechtfertigt* – was äußerst unfair gegenüber all jenen ist, die tatsächlich ein Trauma erlitten haben.

Sartre glaubte, dass wir unsere Freiheit outsourcen, indem wir von Institutionen, der Familie, dem sozialen Umfeld oder Religionen – von allem und jedem – verlangen, uns Struktur und Orientierung zu geben und uns zu sagen, wer wir sind oder sein sollten. Für Sartre ist es eine Form der Selbsttäuschung (oder das, was er als »Unaufrichtigkeit«[9] bezeichnete), sich bei der Frage, wer wir sind, auf Anregungen von außen und auf vorgegebene Strukturen zu verlassen. Wenn wir uns selbst etwas vormachen, beginnen wir, zu glauben oder uns selbst so zu behandeln, als wären wir X (was immer wir laut der Aussagen anderer sind oder *glauben*, sein zu müssen), während tief in unserem Inneren ein kleiner Teil von uns weiß, dass wir Y sind.

Du kannst die Leerstellen selbst ausfüllen. Was ist für dich X und was Y?

Sartre veranschaulichte diesen Punkt anhand des Beispiels von einem französischen Kellner, der sich all dem anpasste, was ein Kellner »sein muss«, wobei seine Bemühungen jedoch dazu führten, dass er *zu* »Kellner-esque« wirkte – seine übertriebenen Bewegungen und sein übertriebenes Verhalten machten deutlich, dass er den Kellner *spielte*.[10] Dadurch verlor er sein Selbst. Er wurde eine Sache, ein Objekt, nicht nur aufgrund der Tatsache, wie andere ihn sahen, sondern auch, wie er sein Selbst erlebte.

Hast du je das Gefühl, dass du spielst oder vorgibst, dein Selbst zu sein? Wenn wir versuchen, vor dem Schmerz des Nichts davonzulaufen, fügen wir uns schließlich selbst den Schmerz zu, der daher rührt, etwas zu sein, was wir nicht sind.

Sartre zufolge ist es eine übliche Form der »Unaufrichtigkeit«, so zu handeln, als hätten wir keine andere Wahl, als diese eine Sache zu sein – unsere Freiheit zu leugnen, unser Selbst zu etwas anderem zu machen, indem wir uns entscheiden, unser Verhalten zu ändern. Dies lässt sich in unserer Gesellschaft ständig beobachten, wenn wir versuchen, unsere Freiheit zu eliminieren, indem wir vorgeben, sie sei uns durch ein Ereignis in unserer Vergangenheit genommen worden. Hier ein Beispiel: Wir alle kennen diesen Typen – den wir Brad nennen wollen –, der betrogen wurde, dem in der Highschool das Herz gebrochen wurde, dessen Eltern sich scheiden ließen und der sich nun gegenüber allen, die er als Erwachsener dated, absolut ekelhaft verhält. Nachdem ich die Schwierigkeit dieser Situation anerkannt habe, frage ich mich: An welchem Punkt rechtfertigt sein Schmerz nicht länger das Leid, das er zufügt? An welchem Punkt muss Brad beginnen, die Verantwortung für sein Verhalten zu übernehmen? An welchem Punkt muss er der Tatsache ins Auge sehen, dass seine Entscheidungen nicht länger seinen vergangenen Schmerz repräsentieren, sondern wer er geworden ist?

Brad steht damit nicht allein da. Viele von uns wissen nicht, wie sie mit ihrer Freiheit zurechtkommen sollen, sodass sie versuchen, sie einzuschränken oder ihr zu entkommen. Wir tun dies oft, indem wir gesellschaftlichem Druck nachgeben oder uns in Situationen hineinmanövrieren, in denen wir Einschränkungen und Bedingungen unterworfen sind, die es uns ermöglichen, Zuflucht in unseren Bemühungen zu finden, die Person zu sein, die wir gemäß den Wünschen anderer sein sollen. Die meisten von uns empfinden gewisse Erwartungen als tröstlich und finden einen Sinn in ihren Bemühungen, sie zu erfüllen. Mit dieser Sichtweise lässt sich nicht jeder Kontext oder jede Situation erfassen; dennoch lohnt es sich, uns zu fragen:

> *Geben wir unsere Freiheit auf, weil wir nicht die Verantwortung übernehmen wollen, Entscheidungen zu treffen? Fühlen wir uns wohler damit, dass uns jemand sagt, wer wir sind, statt es selbst herauszufinden?*

Ja, mir ist klar, Freiheit und Verantwortung sind etwas Beständiges und Schweres. Sie sind eine schwere Last.

Uns allen wird jedoch eine *kurze* Verschnaufpause von unserer Freiheit gewährt (na ja, so eine Art, keine wirkliche Pause, aber *bitte* lies weiter). Laut Kierkegaard hat das Selbst zwei entgegengesetzte Pole: *Notwendigkeit* und *Möglichkeit.*[11] Notwendigkeiten sind bestimmte konkrete Elemente, *die wir nicht ändern können und mit denen wir arbeiten müssen* – zum Beispiel unser Bedürfnis nach Nahrung, dass wir geboren werden und sterben oder Dinge, die bereits in der Vergangenheit geschehen sind – unsere »Gegebenheiten«.[12] Die Zukunft hingegen repräsentiert Möglichkeit. Möglichkeit ist das, *was noch nicht geschehen ist.* Deswegen können wir, so Kierkegaard, nicht in einen Spiegel schauen und sagen: »Ja, hier bin ich.«[13] Denn ein Teil davon, wer wir sind, ist in der Möglichkeit all dessen enthalten, was erst noch geschehen wird. Unser Selbst ist eine Synthese aus Notwendigkeit und Möglichkeit, aus Vergangenheit und Zukunft, aus dem, was wir gegenwärtig sind und was wir sein werden.

Dass diese Synthese möglich ist, liegt an der einzigartigen Fähigkeit des Menschen, sich von dem, was ihm »gegeben« ist, zu distanzieren und die Vielfalt an künftigen Möglichkeiten der Selbstdefinition anzuerkennen. Wir haben die Freiheit, Einschränkungen, denen wir unterliegen, zu interpretieren und ihnen Sinn zu verleihen, selbst wenn wir ihnen nicht entkommen können. Wir können uns zum Beispiel nicht entscheiden, größer zu sein, eine andere Vergangenheit oder andere leibliche Eltern zu haben, einer anderen Ethnie anzugehören oder eine Krankheit nicht zu haben, aber wir *können* entscheiden, welchen Sinn wir diesen Gegebenheiten verleihen. Ja, wir sind ohne unsere Zustimmung in diese Welt geworfen worden, doch nun liegt es an uns, zu entscheiden, was wir mit diesem Leben anfangen wollen. *Wir sind an jedem einzelnen Tag – mit jeder einzelnen Entscheidung, die wir treffen, und der Freiheit, die uns bleibt – dafür verantwortlich, wie wir uns zeigen.*

Viktor Frankl – ein österreichischer Psychiater und Holocaustüberlebender, der weithin für sein Buch *... trotzdem Ja zum Leben sagen** bekannt ist –, bestätigte diesen Gedanken, indem er schrieb:

> »... daß man dem Menschen im Konzentrationslager alles nehmen kann, nur nicht: die letzte menschliche Freiheit, sich

---

* Es ist wichtig anzumerken, dass Frankls Arbeit über dieses Buch hinausgeht. Er entwickelte die Logotherapie, eine psychotherapeutische Methode, die bis heute Anwendung findet. Obwohl sich seine entsetzlichen und unvorstellbaren Erfahrungen stark vom Leid und den Problemen der meisten Menschen in der heutigen Welt unterscheiden, zielten seine Lehren über das extreme Leid hinaus auf eine Vielzahl von Kontexten und Problemen ab.

> zu den gegebenen Verhältnissen so oder so einzustellen. Und es gab ein ›So oder So‹!«[14]

Als Gefangener in Konzentrationslagern der Nazis während des Zweiten Weltkriegs hatte Frankl natürlich keine Grundfreiheiten. Er konnte nicht entscheiden, wann er aufstehen oder ins Bett gehen, was er essen oder tragen, wo er leben oder arbeiten wollte. Er konnte keine neue Sprache lernen, nicht zum Arzt gehen oder seine Familie in den Arm nehmen. Er hatte nicht die Freiheit, das Konzentrationslager zu verlassen oder zu entscheiden, ob er leben oder sterben wollte. Ihm war nur noch die letzte der menschlichen Freiheiten geblieben: die Wahl, einen Sinn im Leben zu finden. Noch ehrfurchtgebietender als diese Erkenntnis ist die Tatsache, dass er diese Freiheit *nutzte*. Er nutzte sie, um seine innere Einstellung zu wählen, seinen Lebenssinn zu wählen und zu entscheiden, wie er mit seiner begrenzten Existenz umgehen wollte.

Was also ist unsere Entschuldigung?

Vergiss nicht: Freiheit bedeutet nicht, dass es keine Einschränkungen gibt. Freiheit bedeutet, dass wir eine gewisse Beziehung zu unseren »Gegebenheiten« haben. Sartre sagte: »Freiheit ist das, was wir mit dem tun, was uns angetan wird.«[15] Und Frankl fasste diese Beziehung perfekt zusammen, als er sagte, dass der Mensch zwar nicht frei von Einschränkungen ist, seine Freiheit jedoch »eben in der Weise [besteht], in der sich der Mensch zu dieser äußerlich erzwungenen Einschränkung seines Daseins einstellt«.[16] Sein Standpunkt ist so unverrückbar wie der von Sartre – er bezeichnet uns im Unterschied zu diesem zwar nicht als »verurteilt«, sagt aber, dass wir Menschen *immer frei sind* (selbst wenn die Freiheit den Umständen entsprechend jeweils anders aussieht).

Auch Martin Heidegger, der als einer der bedeutendsten Philosophen des 20. Jahrhunderts gilt, sagte, dass das *Selbst* (das er *Dasein* nannte) sich bewegt zwischen dem, wer wir in eben diesem Moment sind, und dem, wer wir im Laufe der Zeit sein werden.[17] Wir bewegen uns ständig zwischen dem, was bereits geschehen ist, und dem, was noch nicht geschehen ist, samt all den Möglichkeiten, die bleiben. Man könnte sagen, dass wir alles *sind*, was geschehen ist und geschehen wird. Es hat etwas Befreiendes zu wissen, dass wir immer dabei sind, *mehr* zu werden. Solange wir leben, werden wir nie aufhören, zu werden; nie die Fähigkeit verlieren, unser Selbst zu erschaffen. Das relativiert auf hilfreiche Weise unsere »Gegebenheiten«. Unsere Vergangenheit, so schmerzlich sie auch sein mag, kann uns nie voll und ganz definieren, weil sie unsere Zukunft nicht in Betracht zieht – es sei denn, wir lassen dies zu.

Dinge zu durchleben (selbst schwierige, schmerzliche Dinge) und uns auf die Welt einzulassen, ist das, was uns letztlich zu … nun, zu uns macht. Durch unsere Präsenz in der Welt, die andere mit einschließt, festigen wir unser Verständnis dessen, wer wir sind. Unser Körper, unsere Kultur, unsere Geschichte und unser Umfeld formen nicht nur, wer wir sind, sondern sind, wer wir sind. Ich bin *ich* wegen und nicht trotz dieser Dinge. Ich bin einzigartig. Meine Essenz ist eine (in diesem Moment) unverwechselbare Schnittmenge.

Das veranlasste Heidegger zu der Aussage, dass wir, wenn wir als unser Selbst existieren wollen, »in der Welt sein« müssen (oder gemäß Heideggers Wort für Selbst, *Dasein*, »da sein müssen« – was unmissverständlich klarmacht, dass Existieren und unser Selbst nicht unabhängig voneinander erfolgen können). Es leuchtet also ein, dass wir, wenn wir unser Selbst verlieren, aufhören, *da zu sein*, aufhören, zu existieren.

Kein Wunder, dass der Selbstverlust sich unerträglich anfühlt – wie der Tod.

DAS PROBLEM DER NICHTAUTHENTIZITÄT

Viele von uns vergeuden ihr Leben, ohne je zu wissen, *wer sie sind*. Wir sprechen oder handeln ständig im Namen des »Selbst«, doch die meisten von uns kennen ihr Selbst nicht gut genug, um dies tun zu können. Wir streben nach diesem trügerischen Gefühl der »Authentizität«, das in letzter Zeit vermarktet wird, wissen aber nicht, was es bedeutet.

Wenn du dir das Leben als eine Vorwärtsbewegung vorstellst, die nicht aufzuhalten ist, dann beschreiben Authentizität und Nichtauthentizität die gleiche Vorwärtsbewegung, nur in unterschiedliche Richtungen. Es gibt keinen neutralen Pfad, kein Zwischending, keine Möglichkeit, die beiden Richtungen zu überbrücken. Auch wenn wir keine Wahl treffen, keine Verantwortung übernehmen und unsere Freiheit nicht nutzen, kreieren wir dennoch eine Version unseres Selbst, allerdings eine nicht authentische. Wir sind nicht authentisch, wenn die von uns getroffenen Entscheidungen und ergriffenen Maßnahmen nicht wirklich unsere eigenen sind und nicht wahrhaft zum Ausdruck bringen, wer unser Selbst unserem Verständnis nach ist. Nicht authentisch zu sein, heißt laut Heidegger, nicht der Autor oder die Autorin unseres eigenen Lebens zu sein – es heißt, »uneigentlich« werden.[18] Um nicht authentisches Verhalten kann es sich zum Beispiel handeln, wenn wir ausgehen, obwohl wir eigentlich zu Hause bleiben wollen, jemandem zustimmen, obwohl wir anderer Meinung sind, oder einen Job auf der Grundlage dessen wählen, was unsere Eltern erwarten, statt nach dem, was wir für unsere Bestimmung halten. Wenn unser Handeln »uneigentlich« ist, ist auch unser Selbst »uneigentlich«.

Nichtauthentizität (Uneigentlichkeit) und Selbstverlust sind jedoch *nicht* das Gleiche. Nicht authentisch zu leben ist wie Tiefseetauchen, als würde man aktiv von der Oberfläche wegschwimmen, sich aber nach wie vor bewusst sein, wo die

Oberfläche ist. Der Selbstverlust hingegen ist so, als sei man in einer starken Unterwasserströmung gefangen und wisse, dass man schwimmen muss, doch ohne eine Ahnung zu haben, in welche Richtung. Die Oberfläche befindet sich nicht länger in unserem Fokus, und ziellos herumzuschwimmen, kann uns entweder unserem Tod näherbringen oder uns weiter von ihm wegführen. Das *Maß* an Nichtübereinstimmung, Unverbundenheit und Orientierungslosigkeit, das mit dem Selbstverlust einhergeht, ist entscheidend dafür, ihn von der Nichtauthentizität zu unterscheiden. Wir können unsere Authentizität verlieren, wenn wir nicht achtgeben, wenn wir nicht umsichtig sind, wenn wir abgelenkt sind oder von anderen dahingehend beeinflusst werden, uns vom Selbst abzuwenden. Wir können sie verlieren, wenn wir unserem Selbst nicht den angemessenen Raum geben, zu sein, aber dennoch in Kontakt mit ihm bleiben. (Selbstverlust hingegen heißt, dass der Mangel an Raum und Kontakt zu einem dauerhaften Seinszustand wird.)

Viele meiner Klienten und Klientinnen, die glauben, nicht mehr zu wissen, wer sie sind, sagen, dass sie eine große Verzweiflung empfinden. Die gute (oder schlechte) Nachricht? Sie sind nicht allein[19] – wir alle sind bis zu einem gewissen Grad verzweifelt, wenn wir versuchen, uns unserem Selbst und unserem Leben zu stellen. Wir sind vielleicht verzweifelt, weil wir nicht wissen, wer wir sind (es aber wissen wollen), oder nicht mögen, wen wir sehen (und diese Person nicht sein wollen).

Die meisten von uns versuchen entweder herauszufinden, wer sie sind, oder laufen weg vor der nicht authentischen Person, als die sie sich selbst erkannt haben. In beiden Fällen sind sie verzweifelt. Wir suchen alle (oder fast alle) nach einer Antwort, die das Geheimnis des Selbst »lösen« wird.

Das Enttäuschende ist, dass die einzige konkrete Antwort darauf, wer wir sind, in unserem eigenen *Handeln* zu finden ist. Jeden Tag müssen wir uns – indem wir in der Welt sind –

unser authentisches Ich zeigen. Wie wir leben möchten, ist unsere Sache, doch Sartre sagte, dass *authentisch* zu leben das Beste ist, was wir mit unserem Leben anfangen können. Und für ihn bedeutete Authentizität, **das volle Gewicht unserer Freiheit zu akzeptieren** (ja, ja, ich bin mir sicher, dass du es inzwischen verstanden hast!).

AUTHENTIZITÄT ALS AUFGABE

Das Bisherige lässt sich folgendermaßen zusammenfassen. Um ganz wir selbst sein zu können, ist dreierlei nötig: Freiheit, Entscheidungen und Verantwortung. *Wir erschaffen unser Selbstgefühl durch die Entscheidung, die wir jeweils treffen, durch das Verantwortungsgefühl, mit dem wir unser Leben angehen, und durch die Art, wie wir trotz unserer Einschränkungen unsere Freiheit nutzen.*

Ich habe eine Weile gebraucht, dahin zu kommen, diese Prämisse als ermächtigend zu empfinden. Es ist eine schwierige, unangenehme Sichtweise, durch die ich früher ernsthaft getriggert wurde. Das Gefühl ist ähnlich dem, das wir haben, wenn andere uns zum ersten Mal wie Erwachsene behandeln. Wenn jemand sich erdreistet, uns zu sagen, dass wir unsere eigenen Entscheidungen treffen und die Verantwortung für unsere Fehler übernehmen sollen. *Wie kann er es nur wagen*?, habe ich damals gedacht. *Was? Ich soll jetzt so wie eine Erwachsene ganz allein Dinge entscheiden*? *Es sollte mir nicht erlaubt sein, für mich selbst verantwortlich zu sein!*

Der Zuckerguss auf diesem dreischichtigen existenziellen Kuchen (der, wie ich vermute, im Moment vielleicht ein bisschen zu mächtig schmeckt) ist, dass die Freiheit uns zwar immer Wahlmöglichkeiten präsentiert, doch niemand uns sagen kann, was wir tun sollen. Wofür wir uns auch entscheiden oder nicht entscheiden, *wir* sind verantwortlich dafür.

Von Sartre stammt hierzu folgendes Beispiel:[20] Ein junger Mann kam zu ihm und bat ihn, ihm bei einer Entscheidung zu helfen. Er hatte die Wahl, in den Krieg zu ziehen, an den er glaubte (obwohl er dort wahrscheinlich nur eine kleine Rolle spielen würde), oder zu bleiben und sich um seine betagte Mutter zu kümmern, die ganz allein war (und so eine große Rolle in einer kleinen Sache zu spielen). Sartre sagte, dass niemand ihm helfen könne, die »richtige« Antwort zu finden, weil es erst eine richtige Antwort gebe, wenn der junge Mann sie wähle. *Die richtige Antwort ist eine authentische Antwort, und niemand sonst konnte ihn zu der Entscheidung führen, die wirklich authentisch war.* Seine Entscheidung – egal, wie sie ausfiel – war also die einzig *wahre* Entscheidung.

»Authentizität« ist in der modernen Kultur *das* Wort des Tages. Das ist zwar schön, doch irgendwo auf dem Weg dahin, es zu einem Trend zu machen, haben wir es seines Gewichts und seiner Bedeutung beraubt. Das Wort »authentisch« ist in dem Bemühen, es zugänglicher werden zu lassen, extrem missbraucht, überstrapaziert und verwässert worden. Lass uns also in dem Versuch, der Verwirrung ein Ende zu setzen, erforschen, was ich mit Authentizität meine.

Zu sagen, dass etwas authentisch ist, heißt, dass etwas das ist, was es zu sein vorgibt oder wofür es gehalten wird, oder das darstellt, was es wirklich ist. Doch wir können nicht über menschliche Authentizität sprechen, ohne über das Selbst zu sprechen. Bedeutet authentisch sein, man selbst zu sein? Bedeutet es, dass man eins mit seinem Selbst ist? Oder bedeutet es, dass man sein Selbst repräsentiert?

Im Rahmen der existenzialistischen Analyse verstehe ich Authentizität als das Finden des inneren Friedens und der inneren Mitte. Authentizität ist ein Raum, in dem wir aufhören zu zweifeln und uns geerdet fühlen, als seien wir auf festem Boden angekommen und verankert (innere Resonanz). Sie ist das tiefe, intuitive Gefühl oder die Richtigkeit unseres Seins

(*Daseins*). Authentizität heißt, dass wir endlich *Ja* dazu sagen können, wer wir sind (also in jedwedem Moment unsere innere Zustimmung geben können). Den Zugang zu unserer Essenz erhalten wir nur durch Einstimmung, und Einstimmung ist nur möglich durch intimes Wissen. So wie wir die Botschaft eines Songs nur dann kennen können, wenn wir uns den Text anhören, können wir unser Selbst nur kennen, wenn wir ihm Aufmerksamkeit schenken. Stimme dich also ein. Probiere *alle* Eier.

Authentisch sein heißt, ein Selbstgefühl zu haben, das sagt: *Das bin ich, in diesem Moment. Genau so will ich sein.*

Heute muss das Wort Authentizität oft als Sündenbock herhalten. Wenn jemand dem, was er tut, eine Erklärung wie »Ich bin einfach nur authentisch« folgen lässt, möchte er normalerweise nur von seiner Verantwortung für etwas, was er gerade gesagt oder getan hat, entbunden werden. Das ist jedoch eine missbräuchliche Verwendung des Wortes, denn *authentisch zu sein, heißt verantwortlich zu sein und zu seinen Entscheidungen zu stehen.* Doch wir scheuen oft vor diesem Gedanken zurück, denn wenn wir leiden, wenn die Dinge schwierig oder unfair sind, möchten wir glauben, dass wir von unserer Verantwortung dafür freigesprochen werden, wie wir uns der Welt zeigen. Wir missbrauchen dann oft unsere Freiheit und gefährden unsere Authentizität.

Das geläufige Konzept der »Authentizität« geht vor allem auf Heideggers 1927 erschienenes Werk *Sein und Zeit* zurück. Darin führt er den Begriff *Eigentlichkeit* ein, der bedeutet, »man selbst« zu sein. Und da wir frei und verantwortlich sind, könnte Authentizität verstanden werden als voll und ganz hinter dem zu stehen, was wir tun und wer wir sind an jedem einzigartigen Schnittpunkt unserer Existenz (von Augenblick zu Augenblick). Das ist es, was uns unersetzlich und unverwechselbar macht. Sartre sagte:

> »Es gibt keinen Zweifel, daß ich hätte anders handeln können, aber das ist nicht das Problem. Man müßte es vielmehr so formulieren: konnte ich anders handeln, ohne die organische Totalität der Entwürfe, die ich bin, spürbar zu modifizieren?«[21]

Jedes Tun modifiziert die Gesamtheit dessen, wer wir sind. Mit anderen Worten: Wenn wir unser Handeln ändern, ändern wir unser Selbstgefühl.

Neulich sprachen eine liebe Freundin und ich beim Kaffee über Selbstverlust, und sie fragte mich: »Wenn manche Menschen ihr Selbstgefühl verlieren und andere nie ein Selbstgefühl geformt haben, bedeutet das dann, dass einige ihr Selbst *wiederherstellen* müssen?« Es war eine zum Nachdenken anregende Frage. Ich überlegte eine Minute lang und antwortete dann: »*Nein.* Jeder stellt ständig ein Selbstgefühl her. Dein Selbst ändert sich fortwährend – entwickelt sich fortwährend –, von Moment zu Moment. Deswegen kann es nicht wieder-hergestellt werden.«

Herauszufinden »wer ich bin«, erfordert, dass ich verstehe, dass ich im Kern »unergründlich«* bin.

Was das Wunderschöne (und möglicherweise Frustrierende) daran ist, ein Mensch zu sein? *Es ist nicht möglich, uns einzuordnen.*

Unsere ultimative Essenz ist uns immer einen Schritt »voraus«, und wir werden sie nie ganz *sein.* Die meisten von uns fühlen sich hierdurch oft überfordert. Sie erhoffen sich eine einmalige Entdeckungs-»Reise« statt eine lebenslange Verant-

---

* Ich liebe das Wort »unergründlich« als Mittel zur Beschreibung unserer menschlichen Essenz! Es ist zugleich ernüchternd und tröstlich – zumindest habe ich es so empfunden, als ich diese Beschreibung während meiner Ausbildung in existenzanalytischer Beratung zum ersten Mal hörte.

wortung. Doch das Selbst ist kein Preis oder bloßer Besitz. Wir haben nicht das Privileg, unser Selbst anzustarren und seine Schönheit, Ganzheit und Integrität unabhängig davon, wie wir unser Leben leben, zu bewahren. Unsere Art zu leben ändert *uns*.

Doch trotz all dieser Änderungen sehe ich das Selbst als beständig an. Das liegt daran, dass ich Beständigkeit als die Fähigkeit verstehe, uns im Einklang mit dem zu zeigen, woran wir glauben und wie wir unser Selbst immer und immer wieder sehen. Dieser Glaube gibt mir ein Gefühl der Sicherheit. Ich finde auch Sicherheit und Kraft in der Flexibilität, Bewegung und Formbarkeit des Selbst.

Betrachte es so: Es ist möglich, einen Felsen zu zerschlagen, aber unmöglich, Wasser zu brechen. Viele Menschen stellen sich das Selbst wie einen Felsen vor. Als etwas, das »geformt« werden muss, das »fest« und unbeweglich ist. Doch das Selbst ist mehr wie Wasser – das fließt, sich ändert und um die Dinge herumsteuert, die ihm im Weg sind. Deine Fluidität ist deine Stärke, nicht deine Schwäche.

Hier kommt eine Herausforderung: Verhalte dich in dieser Woche einen ganzen Tag lang auf eine Weise, die damit im Einklang steht, wie du dein Selbst verstehst. Geh den Tag an, als sei jede kleine (oder große) Entscheidung und Handlung von Bedeutung (welche Art von Kaffee du bestellst, wie deine Körperhaltung aussieht, welche Worte du wählst, wenn du sprichst, wie du dir deine Eier zubereitest). Tu in jedem Moment alles ganz gezielt und überprüfe es immer wieder. Achte auf das Gefühl der Resonanz, wenn du mit dir im Einklang und ganz im Reinen bist – wenn die Dinge sich richtig und in deinem Inneren »zu Hause« anfühlen. Vergiss nicht: Wenn es für dich neu ist, dir selbst treu zu sein, mag es dir zuerst seltsam und unangenehm vorkommen. Akzeptiere das Unbehagen, etwas anderes zu versuchen, und gib der Sache Zeit.

DER AKT DES WERDENS

Es ist mir wichtig zu erwähnen, dass mein eigenes Verständnis dessen, was es heißt, ein Mensch zu *sein*, stark durch Professor Alfried Längle beeinflusst wurde – Psychotherapeut, Psychiater, Psychologe, ehemaliger Gründer und Präsident der Internationalen Gesellschaft für Logotherapie und Existenzanalyse und ehemaliger Vizepräsident der International Federation of Psychotherapy (der ältesten derartigen Institution). Längle war ein Schüler von – und arbeitete eng zusammen mit – Viktor Frankl.* Und wusstest du, dass Frankl tatsächlich Martin Heidegger kannte?! Es ist mir von daher eine außerordentlich große Ehre, Längle nicht nur meinen Doktorvater, sondern auch meinen Mentor nennen zu dürfen. Seine Lehren waren mein Sprungbrett in die Existenzphilosophie und die existenzielle Psychotherapie und haben dieses Buch wie auch mein Verständnis dessen beeinflusst, was es heißt, man selbst oder aber verloren zu sein. Du wirst feststellen, dass ich Längle in diesem Buch oft erwähne – und ich meine *oft* –, was daran liegt, dass dieses Buch ohne ihn nicht existieren würde!

Es dürfte auch nicht überraschen, dass seine Theorie der Existenzanalyse mich zu meinem ersten Tattoo inspiriert hat, das ich mir während eines der absoluten Tiefpunkte in meinem Leben (kurz vor der Panikattacke) habe machen lassen. Das Tattoo ist einfach, ja, es besteht aus nur einem Wort: *être*, französisch für »sein«. Damals wollte ich mich daran erinnern, zu existieren – mich zu verändern, Entscheidungen zu treffen, in jedem Moment ich selbst zu sein –, statt einfach nur zu überleben. Ich wollte meinen Körper mit etwas kennzeichnen, das den Schnittpunkt meiner Vergangenheit und meiner Zukunft

---

* Im Lauf der Zeit wichen die Theorien der beiden wegen Längles neuer Entwicklung im Bereich der Existenzanalyse voneinander ab.

(von der ich immer noch nicht wusste, wie ich sie gestalten sollte) repräsentieren würde. Ich wollte mir die Erlaubnis geben, ich selbst zu sein. Ich wollte mich daran erinnern, dass jeder Moment und jede Entscheidung es mir erlaubt, zu formen, wer ich bin. Ich wollte all das, selbst als ich mich in den Tiefen meines Verlustes befand.

Ich vermute, ich wollte etwas haben, was ich nie hatte: mein Selbst. Heute ist die Kunst des *Seins* und *Werdens* von zentralerer Bedeutung dafür, wie ich mein Leben lebe. Sie ist mein Anker, meine Orientierungshilfe, und, ich wage es zu sagen, meine *Philosophie* des Lebens.

Wie wir das Leben verstehen, so leben wir auch. Wie wir das Selbst verstehen, so werden wir auch. Die folgenden Fragen sollen dir helfen, den Prozess in Gang zu setzen, deine Beziehung zu deinem Selbst zu verstehen.

Suchst du nach einer Essenz, die dir, wie du glaubst, von jemand anderem gegeben wurde (einem Polarstern, dem du folgen sollst), oder glaubst du, dass es an dir liegt, deine Essenz mit deinen Entscheidungen zu formen und zu erschaffen? Bist du ein Detektiv oder eine Künstlerin? Ein Archäologe oder eine Architektin?

SELBST

- Wie lautet deine Definition des Selbst?
- Wir würdest du dein Selbst in 50 Wörtern beschreiben? (Ja, 50!)
- Wie definierst du Authentizität?
- Welche »Gegebenheiten« und Möglichkeiten siehst du in deinem Leben?

VERANTWORTUNG

- Was hat man dir über Verantwortung beigebracht?
- Wie definierst du Verantwortung?

- Wofür fühlst du dich verantwortlich?
- Wofür fühlst du dich *nicht* verantwortlich?
- Übernimmst du die Verantwortung für die derzeitige Version deines Selbst? Warum oder warum nicht?
- Denkst du, die Verantwortung dafür, wer du bist, sollte mit anderen geteilt werden? Wenn ja, mit wem?

ENTSCHEIDUNGEN

- Was hat man dir über das Treffen von Entscheidungen beigebracht?
- Das Treffen welcher Entscheidungen in deinem Leben meidest du zurzeit?
- Welche Entscheidungen sind für dich die schwierigsten?
- Was macht dir am meisten Angst davor, Entscheidungen zu treffen?
- Was von dem, wofür du dich einmal entschieden hast, möchtest du nicht länger tun?

FREIHEIT

- Was hat man dir über Freiheit beigebracht?
- Wie definierst du Freiheit?
- Fühlst du dich frei, du selbst zu sein?
- Was schränkt deiner Meinung nach deine Freiheit ein?
- Macht es dir Angst, frei zu sein?
- Worüber kannst du frei entscheiden? Nenne ein paar Dinge.

Es gibt jede Menge Zitate dazu, dass du darauf vertrauen solltest, dass du genau dort bist, wo du sein solltest, und genau die Person bist, die du sein solltest. Und obwohl es sich gut anfühlt, sie zu lesen, repräsentieren sie oft nicht wirklich unsere Realität. Vielleicht bist du *nicht* dort, wo du sein willst, oder nicht die Person, die du sein möchtest.

Wenn du dein Leben genauso weiterleben würdest, wie du es in eben diesem Moment tust, wäre das dann genug? Würdest du auf dem Totenbett zu dir selbst sagen können: »Das war ein gut gelebtes Leben«?

Ich will hier nicht den Eindruck vermitteln, der Trick sei der, dein Selbstgefühl als eine Bestanden/Nicht bestanden-Prüfung zu betrachten. Es geht vielmehr darum, es als deine Lebensaufgabe zu akzeptieren. Dein Selbst ist dein ultimatives Meisterwerk.

Glossar der Begriffe

Das folgende kleine existenzielle Glossar* soll dir helfen, einige der schwierigen hier vorgestellten Konzepte zu vertiefen:

1. **Authentizität:** Authentizität ist nicht dein gegebenes oder vorbestimmtes Wesen (obwohl das großartig klingt). Authentizität ist vielmehr der Prozess, *zu entscheiden und zu erschaffen*, wer du bist. Authentisch sein heißt, in Übereinstimmung mit deinem Handeln, deinen Gefühlen und Gedanken zu existieren. Wir »decken auf«, wer wir sind, tun dies aber, indem wir unser künftiges Selbst *erschaffen*. Authentizität ist eine Art zu existieren, die dadurch erreicht wird, dass wir die Last der Verantwortung, der Wahl und der Freiheit akzeptieren. Authentizität erfordert Teilnahme.
2. **Freiheit:** Freiheit ist deine Fähigkeit, Entscheidungen zu treffen. Du kannst *Ja* sagen oder aber auch *Nein*. Du hast die Macht, eine Wahl zu treffen, frei von Zwang oder Abhängigkeit. Ja, das kann für viele ein beängstigendes Konzept sein, doch ich bleibe bei meiner Meinung, dass wir immer die Freiheit der Wahl haben. In den meisten Zusammenhängen sind wir frei zu handeln, und unter einigen

* Dieses Glossar basiert auf der Theorie der Existenzanalyse mit meinen eigenen Interpretationen und kleinen Änderungen.

extremen und erdrückenden Umständen bleibt uns nur die Freiheit, Sinn zu schaffen.

3. **Verantwortung**: Hier geht es darum, die Verantwortung für deine Entscheidungen und dein Handeln zu übernehmen. *Du* bist der Autor, die Autorin deines Lebens. Dein Leben holt dich immer wieder ein. Alles, was du bist, ist mit einer Welt verbunden, die dich ständig auffordert, dich auf sie einzulassen. Du wirst aufgefordert zu reagieren, also bist du verantwortlich.
4. **Sinn**: Nach dem Sinn zu suchen heißt, zu sehen und zu verstehen, wozu etwas hier ist – oder wozu du hier bist. Es heißt, einen Zweck oder Wert in deinen Erfahrungen zu sehen. Statt zu fragen: »Was sollte ich vom Leben erwarten?«, solltest du fragen: »Was erwartet das Leben von mir?«

Harte Wahrheit

Du bist immer frei, was heißt, dass du immer verantwortlich bist.

Sanfter Hinweis

Wer du bist, wird sich entwickeln und ändern; lass es zu.

KAPITEL 3

Was erwartet das Leben von mir?

Einer meiner Lieblingsprofessoren während des Grundstudiums eröffnete unseren Moralphilosophie-Kurs mit folgender Geschichte. Er erzählte, dass das Abschlussexamen für diesen Kurs in den vergangenen 20 Jahren aus einer Ein-Wort-Frage bestanden habe: »Warum?« Die Zeit, die er für die Prüfung gab, war bekanntermaßen sehr lang – sie variierte zwischen drei und acht Stunden (er teilte ganze Notizbücher aus, da die meisten Studierenden seitenlange Abhandlungen anfertigten, um die Frage zu beantworten). Sie tauchten gewöhnlich mit Snacks, Wasserflaschen und mehreren Stiften auf. Der Professor war dafür bekannt, selten ein A und nie ein A-Plus zu geben (er glaubte, dass es immer Raum für bessere Leistungen gebe). Zumindest bis schließlich jemand den Nagel auf den Kopf traf.

Im letzten Jahr, so erklärte er zu unser aller Entsetzen, war eine teilnehmende Person nach fünf Minuten mit dem Test fertig. Sie kam zum Schreibtisch des Professors, gab ihr Notizbuch ab und verließ den Raum. Der Professor war verdutzt. Er schlug die erste Seite des Notizbuchs auf und fand dort die aus zwei Wörtern bestehende Antwort:

Warum nicht?

Die meisten von uns wünschen sich eine konkrete Antwort auf die Frage, warum wir leben, warum das Leben lebenswert ist und warum wir uns bemühen oder nicht bemühen sollten, wir selbst zu sein. Dieser mutige angehende junge Existenzialist stellte die Prämisse infrage, dass es eine richtige oder falsche Antwort (oder überhaupt eine Antwort) gebe. Stattdessen ließ er sich auf die Grenzenlosigkeit der Möglichkeiten ein.

Die Sinnfrage ist vielleicht das Thema, bei dem die Vertreter und Vertreterinnen der Existenzphilosophie und der existenziellen Therapie am meisten voneinander abweichen. Wenn ich Leuten erzähle, dass ich eine Vertreterin der existenziellen Psychotherapie bin, verstehen sie zwar oft die beiden Wörter für sich, haben aber Schwierigkeiten, sie zusammenzusetzen. Wie kann jemand, der wahrscheinlich an die Sinnlosigkeit und Absurdität des Lebens glaubt, anderen helfen, ihr eigenes Leben zu verstehen?

In den ersten Sitzungen wollen die meisten meiner Klienten und Klientinnen, die sich verloren fühlen, genau wissen, *wie* sie herausfinden werden, wer sie sind, als habe die Therapie alle Antworten parat und überbringe sie ihnen persönlich in einer Schachtel (oh, wie ich mir das wünschen würde!). Sie wollen *wissen*, welches die konkreten Schritte sind, sie wollen, dass man ihnen eine Karte gibt, die ihnen genau zeigt, wie der Prozess, ihr Selbst zu sein, aussehen wird. Ich verstehe, dass Menschen Sicherheit und Hoffnung daraus schöpfen, dass Dinge strukturiert werden und leicht vorhersehbar sind. Doch in den Sitzungen fokussieren wir uns schließlich genauso sehr auf das »Warum« wie auf das »Wie« der Gleichung, weil das Warum letzten Endes das Wie bedingt. Wie Nietzsche sagte: »Hat man sein w a r u m ? des Lebens, so verträgt man sich fast mit jedem w i e?«[22] Zu beschließen, *warum* du leben willst, wird dir helfen, zu erkennen, *wie* du leben möchtest, was wiederum formen wird, *wer du bist*. Der Sinn ist nicht nur die Kirsche auf dem Kuchen, er ist der Teig.

Es ist kein Zufall, dass der Existenzialismus in den Jahren nach dem Zweiten Weltkrieg seine Blütezeit hatte, als das Leben und die Gräueltaten des Holocausts die Auffassung infrage stellten, dass die Welt ein friedlicher, sinnhafter Ort sei. Doch der Sinn war genau das, was Frankl am Leben hielt, und so schrieb er, dass das Streben nach Sinn (und eben nicht nach Vergnügen oder Macht) unsere primäre Motivationskraft im Leben sei.[23]

Längle betrachtet den Sinn als eine der vier Grundmotivationen, die wir brauchen, um ein wahrhaft erfüllendes Leben zu führen (der Sinn ist also *wirklich wichtig*!).[24]

Nimm dir einen Moment lang Zeit und denk über die folgenden vier Fragen nach. Kannst du zu ihnen allen von ganzem Herzen »Ja« sagen – deine innere Zustimmung geben?

1. **Ich bin hier: Aber kann ich wirklich sein? Kann ich existieren?**
   Bin ich vertraut mit Bedingungen und Umständen, die mir Sicherheit, Unterstützung, Raum und Schutz bieten? Vertraue ich mir selbst und der mich umgebenden Welt? Werden die Grundbedürfnisse erfüllt, die es mir ermöglichen zu leben? Kann ich meine Lebensumstände akzeptieren?
2. **Ich lebe, aber lebe ich gerne?***
   Fördert meine Art zu leben eine Verbindung zu meinen Werten und den Menschen um mich herum? Gefällt mir die Tatsache, dass ich am Leben bin? Kann ich eine Verbindung zu meiner Art zu fühlen und zu den Menschen um mich herum herstellen? Bewegt – *berührt* – mich das Leben?
3. **Kann ich ich selbst sein?**
   Habe ich das Gefühl, dass ich das *Recht* habe, zu sein, wer ich bin? Habe ich die Erlaubnis (von meinem Selbst und

* Obwohl es Frankl gelang, selbst in Konzentrationslagern einen Sinn zu finden, würde niemand behaupten, dass er ein *völlig* erfüllendes Leben hatte. Ich kann mir nicht vorstellen, dass er diese Frage immer mit *Ja* beantwortet hätte.

anderen) und den Raum, zu sein und mich selbst zum Ausdruck zu bringen?

4. **Hat mein Leben einen Sinn?**
   Worin bestehen der Sinn und Zweck meines Lebens? Kann ich erkennen, warum ich lebe und wie ich existieren möchte, während ich lebe?

Wie dir vielleicht aufgefallen ist, ist die zuletzt aufgeführte Bedingung – die eigentlich die erste ist – der *Sinn*. Ohne Sinn **wird unsere Existenz nicht erfüllt sein.** Wir können einfach nicht vollständig existieren, ohne uns mit dem *Warum* auseinanderzusetzen.

Lass mich kurz näher darauf eingehen, was ich unter Existenz verstehe:

- Existieren heißt, im Hier und Jetzt zu sein; präsent, lebendig und kreativ.
- Existieren heißt, sich auf das Leben einzulassen.
- Existieren heißt, alles zu erleben (Freude und Leid gleichermaßen).
- Existieren ist eine Haltung, die sagt: »Ich bin offen für das, was da ist.«
- Existieren ist unsere Umsetzung des Willens.
- Existieren heißt, mit innerer Zustimmung zu leben.
- Existieren heißt handeln.
- Existieren ist sowohl ein Geschenk als auch eine Aufgabe.
- Existieren ist eine Wahl.
- Existieren heißt, uns vorzuwagen und über unsere Lebensumstände hinauszuwachsen.
- Existieren ist unsere Freiheit, zu *sein* oder nicht zu *sein* (und ist das nicht *die* Frage?).

Letztlich bedeutet existieren, etwas aus seinem Sein zu machen. Und man könnte behaupten, dass wahrhaft existieren das ist, was dem Leben einen Sinn verleiht. Sinn ist unsere **Teilhabe an und Ausrichtung auf** das Leben. Wenn wir nicht am Leben teilhaben und keine klare Richtung haben, in die wir gehen, ist unser Leben auf die Grundfunktionen des Atmens und des Herzschlags reduziert (ein Zustand, in dem es extrem schwierig ist, einen Sinn zu finden).

SINN UND ZEIT

Unsere Zeit auf Erden ist begrenzt, und diese eine einfache Tatsache bedroht unser Selbst. Es kann uns Angst machen, darüber nachzudenken, dass unserer Fähigkeit, zu existieren und unserem Leben einen Sinn zu verleihen, irgendwann ein Ende gesetzt ist. Das ist normal. Sinn ergibt sich aus Zeit – wird jedoch nicht durch die Zeit eingeschränkt. Sinnvolles Handeln findet statt, wenn wir am Leben mit dem vollen Bewusstsein seiner Endlichkeit teilhaben. Obwohl die Zeit ein Bewusstsein des Todes mit sich bringt, motiviert sie uns auch, jeden unverwechselbaren Moment zu erkennen, uns zu eigen zu machen und dafür zu sorgen, dass er zählt (man lebt nur einmal!). Und natürlich trifft auch das Gegenteil zu: Eine unendliche Menge an Zeit kann Selbstzufriedenheit und Sinnlosigkeit hervorrufen.

Unsere einzige Möglichkeit, nicht am Leben zu verzweifeln, ist die, es sinnvoll zu leben.

Ich finde es immer faszinierend, Freunde und Freundinnen zu fragen, wie sich ihr Leben ändern würde, wenn sie wüssten, dass sie nur noch drei Monate zu leben hätten (ja, ich bin diese amüsante Freundin, die derlei Fragen bei Dinnerpartys stellt). Das Leben – und das Selbst –, das sie dann oft beschreiben, unterscheidet sich stark von ihrem eigenen. Ein Leben, das sie lieber haben und das sie als wertvoll oder sinnvoll genug empfinden würden, ihre kostbare Zeit in Anspruch zu nehmen (ein Selbst, das mehr Zeit mit der Familie, mit Reisen, Fallschirmspringen und damit verbringt, mit dem Wohnwagen unterwegs zu sein und quer durchs Land zu fahren, das sich für einen Aufbaustudiengang bewirbt, Freiwilligenarbeit leistet usw.). Doch warum arbeiten sie nicht darauf hin, *jetzt* eine Version dieses Lebens zu leben? Warum halten sie das Meiden des Risikos und der Mühe – also auf Nummer sicher zu gehen – für wichtiger als ein angenehmes, erfüllendes Leben? Warum wehren sie sich gegen diese Version ihres Selbst, nur weil sie denken, dass sie alle Zeit der Welt haben? Klar, ich kann das schon verstehen. Ich kämpfe immer noch damit, nicht das Gleiche zu tun. Doch ich habe herausgefunden, dass ich ein Leben leben möchte, das mir etwas bedeutet, und die Person sein möchte, die mir etwas bedeutet. Und ich versuche jetzt Tag für Tag, mich in diese Richtung zu bewegen. Es ist nicht immer leicht oder angenehm, auf diese Weise zu leben – darauf eingestellt zu bleiben (die ganze verdammte Zeit), wer ich bin, Entscheidungen zu treffen, die mein Selbst respektieren, und wach zu sein, statt glückselig schlafzuwandeln –, doch es fühlt sich *immer* so an, als habe es einen Wert. Es fühlt sich *immer* richtig an. Und es hat etwas unendlich Schönes und zutiefst Befriedigendes.

Wenn ich das Gefühl verliere, dass die Zeit begrenzt ist, merke ich oft, dass auch mein Sinngefühl verloren geht. Viele meiner Beziehungen sind Fernbeziehungen gewesen, und ich habe festgestellt, dass mein Partner und ich, wenn wir dann zusammen sind, umso netter und aufmerksamer miteinander umgehen, je näher die Zeit der Trennung rückt. Zu wissen, dass unsere gemeinsame Zeit bald endet, hilft uns, bewusster mit den Tagen, die uns bleiben, umzugehen und sie spezieller zu machen. Wenn wir anfangen, Zeit für selbstverständlich zu halten, halten wir auch einander für selbstverständlich.

Statt mich von der Zeit unterkriegen zu lassen, habe ich gelernt, sie zu *nutzen*.

WOHER KOMMT DER SINN?

Wie also finden wir heraus, worin für uns der Sinn besteht? Viele gehen dies an, indem sie fragen: »Worin besteht der Sinn des Lebens?« Doch dies ist eine vage, abstrakte Frage, die sich nicht beantworten lässt und uns nicht weiterbringt. Frankl verglich es damit, einen Schachweltmeister zu fragen: »Sagen Sie, verehrter Meister, was ist der beste Schachzug der Welt?«[25] Es gibt keinen »besten Zug«, weil die Umstände bei jedem einzelnen Spiel und für jede einzelne Person andere sind. Eine Vertreterin der existenziellen Therapie könnte dir genauso wenig sagen, worin der »Sinn des Lebens« besteht, wie ein Schachweltmeister dir sagen könnte, welches der »beste Zug« ist.

Die meisten meiner Klienten und Klientinnen gehen von der Vorstellung aus, dass es sich bei der »Sinnfindung« um *eine einmalige* Sache handelt und dass der Sinn von etwas viel »Größerem als uns« herrührt (heißt: *Wir haben keine Kontrolle darüber*). Dass wir den Sinn nur finden, weil es uns »gegeben« wurde, ihn zu finden. Dies entspricht normalerweise der Vorstellung, dass das Universum, eine höhere Macht oder eine Lebenskraft Sinn bietet, den wir willkommen heißen sollen. Ich weiß, dass dies idyllisch *klingt*, aber was geschieht, wenn das, was man uns lehrt oder uns »gegeben« wurde, nicht im Einklang damit steht, wie wir unser Selbst sehen? Was ist zum Beispiel, wenn du schwul bist, man dir jedoch gesagt hat, der Sinn erwachse aus der Ehe zwischen einem Mann und einer Frau, oder wenn du weißt, dass du keine Kinder haben möchtest, man dir jedoch gesagt hat, dass du das wahre Glück nie erfahren wirst, solange du dich nicht fortpflanzt?

Die Sache ist die: Ich kann dir nicht sagen, woher du deinen Sinn beziehen sollst (oder nicht), aber ich *kann* dir eine zusätzliche Perspektive bieten: Was ist, wenn wir dafür verantwortlich sind, unseren Sinn zu erschaffen (indem wir *leben*), statt ihn einfach nur zu *finden*?

Was, wenn der Sinn im Akt des Sinnschaffens gefunden werden kann, entsprechend deinem einzigartigen Leben und dem, womit du innerlich übereinstimmst? Dieses existenzialistische Prinzip kann sogar für Menschen gelten, die eine Religion ausüben. Beim Christsein, zum Beispiel, geht es nicht nur um deinen inneren Glauben, sondern auch um deine *Art*, dein Leben zu leben. Die Art, sich einen Sinn zu eigen zu machen, ist, ihn zu leben. Vergiss aber nicht, dass nicht allein das *Handeln* den Sinn ausmacht. Oft verwechseln wir Sinn mit Produktivität (und glaub mir, die beiden gehen nicht immer Hand in Hand). Die heutige Gesellschaft vermittelt uns das Gefühl, dass wir unsere Zeit vergeuden und nicht wertvoll sind, wenn wir nicht *produktiv* sind. Doch ich glaube, wir wissen alle, dass es möglich ist, »erfolgreich« oder »aktiv« zu sein, ohne *irgendein* Sinngefühl zu haben. Wenn unser Handeln keinen Wert hat, wir uns nicht auf es einstimmen und ihm innerlich zustimmen, ist das Ergebnis selbst bedeutungslos – es ergibt keinen Sinn. Und wenn wir uns *nur* auf unsere persönliche Produktivität, unsere Pläne und To-do-Listen konzentrieren, werten wir die Welt ab, weil sie für uns zu einem Tool geworden ist, unsere Wünsche auszuleben. Wenn wir uns andererseits nur auf die Welt konzentrieren und nicht auf unser Selbst, verlieren wir unser Selbst. Und wenn wir unser Selbst verlieren, hat unsere Existenz natürlich keinen Sinn.

Klingt das alles ein bisschen trostlos? Ich verspreche, dass es das letztlich nicht ist, muss aber betonen, dass wir es hier mit einem schwierigen Balanceakt zu tun haben. Eine zugänglichere Art der Sinnbetrachtung ist vielleicht die, anzuerkennen, dass jeder von uns seine eigene spezifische Lebensmission hat und dass seine Aufgabe charakteristisch für seine Möglichkeiten und Umstände ist. Der Sinn wird für jedes Individuum ein anderer sein, und er kann sich von Tag zu Tag oder von Augenblick zu Augenblick ändern. Viktor Frankl schreibt in seinem Buch: »Worum es geht, ist daher nicht der Sinn des

Lebens im Allgemeinen, sondern der spezielle Sinn eines individuellen Lebens in einem bestimmten Moment.«[26] Einfach gesagt: Wir müssen anerkennen, dass in *allem*, was wir tun – gerade in diesem Moment tun –, ein Sinn steckt (zum Beispiel mit unserem Kind zeichnen, das Essen zubereiten, dieses Buch lesen, mit Freunden sprechen, eine Textnachricht oder E-Mail senden). Und Handlungen machen das Selbst in jedem gegebenen Moment zu dem, was es ist.

Was ich damit sagen will? Kleine, bedeutungsvolle Entscheidungen machen offenkundiger deutlich, wer wir sind, als große existenzielle Fragen.

Erinnerst du dich an das letzte Mal, als du das Gefühl hattest, einen perfekten, bedeutungsvollen Moment zu erleben? Ich hatte ihn, als ich im Wadi Rum (einem Wüstental in Jordanien) auf dem Sand unter den Sternen lag. Die Temperatur war ideal, der Sand unter meinem Körper fühlte sich weich an, und der Himmel war unendlich weit und majestätisch und wurde von Sternen erhellt. Mein Leben erschien mir (im Vergleich zu der unermesslichen Weite über mir) mit einem Mal klein zu sein, aber dennoch wichtig – ich verstand, dass ich Teil der größeren Komplexität des Seins war. Ich erkannte, dass ich ein wertvoller Teil eines Bildes bin, das ich nicht einmal in Gänze sehen kann – eines, das viel, *viel* größer ist als ich.

Wenn du das Gefühl hast, auf deinem Weg deinen Lebenssinn verloren zu haben, könnte es hilfreich sein, an das letzte Mal zu denken, als du ihn gespürt hast. War es, als du mit deinen Freundinnen gelacht hast? Als du aufs Meer geschaut hast? Dein Kind in den Schlaf gesungen hast? Es ist wichtig, neugierig darauf zu sein, was du in Bezug auf verschiedene Bereiche deines Lebens empfindest. Leicht, den Mangel an Sinnhaftigkeit in einem Bereich mit unserer Art zu verwechseln, das Leben als Ganzes zu sehen. Aber das sollten wir nicht tun. Wir können uns in unserem Job unerfüllt fühlen und dennoch ein erfülltes Leben haben. Doch wenn wir es zulassen, kann unsere Unzufriedenheit übermächtig werden. Ein Gefühl der Sinnlosigkeit kann bedeuten, dass wir unser Leben falsch ausrichten. Unser Lebenssinn kann sich verlagern und ändern, aber er hört nie auf zu *sein*.

Statt also zu fragen »Welchen Sinn kann das Leben mir bieten?«, sollten wir die Frage umformulieren: »*Was erwartet das Leben von mir?*«* Dann nämlich können wir *entscheiden*, wie wir reagieren. Sinn ist ein *Akt der Hingabe* als Reaktion auf die Fragen des Lebens – ein fortlaufender Prozess, die Welt zu verstehen und die Verantwortung dafür zu übernehmen, wie wir in ihr sein wollen. Dafür, wie wir uns um uns selbst, um andere, unsere Gesellschaft und unseren Planeten kümmern.

Laut Frankl können wir den Sinn des Lebens auf drei unterschiedliche Arten entdecken:

- »(1) indem wir ein Werk schaffen oder eine Tat setzen;
- (2) indem wir etwas erleben oder jemandem begegnen;
- und (3) durch die Haltung, die wir gegenüber unabänderlichem Leid einnehmen.«[27]

Um es deutlich zu sagen: Frankl vertrat nicht die Ansicht, dass wir nur im Leid einen Sinn erfahren können, sondern dass wir ihn *selbst* im Leid *noch* finden können. Es gibt Umstände und Situationen, die wir nicht ändern können. Dennoch ist es unsere Verantwortung, uns dafür zu entscheiden, ein sinnvolles Leben zu leben: »Wenn wir nicht mehr in der Lage sind, eine Situation zu ändern … dann sind wir aufgerufen, uns selbst zu ändern.«[28]

---

* Die Frage auf so wirkungsvolle Weise umzuformulieren, habe ich während meiner Ausbildung gelernt. Es half mir, auf das große Ganze des Lebens zu achten und meine Rolle in ihm zu verstehen. Es half mir auch, mich ermächtigt zu fühlen. Ich erkannte endlich, dass ich die Freiheit hatte, meine Antwort zu wählen.

Hast du je etwas getan, das wirklich unangenehm, schmerzlich oder schwierig war, das du aber tun *musstest*? Vielleicht hast du dich vor jemanden gestellt, der gemobbt oder misshandelt wurde? Vielleicht hast du die Wehen ertragen, um dein Kind auf die Welt zu bringen? War es leichter, sobald damit ein Sinn verbunden war?

Frankl führte in diesem Zusammenhang einmal das Beispiel eines älteren Mannes an, dessen Frau verstorben war.[29] Dieser war untröstlich, bis ihm klar wurde, dass die Tatsache, dass er litt, bedeutete, dass *seine Frau* nicht unter *seinem* Tod leiden musste. Dieses Leid oder Opfer hatte also einen Sinn, sodass er es leichter ertragen konnte. Ähnlich ergeht es Menschen, die eine Scheidung durchmachen und deren Schmerz unerträglich ist, bis sie erkennen, dass ihre Kinder davon profitieren werden.

Obwohl wir die Sinnfrage oft sehr kognitiv angehen, ist es wichtig zu wissen, dass sie intuitiv zugänglich ist. Tatsächlich erschließt sich der Sinn meistens *außerhalb* unserer kognitiven Wahrnehmung. Deswegen stellen die meisten Menschen die Sinnfrage nicht explizit (es sei denn, sie erleiden ein Trauma oder einen Selbstverlust oder werden mit einer großen Veränderung konfrontiert usw.). Wir erfassen den Sinn oft intuitiv und leben danach.

HAST DU ETWAS, WOFÜR ES SICH ZU LEBEN LOHNT?

Während meines ersten Semesters an der Hochschule für Aufbaustudien besuchte ich einen Kurs zur Einführung in die Psychotherapie, in dem wir einen Überblick über alle bedeutenden Therapieformen erhielten. Um ehrlich zu sein, ich erinnere mich kaum noch an die Ausführungen zur »existenziellen Psychotherapie«, doch eine Sache erregte meine Aufmerksamkeit und ist mir bis heute im Gedächtnis geblieben: die Abschrift eines Gesprächs zwischen einem Therapeuten und einem selbstmordgefährdeten Klienten, der all die Gründe nannte, warum es sich zu sterben lohnt.

Nachdem der Therapeut sich diese angehört hatte, antwortete er mit einer einfachen Frage: »Okay, warum bringen Sie sich dann nicht um?«

Moment mal, was? Mir fiel die Kinnlade herunter. *Wir dürfen so was sagen?* Ich war entsetzt, begeistert, fassungslos und hocherfreut. Eben dieser Satz weckte mein Interesse an der existenziellen Psychotherapie. Viele meiner Kommilitonen fanden diese Herangehensweise provokativ (das ist sie) und gefühllos. Doch ich empfand sie als treffend und sehr freimütig. Fjodor Dostojewski – mein russischer Lieblings-Romanschriftsteller (und Existenzialist) – schrieb: »Denn das Geheimnis des menschlichen Daseins liegt nicht darin, daß der Mensch einfach lebt, sondern darin, daß er fragt, wozu er lebt.«[30] Letztlich fragte dieser Therapeut, wenn auch auf sehr konfrontative Weise: »Hast du etwas, wofür es sich zu leben lohnt?« Diese Frage regte mich zum Nachdenken an.

Jeder sollte die Wahl haben, ob er leben oder sterben möchte, doch ein Leben ohne Sinn ist, nun ja, sinnlos. Sofern wir nicht wissen, warum wir uns für das Leben entscheiden – was wir uns zur Lebensaufgabe machen wollen –, ist das Leben im Grunde genommen zu Ende. Die Wiedereinführung eines Sinns ist die einzige Möglichkeit, ein Leben zu retten. *Doch Wiedereinführen ist nicht dasselbe wie Indoktrinieren – es heißt nicht, jemandem zu sagen, woran er oder sie glauben soll.* Es geht vielmehr darum, die Betreffenden dazu zu bringen, ihrer eigenen Sinnlosigkeit ins Auge zu sehen und die Verantwortung für sie zu übernehmen.

Frankl spricht über einen Klienten, der ihn bat, ihm den Unterschied zwischen der Logotherapie – einer Therapie, die »den Sinn der menschlichen Existenz sowie die Suche des Menschen nach einem solchen Sinn« in den Mittelpunkt stellt[31] – und der Psychoanalyse (der Freud'schen Methode) zu erklären.

Bevor Frankl antwortete, bat er zunächst den Klienten, zu definieren, wie er die Psychoanalyse verstand, woraufhin dieser sagte:

> »Bei einer Psychoanalyse muss sich der Patient auf eine Couch legen und Dinge sagen, die auszusprechen manchmal sehr unangenehm ist.«
> Woraufhin Frankl erwiderte: »Sehen Sie, in der Logotherapie darf der Patient aufrecht sitzen bleiben, aber dafür muss er sich Dinge anhören, die zu hören manchmal sehr unangenehm ist.«[32]

Frankls Kommentar wirkt zwar ein wenig schnodderig, doch ich glaube, dass er auf den Punkt bringt, wie schwierig es sein kann, sich existenziellen Fragen zu stellen. Ich habe festgestellt, dass viele Menschen nicht nur Angst vor der Aufgabe haben, die »Antwort« zu finden, sondern sie haben zu viel Angst, auch nur die Frage zu stellen. Ich möchte dir sagen, *dass es okay ist*, wenn du nicht weißt, worin dein Lebenssinn besteht oder warum du lebst. Es ist nicht pathologisch. Vielmehr handelt es sich einfach um existenzielle Angst. Disstress ist keine schlechte Sache, denn die *Anspannung* ist es, die unserer Existenz Form verleiht, und wir müssen lernen, sie zu akzeptieren und zu begrüßen. Wir sind ständig gefangen zwischen dem, was wir getan haben, und dem, was wir erreichen wollen – *das* ist der sinnvolle Akt der Selbstwerdung. Frankl erklärt diese Idee:

> »Ich halte es für eine gefährliche Fehlannahme der Psychohygiene, wenn man annimmt, dass der Mensch in erster Linie auf sein inneres Gleichgewicht aus ist oder, wie es die Biologie nennt, auf ›Homöostase‹, also einen spannungsfreien Zustand. Was der Mensch in Wahrheit braucht, ist

> nicht ein spannungsfreier Zustand, sondern das Streben und Ringen um ein würdiges Ziel, eine frei gewählte Aufgabe. Was er braucht, ist nicht die Auflösung von Spannung um jeden Preis, sondern der Anruf eines möglichen Sinns, der darauf wartet, von ihm erfüllt zu werden.«[33]

Ich spüre diese Anspannung fast täglich. An manchen Tagen macht sie sich nur leicht bemerkbar, an anderen fühlt sie sich an wie eine schwere Last. Erst neulich saß ich in einem Café und schrieb, als ich begann, in aller Stille den Sinn des Lebens zu hinterfragen. Mir wurde auf einmal klar, dass wir wirklich nicht viel Zeit hier haben, und ich fragte mich, was das Ganze eigentlich sollte. Tat ich das Richtige mit meinem Leben? Spielte meine Arbeit mit Klienten und Klientinnen oder auf Instagram irgendeine Rolle? Was war der Sinn von Beziehungen, wenn sie schließlich mit dem Tod endeten? Warum war ich so überzeugt davon, dass es einen Grund gab, morgens aufzuwachen? Mit einem Mal schmeckte mein Essen ziemlich fad, und die Worte, die ich schrieb, fühlten sich leer an. Ziellos starrte ich aus dem Fenster. *Ich sah plötzlich alles wie durch einen Schwarz-Weiß-Filter, während im Hintergrund melancholische Klaviermusik spielte.*

Doch diese Anspannung fühlte sich nicht wie eine Bedrohung meiner Existenz oder dessen an, wer ich war (glaub mir, in der Vergangenheit hat sie das), weil ich in meinem Leben an einem Punkt angekommen bin, an dem ich mich in meinem Selbst geerdet fühle. Jetzt empfinde ich Augenblicke wie diese, die mir etwas mitteilen, als bedeutungsvoll – und manchmal als tiefgreifend. Ich habe mich mit der Schwierigkeit und Häufigkeit dieser Fragen abgefunden, und diese unangenehmen Momente stürzen mich nicht in Dunkelheit, sondern helfen mir, mich neu zu orientieren und sicherzustellen, dass ich aktiv an meiner eigenen Erfüllung mitwirke. Sie halten mich sozusagen auf Trab. Und deswegen schätze ich sie.

Dies war bei mir jedoch lange Zeit nicht der Fall und ist es bei vielen anderen auch nicht. Ich wurde von meiner inneren Orientierungslosigkeit und Leere gequält; es war so unangenehm, dass ich alles tun wollte, um diesem Gefühl zu entkommen. Ich spürte in mir eine große Leere, und während der halbherzigen Suche nach Sinn füllte ich diese Leere mit Dingen, die nicht dorthin gehörten, und versuchte impulsiv, den Schmerz mit einer Reihe von Beziehungen (jedweder Art), durch Anerkennung für Leistungen und mit endlosen todlangweiligen Stunden vor dem Fernseher zu betäuben. Ironischerweise war es der Prozess, diese Leere zu erforschen – das chaotische Enträtseln meines eigenen Selbstverlusts –, der mir dazu verhalf, den Lebenssinn zu finden, der mir immer gefehlt hatte. Der allererste Schritt bestand darin herauszufinden, wie ich verdammt noch mal an den Punkt gelangt war, an dem »Wer bin ich?« eine Frage war, die ich nicht zu beantworten wusste.

Harte Wahrheit

Ein sinnvolles Leben beginnt, wenn du entscheidest, dass dein Leben lebenswert ist.

Sanfter Hinweis

Erde dich in deinem Warum, und es wird dich zu deinem Wie führen.
Bleib deinem Wie treu, und es wird dich zu deinem Selbst führen.

TEIL II

Dein verlorenes Selbst

Die Welt wird dich fragen, wer du bist, und wenn du es nicht weißt, wird es dir die Welt sagen.

CARL GUSTAV JUNG

KAPITEL 4

Was verursacht den Selbstverlust?

Es gibt zwei Arten von Menschen auf dieser Welt: diejenigen, die ein Selbstgefühl hatten und es dann verloren, und diejenigen, die *nie* so weit gekommen sind, ihr wahres Selbst zu verstehen oder zu sein. Es kann schwierig sein, zu erkennen, welcher Kategorie wir angehören, und letztlich ist dies auch irrelevant. Wenn wir erst einmal verloren sind, fühlen sich das Unbehagen und die Folgen in beiden Fällen gleich an. In beiden haben wir die mühevolle Aufgabe, unserem Verlust ins Auge zu sehen und seinen Ursprung ausfindig zu machen: *Wann, wie und warum ist es passiert?* Embodiment – die Einheit von Körper und Geist – erfolgt nicht einfach dadurch, dass wir in der Vergangenheit graben, doch zurückzuschauen kann es uns ermöglichen, eine Perspektive zu gewinnen, Mitgefühl zu entwickeln und sinnvolle Lehren zu ziehen, die uns dabei helfen werden, unsere Zukunft zu gestalten.

Bei mir begann der Prozess des Selbstverlusts in einem jungen Alter. Wenn ich den genauen Moment bestimmen müsste, würde ich sagen, dass es die erste Nacht war, die ich in einem Luftschutzbunker verbrachte. Damals war ich neun Jahre alt.

Ich erinnere mich lebhaft an diese Nacht, weil sie in krassem Gegensatz zu dem friedlichen Tag stand, der ihr vorausgegangen war. Abgesehen von dem ungewöhnlich sonnigen Wetter und meinem Spaziergang zum Marktplatz, wo ich mein erstes Eis der Saison bekam, war dieser Frühlingsnachmittag des Jahres 1999 völlig normal – zumindest für das damalige Jugoslawien normal. In den vorangegangenen Monaten hatte man an allen öffentlichen Plätzen in meiner kleinen Stadt Geflüster, Flüche sowie verzweifelte Gebete gehört, die sich stark nach Feilschen anhörten, und vor allem Spekulationen über einen möglichen Krieg.

An jenem Abend hatte sich die gesamte Familie auf dem Sofa im Wohnzimmer versammelt, um die wöchentliche Folge von *Esmeralda*, einer mexikanischen Telenovela, zu sehen, die wir nie verpassten. Nur wenige Minuten, nachdem die Sendung begonnen hatte, gab der Fernseher einen langen, schrillen Heulton von sich, der das Bild in eine Reihe bunter Linien verwandelte. Auf dem Bildschirm erschien in Großbuchstaben eine KRIEGSERKLÄRUNG. Ich kann mich nicht mehr an die Einzelheiten dieser Erklärung erinnern, doch der letzte Satz lässt sich grob so übersetzen: »Der Krieg hat begonnen.« Augenblicke später ertönte der Fliegeralarm. Wir wurden angegriffen. Und in diesem Moment endete meine Kindheit.

Wir eilten nach draußen, um nach nebenan zu einem unterirdischen Keller zu laufen. Er war der einzige Schutzraum, der uns einfiel. Gerade als wir auf die Kopfsteinpflasterstraße hinaustraten, gab es einen ohrenbetäubenden Lärm. Als wir in Richtung der Explosion schauten, sahen wir eine große orangefarbene Feuerwolke. Keine Sekunde später spürten wir den heißen Luftstrom. Die erste Bombe war gefallen, nur wenige Kilometer von uns entfernt.

Ich stand wie erstarrt da. Da ich mit keinem zu dieser Erfahrung passenden Gefühl vertraut war, tat – und spürte – ich absolut nichts.

In den Tagen danach suchte meine Familie Zuflucht in öffentlichen Bunkern – in unterirdischen Anlagen mit Hunderten von Menschen (Fremden). Die Räume wurden von flackerndem Neonlicht beleuchtet, die Fußböden waren mit zerrissenen Decken und alten Matratzen bedeckt. In der Luft hing dichter Zigarettenqualm.

Wir lebten einige Monate lang so, und ich bin mir nicht sicher, wann genau es passierte, doch letztlich verschoben sich aufgrund des Kriegstraumas meine Prioritäten. Jetzt stand nicht mehr die Selbsterkenntnis im Vordergrund, sondern die Selbsterhaltung. Jetzt drehte sich bei uns alles nur noch darum, genug zu essen zu haben, unser Haus bombenfest zu machen, jederzeit sofort loslaufen zu können (in unseren Kleidern in Schichten zu schlafen, mit einer gepackten Tasche neben uns), in Bunkern Platz zu finden und Möglichkeiten zu erkunden, wie meine Familie aus dem ehemaligen Jugoslawien fliehen könnte (getrennt, einer nach dem anderen). Ich ahnte nicht, dass die Flucht noch traumatischer sein würde als die Gefangenschaft.

Ich erinnere mich, dass meine Mutter und ich uns an den Händen hielten, während wir die Brücke zur Bushaltestelle überquerten. Noch bevor wir es bis zur Mitte der Brücke geschafft hatten, ertönte der Fliegeralarm. Wenige Sekunden später tauchte ein Flugzeug auf, das direkt auf uns zukam. Wir liefen, so schnell wir nur konnten. Wenn ich an diesen Moment denke, spüre ich noch immer mein Herz in meiner Brust schlagen. Wir hätten dem Flugzeug niemals entkommen können, doch es drehte ab und bombardierte an diesem Tag eine andere Brücke. An der Bushaltestelle verabschiedete ich mich zitternd und völlig außer Atem von meiner Mutter, umklammerte eine mit Snacks gefüllte Plastiktüte und bestieg ganz allein einen Bus nach Bosnien. Ich hatte keine Ahnung, wer mich auf der anderen Seite abholen würde oder wohin genau ich unterwegs war.

Lange Zeit wollte ich mir nicht eingestehen, dass diese Erfahrungen mich von Grund auf verändert hatten. Ein solches Eingeständnis hätte sich wie eine Niederlage angefühlt. Ich wollte den Aggressoren nicht noch mehr geben als die vielen

Leben, die sie bereits genommen hatten. Doch die Wahrheit kommt letzten Endes immer ans Tageslicht, oder?

Der Krieg endete zwar, und meine Familie wanderte nach Kanada aus, dennoch lebte ich bis in meine frühen Zwanziger weiterhin im Überlebensmodus. Für mich war es eine Art Selbstschutz, voreingenommen zu sein, dichtzumachen und anderen zu misstrauen. Wenn du das Gefühl hast, dass dein Leben ständig bedroht wird, erlaubst du es dir nicht, irgendetwas anderes zu tun, als zu überleben – und du schützt dich um jeden Preis. Mein Trauma verzerrte meinen Realitätssinn und raubte mir meine Handlungsfähigkeit. *Dachte ich jedenfalls.*

Hast du je die Geschichte von dem Elefanten und dem Seil gehört? Es heißt, dass ein Elefantenbaby dressiert werden kann, indem man sein Vorderbein mit einem dünnen Seil an einem Pflock festbindet. Zuerst wird der Elefant versuchen, sich zu befreien, doch schließlich lernt er, dass er das nicht kann. Ist er dann größer, versucht er nicht länger, am Seil zu ziehen oder den Pflock aus dem Boden zu reißen, weil man ihn darauf konditioniert hat, zu glauben, dass dies nicht möglich ist. Der Elefant bleibt weiterhin gefangen, obwohl er nun genug Kraft hat, sich seiner Fessel zu entledigen. Das, was ihn einst einschränkte, hat nicht länger die Macht dazu. Doch das ist dem Elefanten nicht bewusst.

Ich war der Elefant. Ich war als Kind mitten in einem Krieg wirklich hilflos gewesen, aber als Erwachsene nicht so hilflos, dass ich ein Leben hätte leben müssen, das ich nicht leben wollte – doch ich sah den Unterschied nicht. Teil des Heilungsprozesses war die Erkenntnis, dass es sicher genug war, zu *sein*; mich als mein Selbst zu zeigen. Dass ich handlungsfähig war, ja, sogar Macht besaß. Dass das, was ich fühlte, dachte, wollte und brauchte, wirklich *zählte*. Dass nicht nur eine Reihe schmerzlicher Lebensereignisse, sondern eine Vielzahl von Entscheidungen mich zu der Person geformt hatten, die ich geworden war. Dass die einzige derzeitige Gefahr von meinem Selbstverlust ausging.

Solange ich nicht zu dieser Erkenntnis gelangt war – und damit zu dem Punkt, mein Leben zu ändern –, konnte ich nicht meine innere Zustimmung zu dem Leben geben, das ich aufführte. (Ich will nicht »lebte« sagen, denn leben bedeutet, ehrlich zu sein und auf dem Boden der Realität zu stehen, und das war bei mir nicht der Fall.) *Mein Bewusstsein war es, das mich befreite.* Okay, eigentlich war es mein Handeln, das mich befreite, doch es wurde durch meine Erkenntnis beeinflusst. Erkenntnis ist der Anfang von allem. Es war eine schwierige Aufgabe, da die Menschen, die mir am nächsten standen, dieselben traumatischen Ereignisse überlebt und sie als ganz normal dargestellt hatten, sodass mir erst in meinen frühen Zwanzigern bewusst wurde, dass es sich tatsächlich um ein Trauma handelte.

Irgendwann *müssen* wir die Augen dafür öffnen, was geschehen ist, und uns alles eingestehen, was wir getan haben. Erkenntnis ist selten etwas, was sich zufällig einstellt. Wenn wir zu einem tieferen Verständnis unseres Selbstverlusts gelangen wollen, müssen wir uns bewusst mit den Erfahrungen, die ihn verursacht haben, sowie den Handlungen, die ihn aufrechterhalten und uns zu seinem Gefangenen gemacht haben, konfrontieren und sie erforschen.

URSACHEN DES SELBSTVERLUSTS

Obwohl wir um das Thema Verantwortung wohl nicht herumkommen können, wenn wir über den Selbstverlust sprechen, möchte ich betonen, dass es beim Selbstverlust *immer* einen Grund, einen Trigger oder eine Ursache gibt. Niemand wacht eines Tages auf und trennt sich von seinem Selbst. Nun, jedenfalls nicht mit Absicht. Egal, ob es ein Hindernis war, das uns davon abgehalten hat, unser authentisches Selbst überhaupt erst wahrhaftig zu erkennen und entsprechend zu leben, oder ob etwas dafür gesorgt hat, dass unsere Beziehung zu ihm im Lauf der Zeit abgebrochen ist oder untergraben wurde, die drei häufigsten Ursachen des Selbstverlusts sind, wie ich bei meiner klinischen Arbeit festgestellt habe, die folgenden:

1. Lebensverändernde Ereignisse
2. Modelliertes Verhalten und Familienregeln
3. Selbstbetrug

Lebensverändernde Ereignisse

Bestimmte Ereignisse verändern unsere Beziehung zu unserem Selbst, weil sie uns daran hindern, zu verstehen oder zu verkörpern, wer wir sind. Solch lebensverändernde Ereignisse haben oft eine der drei hier aufgeführten Folgen:

1. Wir beginnen, uns mit dem Schmerz/Ereignis zu identifizieren.
2. Wir haben Mühe, die Person, die wir vor dem Ereignis waren, mit der Person, die wir jetzt sind, unter einen Hut zu bringen.
3. Wir haben psychische Probleme, die bewirken, dass wir uns weniger mit uns selbst verbunden fühlen oder uns unserer selbst schämen.

Es gibt keine feste Regel dafür, wie solche Ereignisse aussehen können. Zwei Menschen können genau dasselbe erleben und unterschiedlich davon betroffen sein.

Mein Kindheitstrauma klang noch bis in mein Erwachsenenalter hinein nach, aber kannst du dir vorstellen, dass der Druck und die Zerrissenheit, die ich in meinen frühen Zwanzigern empfand, weitaus schmerzlicher waren, als einen Krieg zu überleben? Die meisten Menschen sind überrascht, wenn sie mich das sagen hören. Die Wahrheit ist: Egal, *was* wir durchgemacht haben – oder für wie bedeutend oder unbedeutend andere es halten –, wir können ein Ereignis nicht bewerten oder beurteilen, ohne seine Auswirkungen zu verstehen. Bei mir war der Krieg das Ereignis, das anfänglich meinen Selbstverlust triggerte. Dieser wurde später dann noch dadurch vertieft und aufrechterhalten, dass ich eine Ehe einging, bevor ich bereit dazu war (und zudem noch mit der falschen Person). Bei anderen ist es ein Wohnortwechsel, eine medizinische Diagnose, der Verlust eines geliebten Menschen, ein Beziehungsrückschlag oder die Geburt eines Kindes (um nur einige zu nennen).

Jedes Ereignis kann bedeutend genug sein, um unsere Beziehung zu unserem Selbst zu blockieren, zu verzerren oder zu erschweren. Das heißt, dass es uns aufgrund solcher Ereignisse schwerer fällt, in Übereinstimmung damit zu handeln, zu fühlen und/oder Entscheidungen zu treffen, wie wir uns selbst sehen.

Ich habe einmal mit einem Mann gearbeitet, der herausfand, dass seine Frau eine Affäre hatte. Mit Untreue fertigzuwerden ist schon schwierig genug, doch in diesem Fall kam noch erschwerend hinzu, dass der Betroffene seine Beziehung – seine Rolle als Ehemann und Vater – zum Mittelpunkt seines Selbst gemacht hatte. Als Folge wurde sein Selbstgefühl völlig zerstört, als er seine Frau mit einem anderen Mann sah:*

> »Ich war verloren, weil mir das gesamte Gerüst für den Plan zu heiraten, eine Familie zu gründen und Kinder zu haben – der Boden – unter den Füßen weggezogen wurde. Das Ge-

---

* Alle Zitate in diesem Kapitel sind wörtliche Abschriften von Interviews, die ich während meines MA-Studiums im Rahmen von Forschungen zu moralischen Verletzungen durchführte. Eines der Themen, die ich erforschte, war die Selbstentfremdung.

rüst brach zusammen, und ich hatte keine Alternative, um den Verlust auszugleichen. Und so war ich verwirrt, verärgert und wütend über den Betrug – aber auch beunruhigt: *Nun, was bedeutet das?*
Ich erinnere mich, dass ich einfach auf dem Bett lag und schrie, um es loszuwerden, weil ich wusste, dass mein Leben zerstört war … jedenfalls dachte ich das damals. Ich glaube, ich spürte mich selbst kaum noch. Ich kann mich erinnern, dass ich mich [lange Pause] … völlig bleiern … einfach *tot* fühlte. Ich hatte das Gefühl, dass alles vorbei war.«

Selbst Jahrzehnte, *nachdem* er von der Untreue seiner Frau erfahren hatte, identifizierte er sich noch mit seinem Schmerz. Er nahm die Möglichkeiten, die sich ihm vielleicht für die Zukunft boten, nicht wahr und blieb in seiner Begrenztheit oder seinen »Gegebenheiten« stecken. Somit hatte er keine Verbindung zu seinem Selbst. Sein Schmerz wurde seine Identität.

»Tatsache ist, und meine Lebenserfahrung ist, dass ich ein Opfer bin. Ich wurde ausgenutzt, und ich war dumm, dies zuzulassen. Ich bin ein naiver *Dummkopf*. Obwohl ich Ende 60 bin, blicke ich zurück auf die verschiedenen Beziehungen und Entscheidungen und Verhaltensweisen, vor allem die der letzten zehn, zwölf Jahre … [Seufzer], und ich schelte mich dafür, dass ich ein Dummkopf bin.«

Gewisse Lebensereignisse können zwar dazu führen, dass uns eine Rolle weggenommen wird, die ein wichtiger Teil dessen geworden ist, wie wir unser Selbst erfahren, doch wir bekommen in anderen Zusammenhängen – zum Beispiel, indem wir Eltern werden – eine neue Rolle. Manche mögen diese Veränderung als eine natürliche Ergänzung dessen empfinden, wer sie sind, andere als Eingriff – als eine Rolle, die nicht damit im Einklang steht, wie sie denken, fühlen oder sich selbst erleben. Manchen Menschen fällt es schwer, ihr jetziges Selbst mit dem Selbst, das sie vor der Geburt eines Kindes waren, zu vereinbaren.

Neulich scrollte ich auf TikTok herum und sah ein Video, in dem eine Frau etwas sagte wie: »Ich habe die Leute, die sagen, dass Muttersein keine Identität ist, total satt.« Und fuhr dann fort, dass sie alles, was sie seit der Geburt ihres Kindes (vor neun Monaten) getan habe, für dieses Kind getan habe. Sie habe nichts ausschließlich für ihr Selbst getan. Wie also konnte das Muttersein *nicht* ihre Identität sein? Ich verstehe es. Für sie war das Muttersein in diesem Moment alles, was sie ihrer Meinung nach hatte. Es war für sie die einzige Möglichkeit, ihr Selbst zu verstehen, wahrscheinlich weil das Muttersein das Einzige war, was ihr Alltag ihr spiegelte. Und es kann unglaublich schwierig sein, unsere *Rolle* von unserer *Identität* zu unterscheiden. Identität ist, wer wir sind; Rollen sind, was wir tun. Aber natürlich beeinflusst das, was wir tun, unsere Identität. Es hängt alles zusammen. Für Mütter kann es eine Herausforderung darstellen, ein Selbst außerhalb dieser spezifischen Rolle zu identifizieren. Diese Unfähigkeit, unser Selbst in unserem Handeln zu sehen oder zu erkennen, kann sich beängstigend und überwältigend anfühlen und wird von vielen Menschen als Verlust erlebt. Andere hingegen empfinden die Mutterschaft vielleicht als erleichternd oder erfüllend – sie haben etwas bekommen, das ihnen einen Sinn und eine Möglichkeit bietet, ihr Selbst auf neue Weise zum Ausdruck zu bringen.

Eine Frau, mit der ich gearbeitet habe, sprach über die harte Realität und den Selbstverlust als Folge davon, dass sie ihren Partner *betrogen* hatte:

> »Die Erfahrung [der Untreue] erschütterte mich zutiefst und ließ mich erkennen, wie fehlbar ich war. Und dass ich nicht perfekt war. Und dass ich nicht so gut war, wie alle dachten. Sie stieß mich von dem Podest, auf das mich alle gehoben

> hatten. Und ich war bereit, willens und fähig und hatte mich bewusst dazu entschieden, gegen grundlegende moralische Werte zu verstoßen, was für mich eine schockierende Entdeckung war. Und es war – es war eine schmerzliche Entdeckung, zu erkennen, dass ich wie jeder andere war.«

Auf dem Höhepunkt meines eigenen Selbstverlusts hatte ich zum ersten Mal mit psychischen Problemen zu kämpfen. Dadurch fühlte ich mich weniger mit meinem Selbst verbunden und schämte mich seiner. Wie konnte eine angehende Therapeutin Panikattacken haben oder – wenn es mir besonders schlecht ging – dissoziieren? Ich erinnere mich, dass ich auf dem Weg zu meiner Therapeutin und völlig verzweifelt war, weil ich meinen Körper nicht spüren konnte, den Boden nicht spüren konnte, auf dem ich ging. In diesem Zustand hatte ich das Gefühl, dass ich nicht länger im Besitz meines Selbst war; die Trennung manifestierte sich in den Tiefen meiner Eingeweide.

Uns selbst und unserem Menschsein ins Auge zu sehen, ist der *einzige* Weg, unseren Selbstverlust zu erkennen. Während der COVID-19-Pandemie sind viele von uns in eine Identitätskrise geraten, weil unser aller Leben in Gefahr war, unser Alltag sich drastisch änderte und unsere Wahlmöglichkeiten eingeschränkt waren. Wir konnten nicht mehr in unsere Büros gehen, zu neuen Orten jetten, Feste feiern oder in Bars rumhängen. Viele von uns verloren ihren Job oder Angehörige. Diejenigen, deren Selbstgefühl durch ihre beruflichen oder sozialen Rollen gekapert worden war, fühlten sich verloren, als sie diese Rollen nicht länger erfüllen konnten.

Die Pandemie löste ein Massenerwachen in puncto Anerkennen und Bewerten unserer Selbstbeziehung aus, weil sie uns unserer Erwartungen, stumpfsinnigen Routinen und Ablenkungen beraubte. Ich denke, wir sind uns alle darin einig, dass die Tatsache, dass wir, uns selbst ausgeliefert, zu Hause festsaßen, auf unbarmherzige Weise deutlich machte, in welchem Maße unser Selbstgefühl durch andere Menschen oder Dinge von außen verdeckt war. Sie ließ uns erkennen, wie wenig wir mit unserem eigenen Leben im Einklang standen – viele von uns erhaschten, ohne es zu realisieren, einen ersten flüchtigen Blick auf ihren Selbstverlust.

Modelliertes Verhalten und Familienregeln

Camilla zog gleich zu Beginn unserer Sitzung ihr Handy hervor. Sie schaute mich an und sagte, dass sie etwas habe, das sie laut vorlesen wolle – etwas, das in den Familienchat geschickt worden war. Ich wartete ganz gespannt, denn ich hatte keine Ahnung, was das Thema der heutigen Sitzung sein könnte. Sie räusperte sich und begann: »Familienregel Nummer eins: All unsere Kinder sollen ihren Körper mit Anstand behandeln und sämtliche sexuellen Aktivitäten unterlassen. Familienregel Nummer zwei: Kinder haben nicht das Recht, von Eltern getroffene Entscheidungen zu hinterfragen oder anzuzweifeln. Familienregel Nummer drei: Von allen Geschwistern wird erwartet, einem Elternteil alle Informationen weiterzugeben, die ein anderes Geschwisterteil verheimlicht. Familienregel Nummer vier: Die Familie ist und sollte für jedes Familienmitglied die oberste Priorität haben. Familienregel Nummer fünf: Tattoos und Piercings sind nicht erlaubt. Familienregel Nummer sechs: Koffein, Alkohol und Zucker sollen nicht in Maßen, sondern gar nicht konsumiert werden. Familienregel Nummer sieben: Der Besuch der Sonntagsmesse ist ein Muss. Familienregel Nummer acht …«

Ich saß schockiert da. Ich hatte keine Liste von Regeln erwartet. Die Klientin – die Mitte 30 war, eine erfolgreiche Karriere als Anwältin hatte und allein lebte – erzählte mir dann, dass die Nachricht, die sie mir gerade vorgelesen habe, eine *aktualisierte* Version der »Familienregeln« sei und dass von jedem Familienmitglied die Bestätigung erwartet wurde, dass es vorhabe, die Wünsche des Vaters (der das Schreiben verfasst hatte) zu respektieren. Jeder Regelverstoß würde durch »Ausschluss von Familienaktivitäten« bestraft werden.

Die Mutter hatte als Erste reagiert und den Regeln zugestimmt.

Camilla sagte nicht viel, als sie die Regeln zu Ende vorgelesen hatte, begann jedoch plötzlich zu schluchzen. Sie war frustriert, unsicher, wie sie die Forderungen ihrer Familie und ihr eigenes, völlig anderes Leben unter einen Hut bringen konnte. Sie fühlte sich hin- und hergerissen und wusste nicht, wie sie mit den vielen scheinbar widersprüchlichen Überzeugungen, die bei ihr Widerhall fanden, umgehen sollte. Es war unmöglich, es allen recht zu machen, und das machte sie fertig.

Camillas Erfahrung macht deutlich, dass unsere Auffassung davon, wer wir sind, immer von den Regeln und modellierten Verhaltensweisen beeinflusst wird, mit denen wir groß geworden sind. Menschen, die in Systemen aufgewachsen sind, die ihnen nur wenig Raum gegeben haben, zum Ausdruck zu bringen – und folglich zu *sein* –, wer sie sind, haben oft mit einem Selbstverlust zu kämpfen. Wenn man uns beibringt, dass es uns nicht erlaubt ist, auf eine Weise zu existieren, die sich von dem unterscheidet, was von uns erwartet wird (und dass wir ansonsten Ablehnung und Verlassenwerden riskieren), werden wir unser Selbstgefühl wahrscheinlich darin suchen, Zustimmung zu erfahren.

Obwohl nur sehr wenige Leute Textnachrichten erhalten, die explizit die Familienregeln darlegen, spürt fast jeder von uns sie implizit. Welche Familienregeln haben deine Art geprägt, dein Selbst zu verstehen? Welche Regeln stehen im Widerspruch dazu, wie du dein Selbst erlebst? Und am wichtigsten: Wie wurde dir das Selbst oder die Authentizität (wenn überhaupt) vorgelebt?

Viele von uns sind mit Eltern aufgewachsen, die mit ihrem eigenen Selbstgefühl gekämpft und Verhaltensweisen gezeigt haben, die wir nun, ohne es zu wissen, wiederholen. Wenn unsere

Eltern uns Freiheit, Verantwortung, das Treffen von Entscheidungen und Authentizität nicht vorgelebt haben, wie stehen dann die Chancen, dass wir ganz von selbst wissen, wie das geht?

Unsere leibliche Familie ist eine »Gegebenheit«, also nichts, was wir ändern können. Doch es liegt an *uns*, danach zu streben, unser Selbst zu verkörpern und eins mit ihm zu sein – die Antithese des Selbstverlusts –, indem wir uns bewusst machen, was aus uns werden kann und welche Familienstrukturen wir aufbrechen wollen.

Selbstbetrug

Rollo May, ein US-amerikanischer Psychologe und Vertreter der existenziellen Psychotherapie, schrieb: »Aber wenn ich nicht meine eigenen originalen Ideen äußere, wenn ich nicht auf mein eigenes Sein höre, dann verrate ich mich selbst.«[34] »Selbstbetrug« ist keine klinische Diagnose, doch diejenigen, die im Bereich der psychischen Gesundheit und Selbsthilfe tätig sind, verwenden diesen Begriff oft, um zu beschreiben, dass jemand wegen einer anderen Person, eines Jobs oder einer Beziehung usw. Teile seines Selbst leugnet (zum Beispiel Bedürfnisse, Gedanken und Gefühle). Im Grunde genommen begehen wir immer dann Selbstbetrug, wenn wir etwas oder jemanden unserem Selbst vorziehen. Wenn wir unsere Loyalität uns selbst gegenüber auf etwas Äußeres verlagern. Wenn wir bei Kleinigkeiten wie der Frage, welchen Zug wir nehmen oder welches Restaurant wir wählen sollen, Kompromisse eingehen, handelt es sich nicht um Selbstbetrug; wohl aber, wenn wir Dinge tun, die gefährden, wer wir *sind*.

> Die Existenzanalyse stellt eine wichtige Frage: »Was geht verloren, wenn ich Dinge tue, die nichts mit mir selbst zu tun haben?«
> Die Antwort: »*Ich* gehe verloren. Ich verliere mich selbst. Ich werde mir selbst fremd.«

Manchmal nimmt unser Selbstbetrug so extreme Formen an wie die Bereitschaft, etwas zu tun, was uns wehtut, um anderen gefällig zu sein, oder den törichten Versuch, jemanden zu »halten«. Viele von uns haben Angst davor, allein zu sein und sind bereit zu opfern, was immer nötig ist, um der Einsamkeit nicht ins Auge sehen zu müssen. Doch in dem Bemühen, jemand anderen zu besitzen, verlieren wir uns selbst. André Gide, ein französischer Schriftsteller und Nobelpreisträger, sagte: »Man hat Angst davor, sich allein zu finden; und man findet sich überhaupt nicht.«[35]

Selbstbetrug lenkt unseren Fokus weg von unserem Selbst, sodass wir unsere Motivation außerhalb davon finden, wer wir sind. Dieser Wandel vollzieht sich oft langsam und ist uns nicht bewusst. Vielleicht beginnt er mit einer kleinen Aktion wie damit, dass wir Ja sagen, wenn wir *Nein* sagen wollen, was jedoch schnell dazu führen kann, dass wir auf Situationen und Menschen so reagieren, wie wir annehmen, dass *sie* es sich wünschen, statt im Einklang mit dem, was *wir* brauchen. Unser Handeln bestimmt, wer wir werden, und bringt gleichzeitig unsere momentane Beziehung zu unserem Selbst (authentisch oder nicht authentisch) zum Ausdruck.

Mehrere meiner Klienten und Klientinnen haben mir gesagt, dass ein Mensch in ihrem Leben ihre Authentizität nicht »verdiene«. Meine Frage ist immer die gleiche: »*Wer* verdient sie denn?« Darauf reagieren sie oft mit stillem Nachdenken oder einem verschmitzten (vielleicht genervten) Lächeln.

Natürlich hilft Authentizität uns, gesunde Beziehungen zu den Menschen um uns herum aufzubauen, doch sie ist auch die Grundlage einer gesunden Beziehung zu unserem Selbst.

Authentisch sein müssen wir vor allem *für uns*. Und doch glauben viele von uns, dass sie es für andere sein müssen. Und da wir dies glauben, sind wir oft bereit, unsere Authentizität für andere zu opfern. Während meiner Forschungen und der

Arbeit mit meinen Klienten und Klientinnen habe ich beobachtet, dass es am häufigsten in Liebesbeziehungen zu Selbstbetrug kommt (eng gefolgt von familiären Beziehungen). Dieser kann so aussehen, dass du:

- Dich änderst, um zu sein, wie dein Partner oder deine Partnerin es sich wünscht
- Probleme in der Beziehung leugnest (selbst wenn sie dir wehtun)
- Deine Stimme/Intuition zum Verstummen bringst (weil sie deine Beziehung gefährdet)
- Dich auf unerwünschte Intimitäten einlässt (um deinem Partner oder deiner Partnerin gefällig zu sein)
- Dich mit weniger zufriedengibst, als du verdienst
- Gegen deine Überzeugungen und Werte verstößt
- Dich für Dinge entschuldigst, die nicht deine Schuld sind
- Nicht für deine Bedürfnisse einstehst
- Deine eigenen Grenzen überschreitest, um deinen Partner oder deine Partnerin glücklich zu machen
- Lügst, um den Frieden zu wahren
- Dich kleinmachst, damit andere sich besser fühlen
- Deine Autonomie opferst
- Dinge tust, die deinem Selbst gegenüber respektlos sind oder es erniedrigen
- Zögerst, für dein Selbst einzutreten
- Dich stärker darauf konzentrierst, die Bedürfnisse anderer statt deine eigenen zu erfüllen
- Die Beziehung zu deinem Selbst nicht wertschätzt oder nicht in sie investierst (weil du »anderen« deine Zeit und Energie widmest)

Viele Klienten und Klientinnen kommen zur Therapie, weil sie möchten, dass ihre Beziehung funktioniert. Doch wann immer der einzige Grund für eine Therapie eine Beziehung (oder eine andere Person) zu sein scheint, bin ich vor allem gespannt auf die Beziehung des Klienten oder der Klientin zu sich selbst.

Einige Jahre lang arbeitete ich intensiv mit Naomi, einer unglaublich rücksichtsvollen, liebenswürdigen, lustigen Millenial. Sie kämpfte auch mit Gefühlen der Unsicherheit, damit, Grenzen zu setzen und ihr Selbst zu kennen und zu lieben. Sie hatte Angst, ihren Partner zu verlieren, aber vor allem hatte sie Angst, allein zu sein. Egal, wie schwierig, kraftraubend oder ungesund die Beziehung wurde, sie dachte nie daran, sie zu beenden. Naomi fühlte sich nicht wertvoll genug, um wirklich zu glauben, dass sie etwas Besseres verdiente oder dass jemand bereit sein würde, es ihr zu bieten. Stattdessen blieb sie bei einem Partner, der mehrere Affären hatte, aus denen er kein Geheimnis machte, der die verschreibungspflichtigen Medikamente ihrer Mutter stahl, impulsiv die Ersparnisse der beiden ausgab, tagelang wegblieb, ohne Naomi vorher zu sagen, wohin er ging, sie nie seinen Freunden vorstellte und scheinbar kaum Interesse an körperlicher Intimität hatte.

Es dauerte Jahre, bis Naomi erkannte, dass es Selbstbetrug war, in dieser Beziehung zu bleiben. Im Laufe der Zeit konnte sie sich eingestehen, dass ihr Partner einfach unfähig war, ihr seine Aufmerksamkeit und Liebe zu geben, egal, wie sehr sie versuchte, sich diese zu »verdienen« und die »perfekte« Partnerin zu sein.

Naomi gab zu viel und bat im Gegenzug um nichts. Und mit der Großzügigkeit ist das so: *Mühe und Loyalität ohne Grenzen können zu einer Form des Selbstbetrugs werden.* Für ihre Beziehung setzte Naomi ihr Selbst nicht nur aufs Spiel, sie wusste schließlich gar nicht mehr, wer sie war. Leider geraten viele von uns in Situationen, in denen sie sich letztlich zwischen zwei Menschen entscheiden müssen – von denen einer sie selbst sind.

Neben dem Wunsch, jemanden in unserem Leben zu behalten, gibt es noch andere Gründe dafür, dass wir vielleicht Dinge tun, die nicht mit unserem Selbst im Einklang stehen:*

- Es fehlt uns an Selbsterkenntnis.
- Wir werden verführt, genötigt, gezwungen oder unter Druck gesetzt.
- Wir fühlen uns verpflichtet (aus einem Gefühl der Loyalität, aus moralischen Gründen oder aufgrund einer Glaubensstruktur).

Manchmal handelt es sich um eine Kombination all dieser Gründe.

Jonah heiratete seine Freundin, die er an der Graduiertenschule kennengelernt hatte, weil sie ihm am Tag der Abschlussfeier ein Ultimatum stellte: Heiraten oder die Beziehung beenden. Ihm zufolge war Heiraten eine »kognitive« Entscheidung gewesen, keine, die auf Liebe basierte (und wie wir wissen, erfolgt innere Zustimmung nicht rein kognitiv!). Als ich ihn fragte, warum er geheiratet habe, erklärte er, dass sein Verantwortungsgefühl und seine Angst vor Einsamkeit alles andere überwogen hätten. Ich bewunderte es, dass er die Verantwortung für seine Entscheidung übernahm.

> »Aber ich würde sagen, dass ich bereitwillig zu meinem Selbstbetrug beitrug. Rückblickend weiß ich: Wenn ich zu verschiedenen Zeitpunkten eine andere Wahl getroffen hätte und ehrlicher zu mir selbst gewesen wäre, hätte ich andere Entscheidungen getroffen, statt Entscheidungen aus Besorgnis um und Zuneigung zu [anderen] zu treffen. Ich hätte damals tougher sein müssen, und wir hätten wahrscheinlich nicht heiraten sollen. Und ich fühlte mich verpflichtet, sie

* Die Liste stammt aus einem von Längle gehaltenen Workshop.

zu heiraten. Und ich glaubte, sie zu beschützen sei wichtiger als meine Gefühle … Damals hielt ich es für eine vernünftige Entscheidung. Denn obwohl ich nicht hundertprozentig dahinterstand, war es das Richtige.«*

Selbstbetrug ist eine Form der Nichtauthentizität. Es ist wichtig, dass wir uns die Frage stellen: »Wie fühlt es sich an – oder was spüre ich –, wenn ich Dinge tue, hinter denen ich nicht wirklich stehen kann?« Mit anderen Worten, wie fühlt es sich an, wenn wir uns einverstanden erklären, etwas zu tun, das nicht mit uns im Einklang steht oder wozu wir uns aufgrund eines Gefühls der »Korrektheit« oder eines hohen moralischen Anspruchs gezwungen fühlen?

Wir empfinden oft:**

- Dass wir kontrolliert werden, statt selbst die Kontrolle zu haben (und einer »fremden« Macht unterworfen sind)
- Dass es uns im gegenwärtigen Moment an Präsenz mangelt
- Leere
- Einen Zeitverlust
- Eine mangelnde Verbindung mit uns selbst, während wir so handeln

Ob wir an einer Familienfeier teilnehmen, an den Wochenenden arbeiten oder über anstößige Witze lachen – Dinge, zu denen wir, wie wir tief in unserem Inneren wissen, nicht unsere innere Zustimmung geben können, werden uns von unserem Selbst entfremden. Was am Selbstbetrug oft am meisten wehtut, ist unsere *Beteiligung*. Es ist schmerzlich, mit unserem

---

* Dieses Zitat ist eine wörtliche Abschrift eines Interviews, das ich im Rahmen von Forschungen während meines MA-Studiums geführt habe.

** Die Liste stammt aus einem von Längle gehaltenen Workshop.

eigenen Handeln konfrontiert zu sein, und so gern wir auch anderen die Verantwortung auferlegen wollen, letztlich sind wir es, die sie übernehmen müssen.

Der Wunsch, verloren zu sein

Schließlich gibt es noch einen Grund für den Selbstverlust: *Wir WOLLEN verloren sein.* Die Beziehung zum Selbst erdet und ist erfüllend und befreiend, aber auch schwierig. Manche Menschen wollen die Last des Selbst nicht tragen. Sie finden Trost in Selbsttäuschung, in Ignoranz oder im Erfolg. Sie wollen nicht, dass sich irgendetwas in ihrem Leben ändert. Und sie wollen sich nicht ändern müssen. Menschen, die das Leben als absurd und grundsätzlich sinnlos empfinden, haben manchmal keinerlei Lust, auch nur zu versuchen, die Vorteile von Freiheit, Wahlmöglichkeiten und Verantwortung zu nutzen – sie haben sich um der Befriedigung willen, die mit dem Hedonismus einhergeht, oder um des Wohlgefühls willen, das mit dem Verlust des Selbst einhergeht, ausgeklinkt.

ROLLENSPIEL: WIE WIR ZU UNSEREM SELBSTVERLUST BEITRAGEN

Ich erkannte die Rolle, die ich bei meinem Selbstverlust spielte, erst, als ich in Kalifornien eine Therapie begann, direkt nach meiner Panikattacke. Jedes Mal, wenn ich das Sprechzimmer meiner Therapeutin betrat, entspannte sich mein Kiefer und ließen die Verspannungen in den Schultern nach. Ich fühlte mich sicher, was bei jemandem, der nicht in seinem Selbst geerdet ist, nur selten vorkommt. Sobald ich mich auf dem Sofa niedergelassen hatte, begann ich zu beichten. Mehr mir selbst als ihr. Ich äußerte Gedanken, die sich zu bedrohlich oder erdrückend anfühlten, um sie auszusprechen, wenn ich alleine war. In dieser einen Stunde pro Woche erlaubte ich es meinem

Selbst, sich auszuliefern, was sich manchmal stark danach anfühlte, als würde ich die Kontrolle verlieren.

Doch Sichausliefern hat nichts mit Kontrollverlust zu tun. Es heißt, die *Illusion*, dass wir die Kontrolle haben, aufzugeben und auf die Fragen und Anforderungen des Lebens mit Neugier und Offenheit zu reagieren. Um unserem Verlust ins Auge sehen, seine Ursache identifizieren und die Rolle, die wir dabei spielen, erforschen zu können, sind drei Voraussetzungen nötig:

1. **Selbstbewusstheit**. Selbstbewusstheit ist unsere Fähigkeit, unser Selbst zu *sehen* und zu verstehen, wie wir in der Welt agieren – normalerweise mithilfe von Introspektion und Reflexion. Selbstbewusstheit erfordert die ständige Beobachtung unserer Emotionen, Gedanken und Verhaltensweisen, um uns dessen bewusst zu werden, wie wir unser Leben, unsere Beziehungen und unser Selbst erleben.

   Selbstbewusstheit ermöglicht es uns, mit unserer eigenen Individualität und Authentizität in Berührung zu kommen. Es ist jedoch wichtig festzuhalten, dass Selbstbewusstheit nicht darauf beschränkt ist, allein das Gute zur Kenntnis zu nehmen. Sie beinhaltet auch, uns mit unseren Fehlern, Unzulänglichkeiten und Problemen zu konfrontieren. Irvin D. Yalom – ein angesehener US-amerikanischer Psychiater und Vertreter der existenziellen Psychotherapie – schreibt: »Verzweiflung ist der Preis, den man für die Selbsterkenntnis zu zahlen hat. So tief man in das Leben sieht, so tief sieht man in das Leiden.«[36] Warum? Weil das Dasein immer mit Verzweiflung einhergeht und Bewusstheit diese Verzweiflung immer ans Licht bringt. Aus diesem Grund verharren so viele Menschen im Leugnen und in bewusster Unwissenheit – sie wollen es vermeiden, Kummer und Schmerz zu empfinden. Und aus diesem Grund erkennen so viele von uns nicht, dass sie verloren sind, und bleiben blind gegenüber dem Anteil, den sie an ihrer misslichen Lage haben.

2. **Ehrlichkeit.** Mit unserem Selbst in Berührung zu kommen ist nur möglich, wenn wir ehrlich sind in Bezug auf das, was wir beobachten und erfahren. Wir müssen üben, ehrlich darin zu sein, was und wen wir *sehen.* Und wir müssen lernen, nicht nur *mit uns* selbst ehrlich zu sein, sondern auch *in Bezug auf* uns selbst. Ehrlichkeit erfordert, der Wahrheit ins Auge zu sehen, selbst wenn uns das Unbehagen bereitet.

   Wir müssen aufhören, so zu tun, als seien wir nicht verletzt durch die Dinge, die uns verletzen. Wir müssen aufhören, so zu tun, als würden wir die Dinge, die wir uns wünschen, nicht wollen. Wir müssen aufhören, so zu tun, als hätte unser Handeln keine Folgen. Wir müssen aufhören, so zu tun, als seien wir nicht verantwortlich für das Leben, das wir führen. Wir müssen aufhören, so zu tun, als hätten wir keine *Wahlfreiheit* (egal wie groß oder klein sie auch sein mag). Wir müssen aufhören, Dinge vorzutäuschen, und uns darin üben, ehrlich zu sein.

3. **Sicherheit.** »Die entscheidende Frage lautet: ›Wieviel von der Wahrheit hält er [der Mensch] gerade noch aus?‹«[37] Yalom führt hier einen interessanten Punkt an. Die Wahrheit kann nur dann ertragen werden, wenn wir uns für sie entscheiden. Tun wir dies nicht, kann sie niederschmetternd, verzehrend oder sogar destruktiv werden – ja, zu etwas werden, was wir nicht ertragen können. Wir müssen uns *sicher* genug fühlen, um die Wahrheit »aushalten« oder mit ihr koexistieren zu können.

   Wenn wir uns damit schwertun, ehrlich zu sein, ist der springende Punkt nicht der, den Kreislauf des Leugnens zu durchbrechen, sondern zuerst Möglichkeiten zu finden, unser Sicherheitsgefühl zu verstärken. Wenn wir uns in unserem Selbst nicht sicher fühlen, empfinden wir oft das

Bedürfnis, alles und jeden zu kontrollieren, um die wahrgenommenen Gefahren auszuschalten.

Ich verließ mich darauf, dass meine Therapeutin mich erdete und vor meinen schmerzlichen Gedanken schützte. Ich brauchte sie, bis ich schließlich mein Selbst hatte; bis ich darauf vertraute, dass mein Selbst nicht in sich zusammenfiel, wenn es mit meiner Wirklichkeit konfrontiert wurde. Es dauerte eine Weile, bis ich die Kunst des Sichauslieferns erlernte. Hierzu verhalf mir die Erkenntnis, dass die feine Linie zwischen Sichausliefern und Außer-Kontrolle-Sein *Sicherheit* ist.

Das ist kein Grund – und auch keine Entschuldigung –, die Wahrheit zu meiden. Unserem Selbst nicht ins Auge zu sehen, hat ebenso schmerzliche Folgen. Wenn Ausweichen also nicht die Antwort ist, was dann? *Geduld.* Bei meiner klinischen Arbeit stelle ich fest, dass die Klienten und Klientinnen im Laufe der Zeit bereit sind, ein größeres Maß an Wahrheit zu akzeptieren. Ihre Bereitschaft hängt unmittelbar damit zusammen, wie innig ihre Beziehung zu ihrem Selbst ist, wie sicher sie sich fühlen und wie groß ihr Vertrauen in sie selbst ist.

Unter meinen Klienten legte Taylor besonders ungesunde und schädliche Bewältigungsmechanismen an den Tag. Wir verbrachten Monate damit, die Lebensgeschichte von Taylor zu »entpacken«, und obwohl sich klare Anzeichen eines frühkindlichen Traumas zeigten, brachte Taylor selbst es nie zur Sprache. Es wäre ein Leichtes gewesen nachzubohren, doch ich entschied mich dagegen. Nach einiger Zeit bestätigte Taylor schließlich meinen Verdacht und erzählte mir von einer traumatischen Kindheitserfahrung, auch wenn es noch immer schwierig war, sich diese Erfahrung einzugestehen. Meine Aufgabe war es, meinen Klienten nie die Wahrheit aufzudrängen, bevor sie sie ertragen konnten; ihnen dabei zu helfen, ein höheres Maß an Selbstvertrauen und innerer Sicherheit zu gewinnen, damit sie sich entscheiden konnten, sich mit dem Trauma zu konfrontieren. Denn letztlich sind *wir* die Einzigen, die entscheiden können, wie viel wir verkraften können. Wir müssen unser eigenes Tempo finden.

Sicherheit und Vertrauen gehen Hand in Hand, denn das eine kann nicht ohne das andere existieren. Es gibt viele Lebenserfahrungen, die unser *Grundvertrauen* infrage stellen können. »Grundvertrauen« ist ein Begriff aus der Existenzanalyse und verweist auf unseren Seinsgrund, die Grunderfahrung, dass da immer etwas ist, was uns Halt gibt; auf das, was ich als die Stütze wahrnehme, ohne die wir nicht leben können. Diese Grundlage kann uns helfen, in unsere Fähigkeit zu vertrauen, voll und ganz und authentisch in der Welt zu existieren. Egal, was wir durchmachen – was wir getan haben oder was uns angetan wurde –, wir sehen uns alle dieser Frage gegenüber:

Was erdet mein Vertrauen? Oder mit anderen Worten: Was bildet die Basis meines Vertrauens?

Es gibt drei übliche Antworten:

1. Ich selbst und mein eigenes Leben
2. Jemand oder etwas
3. Gott oder ein größeres, umfassendes Organisationsprinzip

Letztlich erzeugt die Fähigkeit, unser Vertrauen zu erden, das innere Gefühl der Sicherheit, das wir brauchen, um uns in Bewusstheit und Ehrlichkeit zu üben. Unser Grundvertrauen ermöglicht es uns, uns einzugestehen, welche Rolle wir bei unserem Selbstverlust gespielt haben. Hierbei lassen sich drei Rollen unterscheiden:

1. **Opfer**: Jemand, der den Selbstverlust als Folge von Ereignissen erleidet, die außerhalb seiner oder ihrer Kontrolle liegen

(z. B. ein Trauma) und die sein oder ihr Selbstgefühl gestört haben. Es ist mir wichtig, anzumerken, dass ich nicht glaube, dass wir langfristig Opfer des Selbstverlusts sein können (siehe Nr. 3), denn das würde heißen, dass es Umstände gibt, die uns auf Dauer unserer Verantwortung entheben.

2. **Akteur, Akteurin**: Jemand, dessen eigene Entscheidungen den Selbstverlust herbeigeführt haben (z. B. Selbstbetrug).
3. **Beides (Opfer und Akteur, Akteurin)**: Ein Individuum, das Erlebnisse hatte, die außerhalb seiner oder ihrer Kontrolle gelegen und sein oder ihr Selbstgefühl gestört haben, das aber auch Entscheidungen getroffen hat, die den Selbstverlust aufrechterhalten haben.

Die meisten von uns gehören wohl der dritten Kategorie an.

Deswegen beginne ich meine erste Sitzung mit einem Klienten oder einer Klientin immer mit derselben Aktivität, einer Übung, die mir hilft, Einblick darin zu gewinnen, wie die Person ihr Selbst sieht und erfährt (oder auch nicht). Die Übung heißt *Lebenslinie** und ist ganz simpel. Ich bitte meine Klienten und Klientinnen, mir von allen wichtigen Ereignissen in ihrem Leben zu erzählen, von der Geburt bis heute (ich habe gesagt, dass die Übung simpel ist, nicht leicht!). Die Erfahrungen müssen nicht »objektiv« bedeutsam sein; sie sollten nur für die Klienten und Klientinnen *selbst* eine besondere Bedeutung haben. Ich habe schon alles gehört – angefangen dabei, dass jemand hungrig ins Bett geschickt wurde bis hin zu lustigen Erinnerungen daran, mit Dad geschwommen zu sein –, und das Wunderbare ist, dass es keine Rolle spielt, welches Ereignis es war. Was zählt, ist

---

* Ich lernte diese in der kognitiven Verhaltenstherapie übliche Aktivität von meinem Praktikumsbetreuer in der allersten Woche, in der ich mit Klienten und Klientinnen arbeitete. Seitdem habe ich sie immer wieder geändert, um sie zu meiner eigenen zu machen und sie so zu gestalten, dass sie meine Klienten und Klientinnen anspricht.

die Bedeutung, die ihm beigemessen wird; die Erkenntnis, dass diese Ereignisse den Klienten *geformt* haben.

Möchtest du die Übung ausprobieren? Dann nimm ein Stück Papier und zeichne eine lange horizontale Linie darauf. Stell der Linie eine »Null« voraus und schreibe an deren Ende dein jetziges Alter. Zeichne dann für jedes Ereignis eine vertikale Linie (die entweder nach oben oder nach unten zeigt, je nachdem, ob das Ereignis positiv oder negativ war) und füge dein jeweiliges Alter, einen Satz, der das Ereignis beschreibt, und ein Wort, das die Wirkung oder das Gefühl zusammenfasst, hinzu. Es ist eine großartige Übung, um deinem Selbst den Raum zu geben, über dein Leben, deine Muster, deine Beziehungen, deine Resilienz, deine Wunden und formativen Momente nachzudenken. Sieh, was geschieht. Sieh, ob du ein tieferes Verständnis davon erlangen kannst, wer du bist, selbst wenn du dich im Moment ein bisschen verloren fühlst. Denk daran, dass du dein Selbst vielleicht deswegen nicht verstehst, weil du nicht alle Umstände verstehst, die dich dazu gebracht haben, die Person zu werden, die du jetzt bist. Nimm dir einen Moment lang Zeit, um über all die großen und kleinen Augenblicke nachzudenken, die dich dahin geführt haben, wo du *in diesem Moment* bist.

LEBENSLINIE

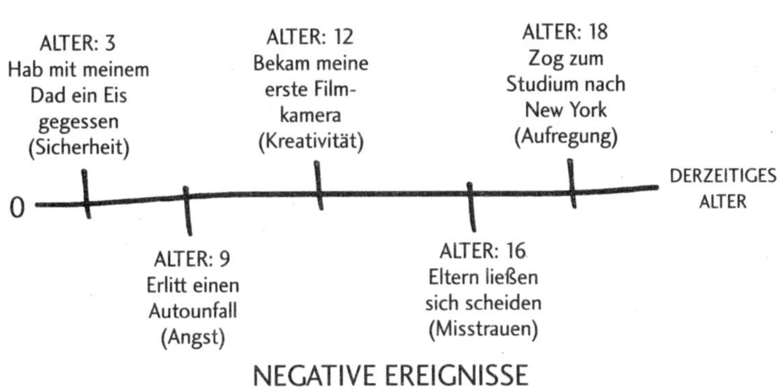

WIR MÜSSEN DIE PROTAGONISTEN UND PROTAGONISTINNEN UNSERES LEBENS SEIN

Bitte sieh mir nach, dass ich noch einmal einen wichtigen Punkt anhand einer Szene aus einer populären romantischen Komödie illustriere, nämlich aus *Liebe braucht keine Ferien* mit Kate Winslet und Cameron Diaz in den Hauptrollen.[38] In dieser Szene spricht Iris (eine der Hauptfiguren, gespielt von Kate Winslet, die mit unerwiderter Liebe zu kämpfen hat) mit ihrem neuen Freund Arthur Abbot (einem berühmten, rund 90 Jahre alten Drehbuchautor) über ihr Leben. Arthur hört ihr aufmerksam zu und antwortet dann:

> Arthur: Iris, in Kinofilmen gibt es Hauptdarstellerinnen und die beste Freundin. Du, das sehe ich, bist eine Hauptdarstellerin, benimmst dich aber aus irgendeinem Grund wie die beste Freundin.
>
> Iris: Du hast vollkommen recht. Man sollte eigentlich die Hauptdarstellerin seines eigenen Lebens sein, verdammt noch mal! Arthur, ich gehe seit drei Jahren zu einer Therapeutin, und sie hat mir noch nie irgendetwas so gut erklärt. Das war brillant. Brutal, aber brillant.

Weißt du, wer die Hauptfigur in *deinem* Leben ist?

Stell dir vor, du würdest dir einen Film anschauen, in dem es *keine* Hauptfigur gibt. Wie verwirrend wäre es, dem Handlungsstrang zu folgen und die Geschichte, den Kontext und die Perspektive des Films wirklich zu verstehen?

Genauso hören wir im Leben auf, unser Handeln, unsere Entscheidungen und unsere Gefühle wirklich zu verstehen, wenn wir nicht mit unserem Selbst verbunden sind; wenn wir dieses eine, besondere Leben nicht als einen bedeutsamen und wahren Film betrachten, in dem wir die Hauptrolle spielen.

Der Protagonist, die Protagonistin deines eigenen Lebens – deiner eigenen Geschichte – zu sein, heißt nicht, ichbezogen zu sein; es heißt vielmehr, deiner selbst bewusst und mit dir selbst in Resonanz zu sein. Und Selbstbewusstheit verwandeln wir nur durch unser *Handeln* in Selbstresonanz.

Ein Jahr nach dem Beginn meiner Therapie saß ich auf einer Treppe, mein Tagebuch in der Hand, und weinte frustriert, weil ich nicht wusste, was mit mir nicht stimmte oder warum ich noch nicht »geheilt« war. Ich hatte alles getan, was ich glaubte, tun zu müssen. Ich hatte meine unglückliche Ehe beendet, ich hatte eine Therapie begonnen, ich schrieb Tagebuch und reiste. Ich hatte alle möglichen Änderungen vorgenommen, warum also tat es immer noch weh? Warum war ich immer noch verloren?

Damals fühlte ich mich gedrängt, mich von all meinen Schmerzen zu befreien, alles zu heilen, *sofort*. Ich »korrigierte« alle großen Fehler, die ich gemacht hatte – konnte aber immer noch nicht ganz zu meinem Selbst vordringen. Inzwischen begreife ich, dass ich meine Essenz erkennen wollte, jedoch ohne ihr zu nahe zu kommen (was, wie ich anmerken sollte, nicht möglich ist). Ich wünschte mir damals, die »Arbeit« wäre schon erledigt gewesen, dabei hatte sie gerade erst begonnen (und ich wusste noch nicht, dass sie nie enden würde).

Selbst nach einem Jahr intensiver Therapie und bewusst vorgenommener Lebensveränderungen konnte ich *immer noch nicht* von ganzem Herzen meine Zustimmung zu meinem Leben geben. Es dauerte noch viele weitere Jahre, bis ich so weit war. Und doch, die Zeit, die ich damit verbrachte, die Beziehung zu meinem Selbst wiederaufzubauen, war nicht verloren. Ich möchte, dass du weißt, dass diese Zeit *trotz allem* ungemein wertvoll ist, dass sie wichtig und keine Verschwendung ist, auch wenn du das Gefühl hast, im Dunkeln herumzutappen. Zu *lernen*, als mein Selbst zu leben, war die Lektion und das Ziel selbst.

Vielleicht hast du versucht, dein Selbstgefühl zu kultivieren, indem du auf andere gehört oder sie durch Zugeständnisse beschwichtigt hast. Vielleicht hast du früher gewusst, wer du warst, aber dein Selbst unterwegs aus dem Blick verloren. Vielleicht hast du etwas erlebt, das bei dir das Gefühl zurückgelassen hat, dass du eine andere Version deines Selbst geworden bist. Vielleicht hat dir das Leben nie den Raum gegeben herauszufinden, wer du bist – oder vielleicht war es dir nie wichtig, es herauszufinden. Egal, warum du die Folgen des Selbstverlustes spürst, du *kannst* etwas dagegen unternehmen.

Es hat etwas Ermächtigendes zu wissen, dass wir frühere Versionen unseres Selbst geformt haben (auch wenn sie uns nicht dienlich gewesen sind). Warum? Weil es bedeutet, dass wir auch die Macht haben zu formen, wer wir werden möchten.

Es geht im Leben gewiss nicht nur darum, sich auf unser Selbst zu fokussieren, doch ich möchte, dass du weißt, dass es okay ist, deinem Selbst Vorrang einzuräumen, ja, es sogar zu lieben. Du sollst auch unbedingt wissen, dass es keinen anderen Weg gibt, wirklich zu existieren.

Harte Wahrheit

Wenn du nicht ehrlich in Bezug auf die Geschichte bist, die dich hierhergebracht hat, wirst du nie das Narrativ ändern.

Sanfter Hinweis

Sei die Hauptperson in deinem Leben.

KAPITEL 5

Wie hält die Gesellschaft den Selbstverlust aufrecht?

Sam war Ende 30, als sie zum ersten Mal zu mir kam. Sie litt unter großen Schmerzen, was jedoch kaum zu erkennen war (obwohl die Tatsache, dass sie eine Therapie machen wollte, für mich ein Hinweis war). Während unserer ersten Sitzungen präsentierte sie sich als »ideale« Klientin – sie war immer pünktlich, begrüßte mich enthusiastisch und erkundigte sich, wie mein Tag gelaufen war, erledigte ihre »Hausaufgaben« und verbalisierte all ihre Probleme redegewandt und klar. Sie war wunderbar – und ich fragte mich schon bald, ob sie mir etwas vorspielte. Ich tat ihre Bemühungen nicht als unecht ab, machte mir aber Sorgen, dass sie das Gefühl hatte, etwas Bestimmtes tun oder *sein* zu müssen, um Erwartungen zu erfüllen oder eine »gute« Klientin abzugeben.

Zu Beginn unserer Arbeit fiel mir auf, dass Sam sich oft entschuldigte, wenn sie weinte oder fluchte – was ihre Besorgnis zum Ausdruck brachte, dass sie sich nicht auf diese Weise verhalten »sollte«. Ich wurde schon bald neugierig, welche Erwartungen und »Regeln« ihr Leben, ihre Interaktionen und vor allem ihr Selbstgefühl leiteten.

Zu den vielen Wundern einer therapeutischen Beziehung gehört es, dass sie den Klienten und Klientinnen einen einzigartigen Raum bietet, ihre Erfahrungen mit anderen – oft unbewusst – zu imitieren oder zu spiegeln. Dieser Prozess ermöglicht es dem Therapeuten, der Therapeutin, nach und nach zu verstehen, wie der Klient, die Klientin sich zeigt, sich auf andere einlässt und seine eigene innere Welt erlebt. Was Sam und mich anging, bemühte ich mich sofort, das Gefühl abzuschütteln, dass sie mit einem festen »Drehbuch« zur Therapie kam – einem, das sie mit allen Menschen in ihrem Leben benutzte. Auch wenn ich mir nicht sicher sein konnte, eines wusste ich: Ich sah Sam nicht wirklich. Ich beobachtete vielmehr, wer sie glaubte, sein zu müssen. Als wir begannen, ihre Erziehung zu entpacken, förderten wir langsam strikte kulturelle und religiöse Rahmen zutage. Sams Adoptiveltern hatten vor allem Wert auf Gehorsam und Selbstlosigkeit gelegt. Dies waren die beiden Prinzipien, die ihr Leben geleitet und wohl ruiniert hatten. Ihr gesamtes Drehbuch lief auf eine einzige Forderung, eine spezifische und leider häufig auferlegte Pflicht hinaus: *Sei ein »braves Mädchen«.*

Für Sam bedeutete dies, dass sie ihren Wert daraus bezog, anderen zu helfen und von ihnen gebraucht oder gewollt zu werden. Man erwartete von ihr, dass sie ihren Wert kannte, aber den Mund hielt, wenn ihre Grenzen überschritten wurden. Man brachte ihr bei, dass sie lächeln und ihre Wunden, ihre Gefühle und ihre Kraft verbergen musste. Man erwartete, dass sie immer mehr gab, als sie nahm. Sie verkörperte, was sie nach den Wünschen *anderer* sein sollte. Sie sollte attraktiv, aber unschuldig, sexy, aber nicht sinnlich sein. Sie lernte, dass Vergnügen etwas war, das sie jemandem bereitete, nicht etwas, das ihr bereitet wurde. Man erwartete, dass sie viel erreichte, aber nie darüber sprach (denn Stolz ist unschicklich!). Bei ihr stimmte immer alles – ihr Körper, ihre Figur, ihr Gewicht, immer dem neuesten Trend entsprechend. Sie sollte selbstbewusst sein, aber nur so weit, dass es andere nicht bedrohte. Sie war höflich, redegewandt und gebildet, sollte ihre Meinung in der Regel jedoch nicht frei äußern. Sie gab keine

Widerworte und stellte auch niemanden zur Rede, und was am wichtigsten war: Als braves Mädchen tat sie, was man ihr sagte.

Selbst in ihren Dreißigern hielt sich Sam, die verheiratet war und drei Kinder hatte, noch an diese Regeln. Für Fügsamkeit gibt es nämlich kein Verfallsdatum; es gibt kein bestimmtes Alter, in dem die Gesellschaft uns freilässt. Verletzungen in Form von Gruppenzwang, Bloßstellen und Erwartungen begleiten uns unser Leben lang. Sie ändern nur in unterschiedlichen Phasen unseres Lebens ihre Form.

Sam verlieh es ein Erfolgsgefühl und für kurze Momente das Gefühl, akzeptiert zu werden, wenn sie die von der Gesellschaft gestellten Erwartungen erfolgreich erfüllte. Erst als ihr ihre Nichtauthentizität bewusst wurde, erkannte sie, dass sie, ohne es zu wissen, ihre Verantwortung abgegeben und auf ihre Wahlmöglichkeiten und ihre Macht verzichtet hatte.

Nach rund einem Jahr unserer Zusammenarbeit stürmte sie eines Tages in mein Sprechzimmer und verkündete: »Du wirst so stolz auf mich sein!« Die Wahrheit war, dass ich bereits Woche für Woche stolz auf sie war. Dennoch war ich neugierig, was sie mir sagen würde. (Außerdem loben »brave Mädchen« sich nicht oft selbst, sodass ich ganz gespannt war, was da wohl kommen würde.) »Ich habe heute *zum allerersten Mal* in meinem Leben eine Grenze gesetzt. Ich bin 31 Jahre alt und habe bis heute noch nie eine Grenze gesetzt!«

Sie hatte recht: Ich hätte nicht stolzer auf sie sein können.

Sam war von ihrem Boss gebeten worden, Verantwortung für etwas zu übernehmen, das nicht in ihrer Zuständigkeit lag, und nach ihrer Arbeitszeit an Meetings teilzunehmen (wofür sie in der Vergangenheit nie vergütet worden war). Früher hatte sie stets getan, worum er sie bat, doch an diesem Tag sagte sie: »Ich bin mit meiner Arbeit völlig ausgelastet und werde für das 19-Uhr-Meeting nicht zur Verfügung stehen.« Und zu ihrer Überraschung ging die Welt nicht unter.

Von diesem Moment an begann sie, infrage zu stellen, was es bedeutete, »brav« zu sein. Nicht nur, was ihre Familie darunter verstand, sondern was die Gesellschaft als brav bezeichnete. Sie fragte sich, warum sie als Heranwachsende für gedankenlose Konformität (und Unterwürfigkeit gegenüber dem Patriarchat) belohnt worden war. *Wer* genau hatte entschieden, wer sie wurde? Wo war ihre Freiheit (hatte Sam sie wirklich verloren oder einfach nur nicht genutzt)? Wie war es dazu gekommen, dass sie mit dem »*Man*« der Gesellschaft verschmolzen war, ohne sich dessen bewusst zu sein?

Sam steht damit gewiss nicht allein da. Heidegger schrieb über dieses Phänomen der »Verlorenheit in das Man« der Gesellschaft.[39] Wenn wir genau genug hinsehen, werden wir feststellen, dass Handelsmarken, Institutionen, Familien usw. oft versuchen, uns von der Last zu »befreien«, in unserem Alltag Entscheidungen treffen zu müssen. Irgendwann sind wir uns vielleicht sogar nicht mehr sicher, wer tatsächlich unsere Entscheidungen getroffen hat. *Wie sind wir dahingekommen?* Ist es das, was wir wollen? *Sind das wirklich wir?* Es ist leicht, von der Gesellschaft mitgerissen zu werden, unsere Handlungsmacht aufzugeben und unsere Authentizität zu verlieren (oder schlimmer noch, unser Selbst). Laut Heidegger kann dieser Prozess jedoch »rückgängig gemacht werden«, wobei dieses Rückgängigmachen »sich als Nachholen einer Wahl vollziehen« muss.[40]

Mit anderen Worten: Wir fühlen uns heutzutage nicht länger verantwortlich, zu entscheiden, wer wir werden. Es wird für uns »entschieden«. Aufgrund unserer Passivität werden wir von der Gesellschaft geformt. Die Gesellschaft hat uns ihr *Einverständnis* gegeben, nicht authentisch zu sein – wodurch wir noch verlorener sind. Wir können unser Selbst sein, sobald wir den Unterschied zwischen »ich« und »sie« erkennen und aktiv daran mitwirken, wer wir sind.

Die meisten von uns hoffen, dass andere – »sie« – uns Rückendeckung geben, doch stattdessen fühlen wir uns von den

Menschen um uns herum entmutigt und betrogen. Verzweifelt versuchen wir nun, all das zu verlernen, was sie uns in Bezug darauf, wer wir ihrer Meinung nach sein sollen, vermittelt haben. Und die harte Wahrheit, die wir nicht ignorieren können, ist: Wir sind alle Teil des »Man« unserer Gesellschaft. Wir sind alle für jemanden einer von »den anderen« gewesen. Unser Handeln formt uns nicht nur, es kann auch Einfluss auf die Menschen um uns herum haben. Wir alle haben Dinge getan, gelehrt oder vorgelebt, die andere verlernen oder von denen sie heilen müssen.

In unserer Gesellschaft werden wir dazu angehalten, bestimmten Menschen nachzueifern und Trends zu folgen – doch oft stehen diese Dinge nicht mit uns im Einklang. Dennoch akzeptieren wir sie, weil wir dazugehören wollen oder manchmal keine Lust haben, herauszufinden, *womit* wir uns im Einklang fühlen (was das Problem für künftige Generationen letztlich aufrechterhält). Das Schwierigste für Sam war, zu *erkennen*, dass die Menschen in ihrem »innersten Kreis« – wie auch die Gesellschaft als Ganzes – zu ihrem Selbstverlust beigetragen und von ihm profitiert hatten. Und indem sie so war, wie diese es sich wünschten, hatte sie ihnen die Möglichkeit gegeben, sich ihrer Verantwortung für ihr Handeln zu entziehen (sie gab immer vor, dass alles bestens sei); Sam half ihnen, die Narrative zu schützen, welche Art von Eltern ihre Mutter und ihr Vater waren (sie schuf nie ein eigenes Narrativ), und sie nutzten Sams Talente, ihre Selbstlosigkeit und ihre Fähigkeiten, um ihr eigenes Leben zu verbessern (man hatte ihr beigebracht, dass es eine ihrer Hauptprioritäten sein sollte, ihnen das Leben leichter zu machen).

Sie verließen sich auf sie, machten sich aber nicht die Mühe, sie kennenzulernen.

Sam steht damit nicht allein da. Viele von uns sind auf ihre eigene Weise »brav« statt *sie* selbst. Wir werden ermutigt, ein braves Mädchen, ein guter Nachbar, ein guter Gläubiger, ein guter Angestellter, ein guter Sohn, eine gute Tochter, eine gute

Mutter, ein guter Vater usw. zu sein. Gefährlicherweise haben wir auch stillschweigend begonnen, derlei Etiketten mit moralischen Wertvorstellungen zu verknüpfen. Soll heißen: Wenn wir versagen, uns weigern, uns anzupassen oder die vielen an uns gestellten Erwartungen zu erfüllen, gelten wir als »böse«. Wenn wir gehorchen und funktionieren, gelten wir als »brav«. Dieses System verhindert Authentizität, und die Individuen, denen es gelingt, authentisch zu sein, werden oft Opfer von moralischer Kritik und gesellschaftlicher Ablehnung oder sogar Verurteilung. Dies beginnt bereits in einem frühen Alter. Den meisten von uns wurde als Kindern gesagt, dass sie »nicht richtig« seien und sich »ändern« müssten – noch bevor sie auch nur die Chance hatten, ihr wahres Selbst zu erschaffen. Wir wurden als »böse« eingestuft, wenn wir auf unkonventionelle Weise Dinge erkundeten, uns zum Ausdruck brachten und verhielten. Schon sehr früh mussten wir zwischen Konformität und Ablehnung wählen.

Versteh mich nicht falsch, das Bedürfnis, akzeptiert zu werden, ist normal und sollte nicht diffamiert werden. Doch der Zauber und unsere Freiheit bestehen darin, zu entscheiden, von wem wir Akzeptanz erfahren möchten.

VORAUSSETZUNGEN DAFÜR, EIN SELBSTGEFÜHL ZU HABEN

Rollo May sagte: »Jeder Mensch muss an einen Punkt gelangen, an dem er sich der Kultur widersetzt, an dem er sagt, das bin ich, und die verdammte Welt kann mich mal.«[41]

Das ist eine zwar verlockende und mitreißende, aber unrealistische Denkweise.

Obwohl wir uns der von den Sozialstrukturen geförderten Nichtauthentizität nicht ausliefern dürfen, können wir sie auch nicht vollständig ignorieren.

In der Existenzanalyse sehen wir das Selbst im Sinne von zwei Polen (»Spiegeln«) – einem inneren und einem äußeren –, die wichtig für unsere Sichtweise des Selbst sind. *Der innere Pol* spiegelt uns, wie wir unser Selbst erleben, und bewertet, wie exakt die »äußere« Spiegelung mit unserer eigenen Bewertung übereinstimmt. *Der äußere Pol* zeigt uns, was von unserem Selbst uns durch Dinge wie Beziehungen, Ergebnisse und Erfolge widergespiegelt wird. Dann werden wir aufgefordert, noch einmal darüber nachzudenken, wer wir sind und ob die äußere Spiegelung mit unserem neuen Verständnis übereinstimmt. Es ist ein Kreis, ein Kreislauf. Ohne den äußeren Pol können wir selbstgefällig werden oder narzisstische Neigungen entwickeln. Ohne den inneren Pol können wir die Orientierung *verlieren*. Wie Längle einmal in einem Seminar sagte: »Es gibt kein Selbst ohne das *andere*.« Wir alle brauchen einen Spiegel, um zu sehen, wer wir sind. Doch was geschieht, wenn der Spiegel verzerrt ist?

Stell dir vor, dass du dich für ein wichtiges Ereignis fertigmachst. Du fühlst dich wohl und selbstsicher, als du das Haus verlässt, und freust dich insgeheim darauf, was andere sagen oder denken werden, wenn sie dich sehen. Als du ankommst, fällt dir sofort auf, dass niemand Augenkontakt mit dir herstellt. Alle scheinen schnell an dir vorbeizugehen, dir einen verlegenen Blick zuzuwerfen und manchmal sogar zu kichern. Du schaust an dir herab, aber alles scheint gut zu sitzen. Mehrere Minuten später kommt ein Kind auf dich zu und fragt unschuldig: »Warum bist du so angezogen? Das ist blöd.« Entsetzt läufst du zur Toilette und schaust in den Ganzkörperspiegel – doch alles, was du siehst, bist *du*. Du kannst nicht sehen, was andere zu sehen scheinen. Du bringst den Mut auf, die Person, die neben dir steht und dich eindeutig beurteilt, darum zu bitten, dir zu beschreiben, was du trägst. Sie mustert dich und sagt mit Verachtung im Blick: »Ein Clownskostüm.«

Was geschieht, wenn wir authentisch handeln und es nicht akzeptiert wird? Was geschieht, wenn sich unsere Art, unser Selbst zu sehen, davon unterscheidet, wie andere es sehen? Eine solche Nichtübereinstimmung erschüttert unser Verständnis dessen, wer wir sind. Sie lässt uns infrage stellen, was wir »sehen«. Und im schlimmsten Fall veranlasst sie uns, auf eine Weise zu handeln, die dem entspricht, wie andere uns sehen. *Ihr seht einen Clown? Ich werde ein Clown sein.* Die Suche nach dem Selbst wie auch seine Erschaffung werden schwieriger, wenn andere immer wieder nicht authentische Versionen von uns fordern, belohnen und spiegeln. Was ist, wenn unsere Mentoren, unsere Vorbilder oder unsere Gemeinschaft vorgefasste Vorstellungen davon haben, wer wir sein sollten?

In verschiedenen Bereichen unseres Lebens klingen diese Forderungen vielleicht in etwa so:

- **Familiensystem:** »Sei du selbst, aber nur, solange du nicht von unseren Familiennormen abweichst; und halt dich an die Familienregeln.«
- **Institutionen:** »Sei du selbst und ›denke unkonventionell‹, aber stell das System nicht infrage.«
- **Handelsmarken:** »Sei du selbst, aber nur auf diese ganz spezifische Art (was du erreichen kannst, wenn du diese Produkte kaufst und diese Ideen übernimmst).«
- **Freunde und Freundinnen:** »Sei du selbst, aber nur, solange du so bist wie der Rest von uns.«
- **Gemeinschaft:** »Sei du selbst, aber nur, solange es uns nicht stört oder infrage stellt.«

Die Gefährlichkeit des Selbstverlusts liegt jedoch nicht einfach nur darin, dass wir möglicherweise überhaupt nicht wissen, wer wir sind. Heidegger sagte: »Diese Fehlinterpretationen, die Mißverständnisse, verlegen viel hartnäckiger den Weg zur eigentlichen Erkenntnis als eine totale Unkenntnis.«[42]

In unserem Alltag gibt es genügend Gelegenheiten, unser Selbst falsch zu verstehen oder zu missdeuten. Wir Menschen haben diese beeindruckende, verblüffende Fähigkeit, uns zu ändern, zu maskieren und einen Gestaltwandel zu vollziehen, um Familienstrukturen, Gemeinschaften, Beziehungen und anderen möglichen Bedürfnissen oder Anforderungen gerecht zu werden. Aufgrund unserer Fähigkeit und oft auch unserer Bereitschaft, uns zu verändern, können wir sehr viel innere Verwirrung erzeugen. Wenn unser Handeln nicht damit übereinstimmt, wie wir unser Selbst wahrnehmen oder was wir für richtig oder falsch halten, bleibt uns nichts anderes übrig, als zu hinterfragen, wer wir sind.

Wenn wir unsere profunde Unverwechselbarkeit und Bedeutsamkeit verstehen und unser authentisches Selbst verkörpern wollen, ist dreierlei nötig: *Beachtung, Wertschätzung* und *Gerechtigkeit*, Voraussetzungen, auf die ich im Folgenden näher eingehen werde. Oft bietet die Gesellschaft diese Dinge auf eine Weise, die betont, wer wir ihrem Wunsch zufolge sein sollen, statt zu betonen, wer *wir* sind. Leider sind unsere Gemeinschaften nicht immer integrativ und akzeptieren nicht jedermann. Deswegen ist es nicht für uns alle sicher, wir selbst zu *sein*. Die Gesellschaft bietet Beachtung, Wertschätzung und Gerechtigkeit, aber nicht für jeden und nicht in gleichem Maße.

Was also können wir tun, um innerhalb einer so dysfunktionalen Struktur wir selbst zu sein?

Erstens müssen wir in der Gesellschaft einen klaren Spiegel finden – Menschen, die *bereit* sind, uns gut genug kennenzulernen, um uns exakt zu spiegeln und uns die Erlaubnis zu geben, wir selbst zu sein. Menschen, die bereit sind, uns zu *sehen*. Und es ist an uns, *auszuwählen*, von wem wir beeinflusst werden wollen (weil jemand oder etwas uns – wohl oder übel – zwangsläufig beeinflussen wird).

Zweitens müssen wir bereit sein, Beachtung, Wertschätzung und Gerechtigkeit von anderen zu akzeptieren *und* uns selbst gegenüber zu zeigen. Eben das macht den Prozess schwierig; wir müssen diese Dinge von uns selbst *und* anderen erhalten. Die wichtigste Beziehung, die wir je haben werden, ist die zu unserem Selbst, doch diese Beziehung ist nicht unabhängig von anderen. Es liegt in unserer Verantwortung, bewusst auszuwählen, mit wem wir uns umgeben. Indem wir dies tun, entscheiden wir, wessen Beachtung, Wertschätzung und Gerechtigkeit wir uns wünschen und was wir damit anfangen werden. Hierbei geht es um sehr viel mehr als unsere Vorlieben; *es geht darum, unser Dasein zu formen.* Zu wählen, mit wem wir uns umgeben, heißt, bis zu einem gewissen Grad zu wählen, wer wir sind.

Lass uns diese Voraussetzungen dafür, ein Selbstgefühl zu haben, etwas näher betrachten:[43]

Beachtung

Wir alle haben das Bedürfnis, gesehen zu werden. Beachtung – oder jemanden zu haben, der anerkennt und bestätigt, dass wir tatsächlich existieren – ist entscheidend für unser Dasein. Wenn wir keine wahre Beachtung erhalten haben, wenn wir vernachlässigt worden sind, geben wir uns vielleicht damit zufrieden, einfach nur *bemerkt* zu werden. Der Unterschied zwischen *bemerkt werden* und *Beachtung erfahren* ähnelt dem zwischen schauen und sehen. Wir können auf etwas schauen, ohne es zu registrieren oder zu verstehen, während sehen bedeutet, mit Absicht hinzuschauen und zu verstehen. Wahre Beachtung heißt, von Menschen, die uns kennen, als die, die wir wirklich sind, *anerkannt, gekannt und erkannt* zu werden; von ihnen auf eine Weise gesehen zu werden, die damit im Einklang steht, wie wir unser Selbst sehen (Fehler, Stärken, Erfahrungen usw.). Mit anderen Worten, wir erfahren nur *wahre* Beachtung, wenn derjenige, der sie uns schenkt, wirklich darauf eingestimmt ist, wer wir sind – wenn seine Art, uns zu verstehen, unsere Art, unser Selbst zu verstehen, spiegelt. (Tipp:

Wenn du Mühe hast, wahre Beachtung von bemerkt werden zu unterscheiden, dann frag dich nicht: »Schenken sie mir Beachtung?«, sondern: »Sind sie darauf eingestimmt, wer ich bin? Habe ich das Gefühl, dass sie mich kennen?«)

»Beachtung Suchende« haben – normalerweise – kein aufgeblasenes Ego, sondern sind eher Menschen mit einem labilen Selbstgefühl – sie hoffen, dass andere ihr Selbst definieren und anerkennen. Ihren Gefühlen, Bedürfnissen, Wünschen oder Meinungen wurde so wie bei vielen von uns kein Gehör geschenkt, als sie heranwuchsen. Und so haben sie ein Mangel-Mindset entwickelt, das sie dazu veranlasst, um Beachtung zu kämpfen. Die Wunde, die wir alle davongetragen haben, hat eine Kultur erzeugt, die uns dazu zwingt, unsere Unterschiede, unseren Schmerz und unsere Verletzlichkeiten zu demonstrieren, um »interessant« genug zu sein, in dem ganzen Durcheinander von anderen bemerkt zu werden.

Wie verheerend ist es für uns, in einer Welt wie dieser zu leben, in der man den Wert nicht darauf legt, dass wir alle wir selbst sind, sondern darauf, dass wir fähig sind, die Beachtung anderer – auf Dauer – zu ergattern? Und dann! Wenn wir schließlich – sollten die Algorithmen zu unseren Gunsten stehen – von einem Fremden oder irgendeiner Freundin, mit der wir zur Highschool gegangen sind, oder dieser Person, die wir an der Bar kennengelernt haben, bemerkt werden, ist die Verbindung so oberflächlich wie die flüchtige Zufriedenheit, die mit ihr einhergeht. Es ist ein unaufhörlicher Kreislauf der Enttäuschung.

Letztlich können wir uns *nur* von anderen verstanden fühlen, wenn wir unser Selbst verstehen. Die Verantwortung liegt bei uns, und es ist – wie ich immer wieder betonen werde – nicht immer leicht (tatsächlich ist es nur *selten* leicht). Beschäftigt zu sein ist zu einer ausgezeichneten Möglichkeit geworden, unserem Selbst aus dem Weg zu gehen. Wir selbst zu sein erfordert, dass wir den Lärm durchdringen und uns den

Anforderungen und Erwartungen entziehen, damit wir ruhig und präsent sein können. Es bedeutet, der ständigen Versuchung zu widerstehen, vor dem Selbsterleben zu flüchten, es zu ignorieren oder dagegen abzustumpfen. *Wahre Selbstbeachtung erfordert Selbstwahrnehmung.* Sie verlangt, dass wir aufmerksam und uns unserer selbst bewusst sind, damit wir schließlich in vollem Umfang erfahren können, wer wir sind.

Wir möchten, dass andere uns so sehen, wie wir selbst uns sehen. Doch das ist nur möglich, wenn *wir* wissen, wie wir aussehen. Tun wir dies nicht, präsentieren wir ein inkongruentes Bild, das andere nicht verstehen werden. Dementsprechend werden sie uns ein bruchstückhaftes oder projiziertes Bild widerspiegeln. Doch die meisten von uns nehmen alles, was sie kriegen können, denn *ein Individuum, das verzweifelt nach Beachtung sucht, ist nichts weiter als ein Mensch mit dem unerfüllten Bedürfnis, gesehen zu werden.*

Die Sozialen Medien zum Beispiel versprechen, dieses wichtige menschliche Bedürfnis, gesehen zu werden, zu erfüllen, und geben uns oft das Gefühl, dies zu tun. Doch dieses Gefühl ist nur von kurzer Dauer. In Wirklichkeit bieten die Sozialen Medien endlose Möglichkeiten, *bemerkt* zu werden. Sie sorgen dafür, dass wir Beachtung in Form von Lob für unser Aussehen, unsere Leistungen oder unseren Unterhaltungswert erfahren – im Allgemeinen durch Bekannte oder völlig Fremde. Diese nehmen wahr, dass wir existieren, erkennen jedoch nicht an, wer wir wirklich sind (um ehrlich zu sein, wäre das in dieser Art von Kontext auch sehr schwierig). Diese Kontexte und Plattformen beginnen dann, uns zu formen, indem sie bestimmte Aspekte von uns verstärken und andere ignorieren. Und schließlich tun auch wir dies, sodass unser Selbstgefühl noch weiter verzerrt wird.

Unmittelbar bevor ich meinen Instagram-Account einrichtete, hatte ich ein Beratungsgespräch mit einer Kollegin, die in ihrer Social-Media-Reise schon weiter war. Ihr Rat lautete, dass ich meine Stimme finden und akzeptieren sollte. Es war interessant – und fühlte sich seltsam an –, darüber nachzudenken, was das bedeutete. *Was ist meine Stimme?* Je mehr ich versuchte, sie perfekt einzusetzen, desto verwirrter wurde ich.

Schließlich hörte ich einfach auf zu fragen »Wie sollte Sara, die ›Therapeutin‹, sein?« und fragte stattdessen: »Was beschreibt diesen Moment und/oder dieses Phänomen auf eine Weise, die *ich* verstehe?« Ich gab den Menschen Informationen, so wie ich sie sah und verstand, und ermöglichte es ihnen damit, ohne dass ich dies wusste, einen Blick auf mein wahres Selbst zu erhaschen. Es handelte sich nicht mehr um eine vorgefasste Vorstellung vom Selbst, die ich zum Wohle anderer einzufangen versuchte. Es ging nicht mehr um den Versuch, die Person zu sein, nach der meine Follower meiner Vorstellung nach suchten. Es ging um *Alignment*, um meine eigene authentische Ausrichtung.

Kurz gesagt, ich hörte auf zu fragen »Wie werden die Leute mich erleben?« und begann stattdessen zu fragen »Wie erlebe *ich* mein Selbst?«

Ich erinnere mich an eine besonders schwierige Sitzung mit einer Klientin. Erin saß aufgelöst vor mir und erforschte eine alte Wunde, was sie völlig aus dem Gleichgewicht brachte. Es war eine Wunde, die wir mehrmals angesprochen hatten, doch dieses Mal war Erin endlich bereit, sich wirklich mit ihr auseinanderzusetzen. Ihr Schluchzen war Ausdruck ihrer Gefühle, nicht gesehen zu werden. Mit von Schmerz erfüllten Worten beschrieb sie, dass sie keine Beachtung von ihrer Familie, ihren Freunden und Freundinnen, ihrem ehemaligen Partner, ja, nicht einmal von Fremden in einer Bar erfahre. Ich war verwirrt. *Warum sahen andere nicht, was sie sah? Oder was ich sah?*

Wir hatten damals bereits mehrere Monate zusammengearbeitet, und obwohl ich ihren Schmerz intensiv spürte, fiel mir folgendes Muster auf: dass sie ihre Emotionen, ihre Ansichten und ihren Körper vor anderen verbarg. Ich hatte das Gefühl, dass sie ihr Selbst nicht wirklich zeigte. Unser Gespräch verlief etwa so:

Erin: Ich fühle mich unsichtbar [*leises Schluchzen*], niemand sieht mich. Niemand hat mich je gesehen.
Ich: Es tut mir leid. Das klingt sehr schmerzhaft.
Erin: [*nickt und wischt sich die Tränen weg*]
Ich: [*sitze ein paar Sekunden lang schweigend da*] Ich frage mich, ob du überhaupt gesehen werden willst?
Erin: [*leichte Betroffenheit und eine lange Pause*] Ja … Also, ich meine, jeder will gesehen werden.
Ich: [*nicke*]
Erin: [*starrt ins Leere und fängt dann wieder an zu weinen*] Vielleicht nicht. Nein, nein, ich will es nicht.
Ich: Was glaubst du, werden andere sehen? Hast du Angst, dass sie etwas Bestimmtes sehen? Und wenn ja, was?
Erin: Sie werden nichts sehen. Dass ich nichts bin.
Ich: Hm. Und du? Was siehst du?
Erin: Nichts.

Ah, da ist sie! Die Angst, die uns daran hindert, uns zu zeigen. **Wir können nicht erwarten, beachtet zu werden, wenn wir nicht präsent sind.** Wir müssen uns zeigen – unser wahres Selbst zeigen –, um gesehen zu werden. Wenn wir Angst haben, dass da »nichts« in uns ist, versuchen wir vielleicht verzweifelt zu vermeiden, dass uns dies widergespiegelt wird. Doch die Wahrheit ist: Wenn wir »nichts« sehen, dann schauen wir unser Selbst nicht an, sondern sind ihm gegenüber wahrscheinlich blind – ein dichter Schleier des Schmerzes, Leugnens und Scheiterns, der uns glauben lässt, dass wir bedeutungslos sind.

Wir sprechen über unser Bedürfnis, gesehen zu werden, müssen uns jedoch auch eingestehen, dass das Gesehenwerden nicht unproblematisch ist. Es macht uns *verletzlich*, birgt das Risiko, abgelehnt zu werden – was uns Angst macht! Und seien wir ehrlich, vielen von uns wäre es lieber, dafür, wer wir nicht sind, abgelehnt zu werden, als dafür, wer wir sind.

Wie ist es für dich, so gesehen zu werden, wie du wirklich bist? Hier sind ein paar Fragen zum Nachdenken:

- Hast du das Gefühl, um Beachtung kämpfen zu müssen? Wenn ja, mit wem?
- Spürst du den Unterschied zwischen gesehen und bemerkt werden?
- Hast du Angst, gesehen zu werden? Warum oder warum nicht?
- Was fällt den Leuten normalerweise an dir auf?
- Wenn du dein Selbst betrachtest, was siehst du dann?
- Was möchtest du anderen zeigen?
- Welcher Teil von dir erhält die größte Aufmerksamkeit?
- Welchen Teil von dir versuchst du, zu verbergen?
- Wer schenkt dir die wahrste Beachtung?

Wertschätzung

Wertschätzung ist nicht dasselbe wie Beachtung. Wir wissen (wahrscheinlich) alle, dass zur Kenntnis genommen werden – Beachtung erfahren – nicht dasselbe ist wie *wertgeschätzt* werden. Wertschätzung geht über bloße Zurkenntnisnahme hinaus. Sobald wir gesehen werden (wirklich gesehen werden), muss auch der uns innewohnende Wert anerkannt werden. Das ist nicht das Gleiche wie eine spontane Schmeichelei oder ein enthusiastisches Dankeschön. Es ist keine passive Anerkennung der Qualität, des Beitrags oder Erfolgs eines Menschen. Es ist vielmehr eine aktive Haltung, die der Einstimmung auf und dem *Wissen* um jemandes Wert entspringt. In der Existenzanalyse beschreiben wir Wertschätzung als das Anerkennen von jemandes positiven Eigenschaften – sie ist ein auf Überzeugung gründendes Handeln.

Leider werden wir oft für das wertgeschätzt, was wir für andere tun können, und selten dafür, wer wir sind. Genauer gesagt: In unserer schnelllebigen Gesellschaft werden wir oft für unsere »Nützlichkeit« statt für unsere Menschlichkeit wertgeschätzt. Diese Art von Wertschätzung setzt uns der Gefahr aus, uns in jemanden zu verwandeln, der wir nicht sind. Sie kann zur Folge haben, dass unser Verständnis des Selbst sich an anderen orientiert statt an uns selbst – wir beginnen, unser Selbstgefühl im Vergleich *mit* anderen, *für* andere und als *durch* andere gelenkt zu identifizieren. Wir erlauben es anderen eher, uns zu sagen, wer wir sein sollen, wenn wir glauben, dass man uns dafür belohnen – wertschätzen – wird, diese Rolle oder Persona zu verkörpern.

Doch was die Menschen – die Gesellschaft – von uns erwarten und fordern, ändert sich ständig. Vor 30 Jahren hätten wir im Alter von 25 verheiratet sein und ein Haus mit einem weißen Palisadenzaun, ein festes Einkommen, zwei Kinder (einen Jungen und ein Mädchen) sowie ein Haustier (vorzugsweise einen Golden Retriever) haben »sollen«. Monogamie war damals die einzig akzeptable Beziehungsstruktur; jetzt scheint sie nicht einmal mehr eine bevorzugte Option zu sein. Stattdessen wird vielen von uns gesagt, wir »sollten« Beziehungen ohne eine feste Struktur austesten, im Homeoffice arbeiten, die Welt bereisen, einen Social-Media-Auftritt haben, in Kryptowährungen investieren, einen Job nicht um des Einkommens willen wählen, sondern weil wir für ihn brennen, und vorzugsweise nicht in Vollzeit arbeiten. In unserer derzeitigen Kultur erhält man oft Wertschätzung dafür, unkonventionell, beliebt und finanziell erfolgreich zu sein.

Wir alle wollen wertgeschätzt werden, tun deswegen, was erwartet wird, und lassen zu, dass willkürliche Standards uns definieren. So wie Körperideale werden Lifestyle-Trends von »den anderen« diktiert und mitgestaltet. Wir können den Erwartungen zwar nicht entkommen, doch wir können uns entscheiden, sie nicht zu erfüllen. Wir können uns entscheiden, nach Wertschätzung dafür zu suchen, wer wir sind, statt für die Kriterien, die wir erfüllt haben.

Es ist interessant, dass die Menschen dem derzeitigen gesellschaftlichen Narrativ zufolge zu stark auf sich selbst fokussiert sind, wo die meisten doch in Wirklichkeit primär im Kontext dessen, wie andere sie sehen, an sich selbst denken. Meiner Meinung nach sind die meisten von uns nicht *genug* auf sich selbst fokussiert, nicht wirklich. Wir haben Mühe, unser Selbst aufrichtig wertzuschätzen, weil wir Mühe haben, anzuerkennen und zu akzeptieren, wer wir sind. Carl Gustav Jung hat gesagt: »Der schwierigste Part ist, sich selbst voll und ganz zu akzeptieren.« Was daran liegt, dass es bedeutet, keinen Aspekt unseres Selbst zu verbergen oder zu leugnen. Doch statt die Kunst der Selbstakzeptanz zu erlernen, bringt man uns bei, wie wir uns die Akzeptanz anderer verdienen oder erkaufen können. Wir werden ermutigt, unsere Unzulänglichkeiten zu »beheben« oder zu vertuschen, statt Ehrlichkeit zu praktizieren und Verletzlichkeit zuzulassen.

Aber ich möchte eines klarstellen: Es geht hier nicht darum, keine Bestätigung mehr von außen zu suchen; es geht darum, der Bestätigung von innen Vorrang vor der von außen einzuräumen. Wenn wir uns entsprechend der Bestätigung durch andere ändern, lassen wir zu, dass ihre Meinungen und Gefühle uns dahin bringen, unsere Authentizität und sogar unser Selbst zu verlieren – immer und immer wieder.

Um zwischen unseren eigenen Meinungen und den Meinungen anderer unterscheiden zu können, ist es wichtig, die gesellschaftlichen Anforderungen und »Empfehlungen« zu beachten, die wir internalisiert haben. Hier sind ein paar Fragen, die du dir stellen solltest:

- Wer glaube ich, sein zu »müssen«?
- Was hat man mir über Geschlecht, Gender und Sexualität beigebracht?
- Wie sollte mein Körper meiner Meinung nach aussehen? Warum?
- Was, glaube ich, sollte meine Rolle in der Gesellschaft sein?
- Wofür bin ich gelobt oder bestraft worden?
- Was zu wollen hat man mir beigebracht?
- Was zu fürchten hat man mir beigebracht?
- Wie definiere ich Erfolg?

Wie sieht *dein* Narrativ in puncto Wertschätzung aus? Hier sind noch weitere zum Nachdenken anregende Fragen, die dir helfen, dies zu erkennen.

- Wer in meinem Leben bringt mir Wertschätzung entgegen?
- Woraus beziehe ich meinen Wert?
- Schätze ich mein Selbst?
- Welche Eigenschaften liebe ich an mir?
- Welche Eigenschaften machen es schwierig, mein Selbst wertzuschätzen?

Gerechtigkeit

Um wir selbst sein zu können – unser Menschsein akzeptieren zu können –, müssen wir gesehen, wertgeschätzt und entsprechend *behandelt* werden. Bei der Gerechtigkeit geht es darum, dass wir im Einklang mit unserem Selbst stehen, unser Selbst ernst nehmen und von unserem Selbst und anderen fair behandelt werden. Wir sprechen neuerdings mehr über Unfairness oder Ungerechtigkeit innerhalb der Gesellschaft, übersehen dabei jedoch gerne, wie oft wir uns selbst unfair behandeln. Warum können wir uns selbst gegenüber nicht genauso freundlich sein, wie wir es anderen gegenüber sind, und uns genauso bereitwillig vergeben? Warum setzen wir uns an die letzte Stelle und vernachlässigen unsere eigenen Bedürfnisse, während wir dafür sorgen, dass die Bedürfnisse aller anderen erfüllt werden? Warum stellen wir unerfüllbare Erwartungen an uns? Warum erlauben wir es allen anderen, menschlich zu sein, nicht aber uns selbst?

Vielleicht bist du wegen deiner Nationalität, deiner Hautfarbe, deiner Überzeugungen, diesem blamablen »Geschieden«-Status, deinem Gewicht, der Geldsumme auf deinem Konto, deinem Geschlecht oder deiner Sexualität unfair behandelt worden. Die Gesellschaft hat unendlich viele Möglichkeiten gefunden, Ungerechtigkeit zu »rechtfertigen«. Das schwer fassbare »Man« bewertet und bestimmt unseren Wert und behandelt uns entsprechend. Es gibt ein berühmtes, Kierkegaard zugeschriebenes Zitat: »Was mich etikettiert, negiert mich.« Wenn wir etikettieren, sind wir gezwungen, zu reduzieren. Sobald wir auf bestimmte Eigenschaften reduziert werden, laufen wir Gefahr, keine Beachtung, Wertschätzung oder Gerechtigkeit zu erfahren.

Den meisten von uns wurde ungerechtes Verhalten vorgelebt oder beigebracht. Unsere Bezugspersonen haben Selbstaufopferung betont oder sogar verklärt und uns eingeflößt, dass es gerecht sei, wenn wir ungerecht behandelt wurden. Als Serbin wurde mir beigebracht, dass ich »unter« jedem Mann stehe und dass meine Gedanken und Gefühle weniger zählen als die meiner älteren Angehörigen.

Bei anderen war Ungerechtigkeit den Umständen geschuldet. Es war nicht fair, dass ich als Kind nicht genug zu essen hatte oder Monate in Luftschutzbunkern verbringen musste. Es war nicht fair, dass ich um mein Überleben und das meiner Eltern fürchten musste. Es war nicht fair, dass ich mit acht Jahren zu Weihnachten einen Füller geschenkt bekam, andere Kinder hingegen Videospiele, Schokolade, Puppen und was immer sonst sie sich wünschten.

Manchmal haben wir einen Anteil an der Ungerechtigkeit, die andere erleiden, und wir müssen uns eingestehen, dass wir alle Teil des »Man« der Gesellschaft sein können. Vielleicht hat man uns das Gefühl gegeben, privilegiert zu sein, und uns ein Anspruchsdenken vermittelt, das andere niederhält. Möglicherweise wurde uns (implizit oder explizit) beigebracht, dass wir aufgrund bestimmter Dinge – Nationalität, Hautfarbe, Religionszugehörigkeit, Beziehungsstatus, Figur, Verdienstmöglichkeiten, Geschlecht oder Sexualität – irgendwie Anspruch darauf haben, besser behandelt zu werden. Vielleicht glauben wir aufgrund unserer Privilegiertheit, dass die Welt uns etwas schuldet und dass wir bestimmte Dinge verdienen, selbst wenn andere leiden müssen, damit wir sie bekommen. Vielleicht fühlen wir uns berechtigt, Ungerechtigkeit aufrechtzuerhalten, weil wir glauben, dass nur wir Anspruch auf Gerechtigkeit haben.

Alle »-ismen« der Geschichte – Rassismus, Sexismus, Klassismus usw. – haben kollektive Gerechtigkeit schwierig, wenn nicht gar unmöglich gemacht. Wir haben ganze Menschengruppen schlecht behandelt und uns geweigert, ihnen Beachtung, Wertschätzung und Gerechtigkeit zu bieten. Wir haben uns keine Mühe gegeben, ihnen ihren Wert zu spiegeln. Und doch: Wenn wir andere würdelos behandeln, nimmt es uns nur unsere eigene Würde.

TRIFFST DU AUF WIDERSTAND, HALTE DAGEGEN

Zu leben und unser Selbst zu erschaffen ist naturgemäß lohnend und erfüllend. *Gleichzeitig* stößt dieser Mut – oder diese Kühnheit – jedoch oft auf *Widerstand* und hat *Isolation* und *Leid* zur Folge. Jede Entscheidung, selbst eine authentische, hat ihren Preis. Deswegen möchte ich aufzeigen, dass es ganz normal ist, einen Preis dafür zu zahlen, sein Selbst zu sein. Im Allgemeinen gibt es drei Arten von Hindernissen.

Hindernis Nr. 1: Widerstand

Für uns Menschen ist es normal, gegen alles Fremdartige, Bedrohliche oder unserem Empfinden nach unter Umständen weniger Vorteilhafte anzukämpfen. Wir tendieren zu Bequemlichkeit, mögen Vorhersagbarkeit und wollen überleben. Der Widerstand anderer ist oft nicht boshaft oder manipulativ* – er erfolgt vielmehr instinktiv. Carl G. Rogers – ein US-amerikanischer Psychologe und Mitbegründer der humanistischen Psychologie** – spricht über Angst als die Wurzel des Widerstands:

> »Wenn ich mich einen anderen Menschen wirklich verstehen lasse, riskiere ich, durch das Verständnis verändert zu werden. Und alle fürchten wir die Veränderung. Es ist also, wie gesagt, keine leichte Sache, sich zu erlauben, ein Individuum zu verstehen, in sein Bezugssystem völlig und vollständig und mitfühlend einzutreten.«[44]

Wir müssen akzeptieren, dass Authentizität die Menschen um uns herum triggern kann. Unsere Authentizität hebt vielleicht die Nichtauthentizität von jemand anderem hervor oder fordert ihn auf, sein Verhalten uns gegenüber zu ändern. In dem Bemühen, die Homöostase der Beziehung aufrechtzuerhalten und es zu vermeiden, selbst Veränderungen erleben zu müssen, wehren sich andere möglicherweise gegen unser Selbstge-

---

* Ich weiß, dass wir uns alle gern auf die Narzissten dieser Welt fokussieren, aber lass uns einfach davon ausgehen, dass ich dies für Individuen schreibe, die nicht gewalttätig sind oder mit einer Persönlichkeitsstörung zu kämpfen haben.

** Vereinfacht gesagt, betont die humanistische Psychologie die Einzigartigkeit des Menschen als Ganzheit und hebt dessen persönlichen Wert hervor. Und sie geht davon aus, dass der Mensch einen freien Willen hat und dazu motiviert ist, sich selbst zu verwirklichen.

fühl. Unsere Selbstbewusstheit und unser Embodiment gehen oft mit neuen Grenzen, einem geringeren Maß an Toleranz gegenüber schlechter Behandlung (was heißt, dass wir aufhören werden, uns mit Mist abzufinden) und höheren Standards einher (wobei die Erwartungen realistisch gehalten werden). Wir ändern die Art der Beziehung, die Schritte des Tanzes. Wenn die anderen weiterhin mit uns tanzen möchten, müssen sie die neue Choreografie erlernen. Manche werden dazu nicht bereit sein, andere uns zunächst auf die Zehen treten oder unbeholfen stolpern.

Lass dich also von diesem Widerstand nicht aufhalten. Lass uns nicht länger davon ausgehen, dass diejenigen, die anfänglich Anzeichen von Widerstand zeigen, möchten, dass wir in Nichtauthentizität verharren, oder uns nie akzeptieren werden. Wenn wir uns zögerlich zeigen, signalisieren wir anderen, dass es immer noch einen Verhandlungsspielraum gibt – obwohl dies nicht der Fall ist. Selbst ein Wandel zum Positiven beinhaltet immer Verluste und Unbehagen – und so müssen wir anderen die Zeit geben, um die frühere Version unseres Selbst und die Beziehungsdynamik, die wir einst hatten, zu trauern.

Wenn die Menschen um uns herum jedoch weiterhin Widerstand leisten, ist es vielleicht an der Zeit, uns aus einer bestimmten Beziehung zu verabschieden. Denn die Wahrheit ist: *Chronischer Widerstand ist eine Form der Ablehnung.*

Hier sind einige übliche Anzeichen dafür, dass du von einer anderen Person Widerstand erfährst:

- Sie hört nicht auf, dich an deine Vergangenheit zu erinnern.
- Sie sagt: »Du hast dich geändert«, und meint es nicht als Kompliment.
- Sie stellt deine neuen Grenzen infrage oder missachtet sie.
- Sie verwendet weiterhin Bezeichnungen/Adjektive, die nicht länger auf dich zutreffen.

- Sie macht dir ein schlechtes Gewissen, weil du für dich selbst sorgst.
- Sie redet dein Wachstum klein oder lehnt es ab.
- Sie bezeichnet dein Selbstgefühl als eine »Phase«.
- Sie scheint dich nicht zu verstehen (egal, wie sehr du dich bemühst, ihr etwas zu erklären).
- Sie versucht, dich davon zu überzeugen, wer du »wirklich« bist.
- Sie macht herablassende Bemerkungen und verspottet deine Wahrheit.
- Sie droht, die Beziehung zu beenden.

Wenn wir in der Vergangenheit häufig eingeknickt sind, werden die Leute sich oft unserem Versuch widersetzen, unserem wahren Selbst Geltung zu verschaffen. Andere werden wahrscheinlich nur so weit Widerstand leisten, wie sie glauben, dies tun zu können – also normalerweise nur so weit, wie wir es früher zugelassen haben. Eine meiner Klientinnen erzählte mir einmal sichtlich verzweifelt – sie war rot im Gesicht, hatte Tränen in den Augen, atmete schwer und spielte mit ihrem Haarreif herum –, dass sie sich direkt nach unserer Sitzung mit ihrem Exfreund treffen werde. Sie hatte ihm schon seit einer Weile Grenzen setzen wollen, doch es fiel ihr schwer, den Mut dazu aufzubringen. Bereits während der Beziehung hatte er nicht gut auf ihre Versuche reagiert, und sie erwartete die gleiche Reaktion. In der nächsten Sitzung berichtete sie, dass sie, obwohl sie zittrig, abgehackt und atemlos gesprochen habe und ihr dabei Tränen übers Gesicht gelaufen seien, ihrem Ex endlich die Stirn geboten hätte. Zu ihrer Überraschung (jedoch nicht meiner) hatte er schnell nachgegeben. Manchmal respektieren andere unsere Grenzen nur deswegen nicht, weil wir selbst noch schwanken und sie nicht kundtun.

Dies wird nicht in jeder Situation, aber öfter, als wir glauben, der Fall sein. Wir geben anderen oft nicht die Chance, sich mit unserer Autonomie auseinanderzusetzen. Wir haben vielleicht Angst, dass sie sich uns widersetzen oder uns ablehnen werden, doch mutig sein heißt auch, Menschen (die es verdienen) die Gelegenheit zu geben, uns zu zeigen, dass wir uns irren.

Und schließlich haben wir – und ich weiß, dass es nicht angenehm ist, das zu hören – nicht einfach *Anspruch* darauf, verstanden zu werden. Wir müssen aktiv daran mitwirken, müssen uns *zeigen*, um gesehen zu werden. Uns als unser authentisches, unerschrockenes Selbst zu zeigen, heißt, das Unbehagen der Verletzlichkeit zu ertragen und Ablehnung zu riskieren (wenn die Situation sicher genug ist; wenn die Person es *verdient*, unsere Verletzlichkeit zu sehen). Geh nie davon aus, dass andere Menschen einfach »Bescheid wissen« und ihr Verhalten problemlos ändern werden. Manche Leute werden uns vielleicht bitten, uns zu erklären – und ja, nicht jeder verdient es, eine Erklärung zu erhalten, einige hingegen schon. Wir brauchen uns nur in dem Maße zu erklären, in dem eine bestimmte Beziehung dies wert ist (das Maß an Intimität und Sicherheit wird bestimmen, wie viel wir preisgeben). Wenn wir Widerstand spüren, müssen wir gegen den Instinkt ankämpfen, ihn zu ignorieren. Wenn die Beziehung überleben soll, ist es wichtig, die Veränderung gemeinsam zu bewältigen. Sei geduldig und mitfühlend, denn es ist für die anderen genauso schwierig wie für uns. Wir stecken da zusammen drin – *oder nicht*.

Wichtig ist auch, nicht zu vergessen, dass wir uns nicht *für* andere auf diese Reise begeben und dass wir sie nicht *mit* anderen unternehmen können. Denn wenn wir so an die Sache herangehen, ist die Wahrscheinlichkeit hoch, dass wir uns nicht länger mit unserer Veränderung im Einklang fühlen oder dass wir einen Teil unserer Verantwortung jemandem aufladen, der sie nicht tragen muss. Weder das eine noch das andere ist hilfreich. Es ist eine Reise, die du einzig und allein *für* dich unternimmst. Versuch, dich nicht zu ärgern, wenn Leute nicht akzeptieren wollen, wer du geworden bist. Noch einmal: Wir haben kein Anrecht darauf, dass andere uns akzeptieren, und oft ist das auch viel verlangt, wenn man bedenkt, dass die meisten von uns Mühe haben, sich selbst zu akzeptieren.

Hindernis Nr. 2: Einsamkeit

Zu suchen, zu erschaffen und zu verkörpern, wer wir sind, ist natürlich leider keine Arbeit, die wir outsourcen können. Unabhängig von unseren familiären und sozialen Unterstützungssystemen hat diese Erfahrung etwas grundsätzlich Isolierendes. Jemand anderer kann nicht mehr tun, als uns zu leiten, uns zu ermutigen und unsere Reise zu beobachten – uns zu spiegeln, wie weit wir gekommen sind und was er sieht. Doch solange er sich nicht auf einem ähnlichen Weg befindet (was bei vielen der Fall ist), wird er unseren möglicherweise nicht verstehen oder mit ihm im Einklang sein können.

Dieser Trennungsprozess vollzieht sich nicht immer völlig bewusst oder offensichtlich. Er kann sich als das subtile Gefühl bemerkbar machen, dass wir uns in einer anderen Lebensphase befinden als die Menschen um uns herum, dass wir nicht wissen, worüber wir mit anderen sprechen sollen, oder dass unsere Weltsicht inzwischen von der unserer Familie und Freunde abweicht. Das kann sich so äußern, dass du eine Einladung ablehnst, keine Instagram-Bilder mehr likst oder schließlich mit bestimmten Leuten überhaupt keine Zeit mehr verbringst. Wenn du ihnen zufällig auf der Straße begegnest, kommt ihr überein, dass ihr euch »bald treffen« werdet, doch ihr wisst beide, dass es sich um eine Höflichkeitsfloskel handelt und nicht um die Absicht, dies wirklich zu tun. Ehrlich, am Anfang kann es sich ein bisschen einsam anfühlen – ja, sogar traurig.

Wenn wir dann genauer unterscheiden, wen wir in unser Leben hineinlassen, entfremden wir uns vielleicht von Menschen, die einst ein großer Teil unseres Lebens waren. Unsere Freunde und Freundinnen und unsere Familie beschweren sich vielleicht, dass sie uns nicht mehr »verstehen«, und erinnern uns immer wieder daran, wer wir früher waren. Das muss nicht unbedingt ein Anzeichen von Widerstand sein; sie sagen uns vielleicht die Wahrheit – sie verstehen einfach nicht, wer wir in eben diesem Moment sind.

Nach meiner lebensverändernden Panikattacke fühlte ich mich rund fünf Jahr lang missverstanden, unbeachtet und nicht anerkannt. Ich hasste es, fühlte mich völlig allein. Meine Entscheidungen leuchteten den Menschen nicht ein, und statt neugierig zu sein, warum ich sie getroffen hatte, verurteilten sie mich. Sie verurteilten mich dafür, dass ich mich scheiden ließ, dass ich all meine Sachen verkaufte und reiste und dass ich begann, jemand Neuen zu daten (neben vielen anderen Lebensentscheidungen, die ich traf). Und das in sehr scharfen Worten. Es tat weh. Nur diejenigen, die mich verstehen *wollten*, taten es schließlich. Und ich lernte auf die harte Tour, dass ich nur von denen gesehen werden würde, die sehen *wollten*.

Aus diesem Grund erkenne ich stets das Einsamkeitsgefühl an, das meine Klienten und Klientinnen haben, wenn andere nicht bereit oder fähig sind, ihren Veränderungsprozess nachzuvollziehen. Es ist nicht einfach, für die eigene Freiheit und das eigene Dasein zu kämpfen, wenn andere den Kampf nicht einmal anerkennen. Hab keine Angst zuzugeben, dass dieser Teil des Prozesses wirklich schwierig sein kann. Total ätzend!

Der Dichter, Maler und mit dem Nobelpreis für Literatur ausgezeichnete Schriftsteller Hermann Hesse sprach über die Suche nach Authentizität, Selbsterkenntnis und Spiritualität und beschrieb Einsamkeit als etwas, das unsere Reise gefährdet, aber *notwendig* ist, um eine tiefere Verbindung zu unserem Selbst herzustellen und, ironischerweise, eine tiefere Verbindung zu anderen.

> »Wir müssen so allein, so ganz allein werden, dass wir uns in unser innerstes Selbst zurückziehen. Es ist ein Weg des bitteren Leidens. Aber dann ist unsere Einsamkeit überwunden, wir sind nicht mehr allein, denn wir finden, dass unser innerstes Selbst der Geist ist, dass es Gott ist, der Unteilbare. Und plötzlich befinden wir uns inmitten der Welt, aber ungestört von ihrer Vielfalt, denn für unsere innerste Seele wissen wir, dass wir eins mit allem Sein sind.«[45]

Nichtauthentische Menschen können Diversität, Inklusion oder Unterschiede im Allgemeinen nicht ertragen, weil sie sich nicht inmitten der Welt befinden oder nicht Teil dessen sind, was uns als Menschen verbindet. Aus diesem Grund können sie sich auch nicht mit anderen im Einklang befinden und wir wiederum vielleicht keine Beziehung zu *ihnen* herstellen.

Hindernis Nr. 3: Trauer

Wachstum, ja, jeder Wandel beinhaltet auch immer Verluste. Bei dieser Reise des Selbst gibt es viel zu betrauern – Beziehungen, Träume und die vielen Identitäten, die wir auf unserem Weg abgeworfen haben. Vielleicht werden wir um die früheren Versionen unseres Selbst trauern, die sich aus Bequemlichkeit dafür entschieden hatten, Konsequenzen auszuweichen, und aus Selbstsucht, sich aus der Verantwortung zu stehlen. Vielleicht um die Menschen, in die wir investiert haben; um die Ignoranz, die es uns erlaubt hat, unserem Schmerz auszuweichen, oder um frühere Überzeugungen, Werte und Moralvorstellungen.

Doch Wandel ist eine Medaille mit zwei Seiten – Verlust und Chance. Er bietet anderen die *Chance*, uns neu kennenzulernen, und uns, endlich unser Selbst kennenzulernen. Er bietet die Chance zu größerer Intimität. Im Rahmen der Trauer können wir nach *Raum* suchen, der durch den Verlust entstanden ist. Nach dem Raum, der nun – oder wann immer wir bereit sind – mit Dingen gefüllt werden kann, die »richtig« für uns sind.

Für viele meiner Klienten und Klientinnen scheint der schmerzlichste Teil der Trauer die Erkenntnis zu sein, dass sie sich für ihr Selbst nicht so eingesetzt haben, wie es nötig gewesen wäre, und das Eingeständnis, dass sie ihr Selbst auf ihrem Weg auf vielerlei Weise enttäuscht oder im Stich gelassen haben. Bis zu einem gewissen Grad ist es die Trauer um die eigene Menschlichkeit. Doch so klischeehaft es auch klingen mag: »Irren ist menschlich.« Während dieses Prozesses müssen wir unsere unrealistischen Erwartungen an unser Wachstum betrauern. Trotz des Hypes ist der Prozess des Authentisch-Werdens nicht rundum angenehm.

Authentisch zu werden, befreit dich nicht davon, menschlich zu sein und Fehler zu machen. Authentisch werden heißt nicht, Trauer zu umgehen. Es heißt nicht, schmerzliche Momente zu betäuben oder sich von der Vergangenheit zu distanzieren. Es geht dabei nicht um »positive Vibes«, um eine Überhöhung deiner Eigenschaften oder um erzwungene Selbstliebe. Vor allem aber geht es nicht darum, Teile deines Selbst zu leugnen. Im Gegenteil: Es geht um *dich*. Es geht darum, dein Selbst, andere, die Welt – alles – zu spüren und zu erleben. Es geht darum, was du tust und für welche Lebensweise du dich entscheidest. Es geht darum, wie du deine Zeit zu nutzen gedenkst. Es geht darum, die Teile, die sich nicht mehr heil anfühlen, zu akzeptieren, freundlich mit ihnen umzugehen und deine Wunden anzuerkennen. Und es geht darum, du selbst zu bleiben, dich zu sehen. Es ist der Prozess, nach und nach zu akzeptieren, wer du bist, und dich zu lieben. Es geht darum, um den Schmerz zu wissen, aber nicht durch ihn verändert zu werden. Es geht darum, dein zukünftiges Wunsch-Selbst zu erschaffen.

Wandel, selbst notwendiger und erwünschter Wandel, erfolgt nur im Zusammenhang mit Spannungen oder Unbehagen. Da Authentizität der Prozess des ständigen Wandels, ja, eine Reise des unendlichen Werdens ist, müssen wir lernen, mit dem Schmerz, der Komplexität, der Ungewissheit und dem Verlust zu leben.

ENTWICKLE DEINE HANDLUNGSKRAFT

Wir alle werden von unseren Gemeinschaften aufgefordert, uns so zu verhalten und so zu »sein«, wie andere es für akzeptabel und wünschenswert halten. Es gibt die unterschiedlichsten Anforderungen, die ausnahmslos von anderen festgelegt werden. Oft werden wir dafür belohnt, dass wir belastbar, freundlich, erfolgreich, gehorsam, einzigartig, glücklich und attraktiv sind. Und doch werden diese Qualitäten in der Regel nur in dem Maße gelobt, in dem sie als dienlich, angenehm oder leider auch vorteilhaft erachtet werden. Man erwartet von uns, dass wir »genug« sind – was immer das heißen mag –, damit die Menschen uns mögen, aber »nicht *zu* viel«, weil sie sich dadurch bedroht fühlen oder verunsichert, getriggert oder neidisch sein könnten. Das Schlimmste ist, dass wir nicht einmal einfach weggehen können. Wir müssen innerhalb der Gesellschaft leben. Und so müssen wir letztlich unsere Freiheit nutzen, Verantwortung übernehmen und Entscheidungen treffen, die uns würdigen, trotz der Erwartungen und Forderungen anderer.

In meinen späten Teenagerjahren und frühen Zwanzigern umgab ich mich mit Leuten, die mich nicht wirklich sahen, mich allein für meine Leistungen und meine Nützlichkeit wertschätzten und mich nicht immer mit Respekt behandelten. Es gefiel ihnen, dass ich sie zu unterhaltsamen Events einlud oder ihnen meine Vorlesungsnotizen gab. Als ich begann, mich gegen ihre Erwartungen zu wehren, wehrten sie sich gegen mein »neues« Ich. Ich hatte Angst vor der Einsamkeit, doch letztlich erschien sie mir besser als der Schmerz und die Erschöpfung, die mit dem Versuch einhergingen, jemand zu sein, der ich nicht war.

Die Wahrheit ist: Der bevorstehende Verlust war viel größer und bedrohlicher als das Unbehagen, Widerstand zu leisten, und ich fühlte mich wirklich befreit, als ich bewusst daran arbeitete, zu akzeptieren, wer ich war. Und einige Aspekte meines Selbst, die den meisten Widerstand bei anderen hervorriefen (meine Sensibilität, meine Emotionalität und mein Ehrgeiz), sind heute eben die Eigenschaften, die verkörpern, wer ich bin. Ich habe im Laufe der Zeit eine wichtige Lektion gelernt, eine Lektion, die dir, wie ich hoffe, helfen wird. Andere haben dir nicht zu sagen, wer du bist oder werden wirst. *Es liegt nicht in ihrer Verantwortung, sondern in deiner.*

Harte Wahrheit

Wenn wir zulassen, dass die Erwartungen und die Bestätigung anderer unser Handeln leitet, erlauben wir es ihnen, unser zukünftiges Selbst zu formen.

Sanfter Hinweis

Gib dir selbst die Erlaubnis, zu werden, wer du sein möchtest, und tu es für dein Selbst und nicht für andere.

KAPITEL 6

Wo ende ich, und wo beginnen andere?

Von meinem neunten Lebensjahr an – nach der Einwanderung in Kanada – wuchs ich im Pazifischen Nordwesten auf. Wenn Leute dies erfahren, treffen sie, basierend auf den Klischees über diese Region, gerne Annahmen darüber, wie ich bin. Sie erwarten automatisch, dass ich ein bestimmter »Typ« Mensch bin – eine Person, die ihre Wochenenden mit Wandern, Kanufahren oder Camping verbringt; die Bio-Früchte-Smoothies zubereitet und Müsli zum Frühstück isst; für die Sport- und Freizeitkleidung (oder Kleidungsstücke aus Hanf oder vielleicht einer groben Wolle) das Nonplusultra ist; sie gehen davon aus, dass ich einen Küchengarten habe; und schließlich – und das zu »unterscheiden« ist für sie immer eine Art Herausforderung – nehmen sie an, dass ich entweder eine eingefleischte Starbucks-Enthusiastin oder ein Snob bin, der nur in unabhängige Cafés geht. Und je geringer ihr Interesse daran ist, mich wirklich kennenzulernen, desto eher stellen sie auch Mutmaßungen über meine Vergangenheit, meine Familie, mein Einkommen, meine politischen Ansichten und/oder meinen Glauben an.

Und all dies aufgrund einer einfachen Tatsache: dass ich an einem bestimmten Ort aufgewachsen bin. Es ist faszinierend, wie das Gehirn funktioniert – es ist darauf trainiert, vorschnell zu urteilen. Irgendwann wird es absurd, zu sehen, wie

Menschen ein Bild von uns konstruieren, ohne dass sie uns tatsächlich darin vorkommen lassen wollen. Ich habe Jahre gebraucht, um zu erkennen, dass es (*offensichtlich*) nicht um mich ging, sondern dass ich *diese* Person für *sie* sein musste. Ich war das »Objekt« in ihrem Leben, das sie kategorisieren, etikettieren und letztlich »definieren« mussten, um ihre Angst vor dem Unbekannten zu verringern und die Welt zu verstehen.

Lange Zeit störten mich die Annahmen der Leute, selbst wenn sie ziemlich harmlos waren. Nicht allein, weil sie falsch waren, sondern weil die Betreffenden jedes Mal, wenn ich mich als mein Selbst zeigte, enttäuscht zu sein schienen. Ich war nicht die Person, die ich ihrem Wunsch nach sein sollte. Sie verhielten sich, als habe ich sie einfach dadurch im Stich gelassen, dass ich die Dinge, die mir wichtig waren, haben wollte, brauchte und wertschätzte. Sie verhielten sich, als würde ich ihnen irgendwie Unannehmlichkeiten bereiten – sie runzelten die Stirn oder verdrehten die Augen, während sie versuchten, mit meiner Gegenwart »zurechtzukommen«. Oder schlimmer noch: Sie demütigten mich mit passiv-aggressiven Kommentaren: »Gott, es ist so frustrierend, wenn Leute sich für etwas Besseres halten.« Oh, und mein Favorit: »Wenn es Immigranten nicht gefällt, wie es hier zugeht, sollten sie einfach wieder nach Hause gehen.«

Es war entmutigend, verwirrend und letztlich eine extrem einsame Erfahrung. Mit ihren Annahmen und Erwartungen ließen die Menschen mir keinen Raum; sie hatten alle Leerstellen gefüllt. Mir blieb dann die Aufgabe, mich auf eine Weise zu zeigen, die ihr Narrativ über mich bestätigte. Selbst wenn ich ihre Erwartungen hätte erfüllen können, hätte ich es nicht getan. Doch die Wahrheit war, dass ich es nicht *konnte* – erstens wuchs ich in einer Familie auf, die sich kein Biogemüse und keine teure Freizeitkleidung leisten konnte, und zweitens hatte ich zu viel Zeit damit verbracht, Angst zu haben und um mein Leben zu kämpfen, um kostbare Momente damit zu verbringen, mich für meine Existenz zu entschuldigen.

Ich hatte das Gefühl, dass »sie« mein Selbstgefühl verletzten. Sie missachteten meine heiligsten Grenzen, indem sie mich bewusst (oder unbewusst) zwangen, eine Erweiterung *ihrer* inneren Welt zu sein. Sie gaben mir nicht die Erlaubnis oder den Raum, mich zu zeigen. Sie gaben sich keine Mühe, mich zu *sehen.*

Das scheint vielleicht halb so wild zu sein, und ich war ehrlich gesagt versucht, ein »schockierenderes« und »größeres« Beispiel zu wählen, doch das würde allem widersprechen, was ich mit diesem Buch sagen will. Nicht nur in Momenten extremer Unterdrückung fühlen wir uns verletzt. Ein drastischeres Beispiel würde dich zu der Annahme verleiten, der Selbstverlust lasse sich leicht erkennen und erfolge immer auf dramatische Weise. Doch auch in diesen schwer erkennbaren, leicht zu negierenden Momenten, in denen kleine Annahmen, Zumutungen oder Widerstand gegen unsere Vorlieben eine Rolle spielen, kämpfen wir darum, unserem Selbst entsprechend zu *leben.*

Als ich Ende 20 war, fühlte es sich fast wie ein Akt der Rebellion an, anderen mein Selbst zu zeigen, eines, das gern philosophische Texte las, die Stadt liebte, Croissants aß, fotografierte, Tennis spielte, sich die Paris Fashion Week ansah und ein Nomadendasein führte. Ich beschloss, mein Selbst zum Ausdruck zu bringen, und beschließe es seitdem immer wieder. Ich beschloss, unmissverständlich zu zeigen, wer ich war, und wusste: Wenn andere mich immer noch nicht sahen, so lag das daran, dass sie mich nicht sehen wollten.

Mein Selbst zu zeigen, hieß zur Überraschung einiger Leute nicht, mehr vertrauliche Gespräche zu führen, mehr von meinen schmerzlichen Lebenserfahrungen zu teilen, ein wunderschönes Kunstwerk zu schaffen oder mehr Fotos oder Geständnisse auf Social Media zu posten. Das funktionierte für mich nicht, weil 1) die Menschen um mich herum nicht genau genug hinschauten oder zuhörten und 2) die Beziehungen sich nicht sicher genug anfühlten, um verletzlich sein zu können.

Ich zeigte mich also dadurch, dass ich Grenzen setzte.

Wir bringen den Selbstausdruck nur selten mit Grenzen in Zusammenhang, doch Grenzen sind in der Tat eine unverzichtbare Form des Selbstausdrucks – und waren in meinem Fall die *effektivste* Form. Falls du neugierig bist, wie meine Grenzen aussahen, findest du hier einige Beispiele:

- »Nein, danke. Ich habe keine Lust, zu zelten.«
- »Du verletzt meine Gefühle, wenn du Witze darüber reißt, ich wäre eine ›Prinzessin‹. Bitte hör auf damit.«
- »Ich würde mir lieber ein Croissant holen, statt einen Salat zu essen. Bis gleich dann.«
- »Ich weiß zu schätzen, was du sagst, habe mich aber letztlich entschlossen, die nächsten paar Jahre zu reisen.«
- »Wenn ich Ratschläge zu meiner Kleiderwahl brauche, werde ich darum bitten.«
- »Ich werde keine abfälligen Bemerkungen über meine Herkunft dulden.«
- »Ich will im Moment nicht heiraten. Wenn ich meine Meinung ändere, werde ich es dir sagen.«
- »Ich weiß nicht, ob ich Kinder haben will. Ich möchte, dass du aufhörst, mich zu fragen, wann ich welche haben will.«
- »Es ist mir unangenehm, über meine Kriegserfahrungen zu sprechen, aber danke, dass du danach gefragt hast.«
- »Ich fühle mich unwohl, wenn du in mein Handy schaust.«
- »Ich habe im Moment auch zu kämpfen und kann nicht deine wichtigste Bezugsperson sein.«
- »Wenn du mich anschreist oder beschimpfst, ist diese Unterhaltung vorbei.«
- »Ich behalte mein Liebesleben gern für mich.«
- »Ich lästere nicht gern über andere. Lass uns das Thema wechseln.«

- »Ich weiß, dass du verärgert bist, möchte da aber nicht mit hineingezogen werden.«
- »Du musst meinen Beruf nicht mögen, aber ich möchte, dass du respektvoll über ihn sprichst.«
- »Wenn du mehr als 20 Minuten zu spät kommst, gehe ich ohne dich.«
- »Es ist mir unangenehm, wenn du Kommentare über meinen Körper abgibst.«
- »Ich werde deine E-Mail nach dem Wochenende beantworten.«
- »Nein, ich werde dir nicht erzählen, was meine Therapeutin gesagt hat.«

Hast du das Gefühl, dass du mich nun besser verstehst? Nur weil du gehört hast, was ich *nicht* tun und *nicht* akzeptieren werde? Ich vermute, ja. Es ist faszinierend, dass dies so ist. Ich habe dir nicht gesagt, was ich mag, habe dir keine Fakten über mein Leben gegeben, und doch hast du einen flüchtigen Eindruck von mir erhalten. Denn wenn ich meine Grenzen zum Ausdruck bringe, spreche ich nicht nur von meinen Bedürfnissen, Wünschen und Erwartungen; ich zeige dir, **wer ich bin und wie ich mich selbst verstehe.**

DIE KONTUR DES SELBST: WAS SIND GRENZEN?

Ich weiß, dass die meisten von uns von Grenzen gehört haben, weil die Psychologie sich in letzter Zeit lautstark zu diesem Konzept geäußert hat und in den Sozialen Medien jeder darüber zu sprechen scheint. Doch um sicherzustellen, dass wir alle auf dem gleichen Stand sind, hier ein kurzer Überblick:

- Grenzen sind Leitlinien (keine Ultimaten).
- Grenzen verbessern das Verständnis und die Sicherheit in Beziehungen.
- Grenzen sind eine Möglichkeit, für unser Selbst zu sorgen.
- Grenzen müssen klar kommuniziert werden.
- Grenzen zu verletzen, hat oft Folgen.
- Grenzen können in sechs Kategorien unterteilt werden:
  1. Physische
  2. Sexuelle
  3. Emotionale
  4. Intellektuelle
  5. Materielle
  6. Zeitliche
- Grenzen sind in allen Beziehungen wichtig (selbst – und vor allem – in guten).
- Grenzen dienen nicht dazu, Menschen zu bestrafen oder wegzustoßen. Sie sollen vielmehr eine gesunde Distanz schaffen, die für beide Beziehungspartner (und gegebenenfalls für die Beziehung selbst) förderlich ist.

Meiner Meinung nach haben die meisten Ausführungen und Lehren zum Thema Grenzen folgendes Manko: Sie betonen nicht ausreichend die Beziehung zwischen unseren Grenzen und unserem Selbstgefühl. **Wir können unsere Grenzen nicht von unserem Selbstgefühl trennen.** Warum? **Weil gesunde Grenzen umreißen, wer wir sind.** Grenzen sind nicht nur förderlich für Beziehungen und schützen uns, sie *definieren* uns. Sie sind wie eine Silhouette dessen, wer wir als Mensch sind, und kommunizieren mit anderen auf eine Weise, die ihnen hilft, uns zu sehen und zu verstehen.

In meinem Beruf habe ich es sehr oft mit Menschen zu tun, die Mühe haben, Grenzen zu setzen und aufrechtzuerhalten, obwohl sie *alle* Bücher gelesen und an *allen* Workshops teilgenommen haben. Denn solange jemand nicht wirklich *weiß*, wer er oder sie ist, wird er oder sie schlechte Grenzen setzen oder sich schwertun, überhaupt welche zu ziehen. Wir können die Form von etwas nicht umreißen, wenn wir nicht wissen, wo seine Ränder sind und wie es aussieht. Grenzen basieren auf dem Wissen, wer wir sind, was wir brauchen, was wir uns wünschen, was wir erwarten und wie unser Weltbild aussieht. Grenzen vermitteln uns mit am schnellsten, welche Überzeugungen jemand in Bezug auf sich oder seine Arbeit, seine Beziehungen, seine Familie, seinen Glauben, seinen Körper usw. hat. **Menschen können lügen, doch Grenzen tun dies nur selten.**

Tatsächlich sind schlechte Grenzen oft ein Hinweis auf ein schwaches Selbstgefühl. Das klingt hart, ich weiß. Lass mich ausreden. Jeder Kontext, der dazu führt, dass wir nicht wissen, wie wir Grenzen setzen sollen, oder uns zu unsicher fühlen, um dies zu tun, ist ein Kontext, der unser Selbstgefühl gefährdet. Nicht *immer*, aber oft sind die zwei größten Hindernisse beim Setzen von Grenzen der Mangel an Selbstverständnis und der Mangel an Ernsthaftigkeit (was oft Hand in Hand geht, wenn wir unser Selbst nicht respektieren).

Der Versuch, Grenzen zu setzen, ohne unser Selbst zu kennen, ist so, als würden wir im Matheunterricht bei jemandem die Lösung für eine Gleichung abschreiben, die in unserem Test nicht einmal vorkommt. Es könnte *die* richtige Lösung für eine, aber nicht für *deine* Gleichung sein. Grenzen können nur dann sinnvoll und hilfreich sein, wenn wir uns zutiefst mit ihnen im Einklang fühlen und wenn sie auf praktischer Ebene funktionieren. Eine Person hat vielleicht die Grenze gesetzt, dass sie nach 21 Uhr niemandem mehr zur Verfügung steht, doch wenn du zum Beispiel Notfallarzt oder eine frischgebackene Mutter bist, wird eine solche Grenze nicht realistisch sein. Würdest du versuchen, an ihr festzuhalten, ist es gut möglich, dass du wichtige Aspekte deines Lebens ändern müsstest (und als Folge würdest du schließlich dein Selbst ändern). Um unsere Grenzen zu ändern, müssen wir etwas an unserem Selbst ändern – Grenzen sind eine natürliche Erweiterung dessen, wer wir sind. Unser Selbst ist ein Kunstwerk; unsere Grenzen sind unser Rahmen.

Noch ein Beispiel: Um in einer Beziehung eine neue Grenze setzen zu können wie »Ich finde es nicht okay, wenn du mir immer wieder in letzter Minute absagst« oder »Wenn du nicht aufhörst, mich anzuschreien, werde ich gehen«, *müssen* wir glauben, dass wir es wert sind, respektvoll behandelt zu werden. Solange wir nicht daran glauben, dass wir Besseres verdienen, werden wir nicht um diesen Respekt bitten, sondern zulassen, dass unsere Grenzen weiterhin verletzt werden. Wollen wir eine Grenze setzen (vor allem eine, an der wir festhalten), müssen wir dies auf authentische Weise tun und unsere Freiheit auf eine Weise nutzen, die unserem Selbst Rechnung trägt. Wir sind dafür verantwortlich, als unser Selbst zu handeln und es zu schützen.

Wenn unser Selbst sich wirklich ständig ändert und entwickelt, dann ändern und entwickeln sich – bis zu einem gewissen Maß – auch unsere Grenzen. Wir zeichnen nicht nur eine Silhouette; wir zeichnen einen Film, der Bild für Bild unser Wachstum und unsere spezifischen Umstände zeigt. Es liegt in unserer Verantwortung, auf unser Selbst zu hören und Grenzen zu wählen, die zu ihm passen. Wenn sich unsere Beziehungen, unsere Überzeugungen oder unsere Situation ändern, ändern sich oft auch unsere Grenzen. Das heißt nicht, dass wir unzuverlässig sind; es geht vielmehr darum, unsere Grenzen immer wieder neu *abzustimmen*.

Wenn ich eine Q&A-Session durchführe, werden die Fragen, die zu beantworten ich mich entscheide, andere sein, als wenn ich mit meinen Freunden und Freundinnen bei einem Drink zusammensitze. In beiden Kontexten sind Grenzen von entscheidender Bedeutung.

Die Tatsache, dass Menschen Grenzen nicht ernst nehmen, führt oft dazu, dass sie nicht verstehen, was auf dem Spiel steht, und als Folge ihre Grenzen nicht voller Überzeugung setzen. Das war bei mir der Fall. Ich spielte *irgendwie, sozusagen, vielleicht* auf etwas an, das ich brauchte … jedenfalls, bevor mir klar wurde, dass die Kombination von Forderungen anderer und meinem Mangel an Grenzen zur Folge hatte, dass ich mich verloren fühlte. Erst als ich meine Panikattacke hatte, akzeptierte ich die Tatsache, dass die fehlenden Grenzen meine Probleme in Beziehungen, meine psychischen Probleme und mein fehlendes Verständnis dessen, wer ich war, verschlimmert hatten. *Meine Strichzeichnung zeigte keinen so klaren Umriss meines Selbst, dass andere es hätten sehen können – er war nicht einmal so klar, dass ich mein Selbst hätte erkennen können.*

ÜBERTRIEBEN REAGIEREN

Wir alle haben irgendwann schon einmal übertrieben reagiert. Wenn es bei unserem letzten Strandbesuch extrem windig war, werden wir das nächste Mal wahrscheinlich eine Jacke und eine Decke mitnehmen, obwohl ruhiges, sonniges Wetter vorhergesagt wurde. Wenn wir bei unserem letzten Treffen grob zu jemandem gewesen sind, werden wir beim nächsten Mal versuchen, besonders – und vielleicht unnatürlich – nett zu sein. Wenn jemand uns sagt, wir hätten zugenommen, nehmen wir vielleicht absurd viel ab, um so etwas nie wieder hören zu müssen (auch wenn eine solche Unterhaltung wahrscheinlich erst gar nicht hätte stattfinden sollen). Wenn wir einen Partner verlieren, weil wir ihn (im übertragenen Sinne) erstickt haben, schenken wir dem nächsten vielleicht nicht genug Aufmerksamkeit.

Das ist völlig normal. In der Regel folgt dieses übertriebene Reagieren auf eine unangenehme Erfahrung oder einen Verlust. Wir wollen beides nicht noch einmal erleben, sodass wir versuchen, uns dadurch zu schützen, dass wir so weit wie möglich in die andere Richtung gehen. Ich erlebe dies in der Therapie ständig, vor allem, wenn die Klienten und Klientinnen eine neue Fertigkeit wie zum Beispiel das Grenzen setzen erlernen. Ich lobe immer ihren Enthusiasmus und ihr Engagement, muss sie jedoch oft daran erinnern, realistisch an die Sache heranzugehen und Raum für die Unberechenbarkeit anderer Menschen zu lassen.

Vor einer Weile habe ich ein solches Gespräch mit einer Klientin Anfang 20 geführt. Sie war ursprünglich zur Therapie gekommen, weil sie Unterstützung dabei brauchte, das Ende einer dreijährigen Beziehung zu betrauern und herauszufinden, wer sie ohne diese Beziehung war. Der Trauerprozess macht es oft erforderlich, sich einer Menge schwieriger Fragen zu stellen wie: »Warum ist das passiert, was hätte ich anders machen können, und was kann ich daraus lernen?« Letztlich erkannte sie, dass das Fehlen von Grenzen und ihr mangelndes Selbstverständnis in hohem Maße zur Auflösung der Beziehung beigetragen hatten. Sie war sehr selbstreflektiert, bereit zu lernen und engagiert. Sobald wir auf das Thema Grenzen zu sprechen kamen, fing sie sofort an, sie zu setzen.

Ein Jahr später begann die Klientin, sich gelegentlich mit jemand Neuem zu treffen. Sie wirkte glücklich und sagte, es würde sich wie das perfekte Match anfühlen. Überraschenderweise kam sie, nachdem sie etwa vier Monate gedatet hatten, zu einer Sitzung, um mir eine Trennungs-SMS vorzulesen, die sie entworfen hatte. Sie hatte geschrieben, dass sie sich nicht mehr sehen könnten, weil sie in der Vergangenheit klargestellt habe, dass es für sie nicht in Ordnung sei, wenn er ihr Textnachrichten schicke, während sie ihre im Krankenhaus liegende Mutter besuche, er sich aber nicht daran gehalten habe. Um den Kontext zu verdeutlichen: Die Klientin hatte ihrem Freund klargemacht, dass sie während der Besuchszeiten am Sonntag nicht abgelenkt werden wolle, um ganz für ihre Mom da sein zu können. An dem Tag, an dem ihr Partner die Grenze, keine Nachricht zu schicken, verletzte, hatte er geschrieben: »Ich weiß, dass du heute das Testergebnis deiner Mom bekommst. Ich denke an dich!« Wegen dieser Worte war sie verärgert und bereit, die Beziehung zu beenden. Sie hatte so große Angst gehabt, eine neue Beziehung einzugehen, in der ihre Bedürfnisse und Vorlieben ignoriert oder nicht gesehen wurden, dass jedes Anzeichen dafür zu einem Ausschlusskriterium wurde. Sie hatte begonnen, Grenzen *als Mauer statt als Orientierungshilfe* zu sehen.

Wir atmeten beide tief durch, und dann fragte ich sie, ob es sein konnte, dass ihre Grenzen immer starrer wurden. Wir erforschten den Gedanken, dass es vielleicht angemessener wäre, die Grenze noch einmal darzulegen, statt die Beziehung zu beenden. Und vielleicht, ganz vielleicht, war es ja auch in Ordnung, die Aufmerksamkeit und Fürsorge zu genießen, die sie zum ersten Mal seit langer Zeit erfuhr – vielleicht war diese Grenze nicht mehr so notwendig und wichtig wie in der Vergangenheit? Natürlich wusste nur sie, welche Vorgehensweise die beste war, doch ich war da, um ihr bei der Erforschung ihrer Erfahrung zu helfen. Schließlich beschloss sie, die Grenze noch einmal zu wiederholen, statt die Beziehung zu beenden. Sie entschied sich auch, ihrem Partner zu erklären, dass es zwar eine nette Geste gewesen sei, diese sie aber triggere und sie Probleme habe, sie zu akzeptieren.

Es brauchte Zeit, doch nach und nach ließ sie ihre Angst los und lernte, die guten Dinge in ihrem Leben zu akzeptieren. Sie brach mit der Gewohnheit, ständig in jeder Situation das Schlimmste zu sehen und zu erwarten.

WENN DIE GRENZE ÜBERSCHRITTEN WIRD

Wenn jemand unsere Grenzen missachtet, sind wir oft verärgert, enttäuscht, verletzt oder wütend. Anfangs versuchen wir vielleicht, das schlechte Verhalten des Betreffenden zu rechtfertigen; wir werfen uns möglicherweise vor, es zugelassen zu haben, dass er unsere Grenzen überschreitet, schämen uns dafür, wie wir behandelt werden, oder zweifeln unsere Entscheidungen an. Wenn wir jedoch das Gefühl haben, dass sein Handeln uns daran hindert, wir selbst zu sein – wenn wir uns ungesehen, nicht wertgeschätzt oder unfair behandelt fühlen –, ziehen wir Grenzen, um uns zu schützen. Wir setzen diese Grenzen reflexartig,[46] zeigen also eine Coping-Reaktion, um zu **verhindern, dass wir weiter verletzt werden und uns noch weiter verlieren.** Das Ziel besteht darin, einen Weg zu finden, unsere Verletzung zu ertragen und unser Selbst vor ihr zu schützen. Um ein Gefühl dafür zu bekommen, wie du darauf reagierst, dass deine Grenzen verletzt werden, möchte ich dir drei einfache Fragen stellen:

- Wie verhältst du dich in Situationen, in denen du das Gefühl hast, nicht du selbst sein zu können?
- Was ist dein erster Impuls, wenn du das Gefühl hast, unfair behandelt zu werden?
- Was tust du, wenn du das Gefühl hast, ständig übergangen, überstimmt, ignoriert oder nicht wirklich gesehen zu werden?

Du setzt, wie ich vermuten würde, reflexartig Grenzen – zeigst Coping-Reaktionen, die es dir ermöglichen, dein Verletztsein zu ertragen. Das Setzen dieser Grenzen und damit die Selbstregulierung erfolgen nicht immer bewusst. Es stellt auch eher keine langfristige Lösung dar und kann zudem dein System grundlegend durcheinanderbringen.

Die Existenzanalyse unterscheidet vier unterschiedliche Coping-Reaktionen:

1. Distanzierung
2. Überaktivität
3. Aggression
4. Erstarren

Bei all diesen Reaktionen geht es – wenn auch auf unterschiedliche Weise – um das gleiche Ziel: sich vor Schaden zu schützen.

1. Distanzierung
Wenn wir das Gefühl haben, respektlos behandelt oder ausgenutzt zu werden, neigen wir dazu, uns von anderen und/oder dem Schmerz, mit dem wir konfrontiert sind, zu distanzieren. Das Ziel der Distanzierung besteht letztlich darin, unser Selbstgefühl zu bewahren, indem wir Situationen meiden, die es gefährden. Allerdings setzen wir damit auch unbewusst Grenzen, die uns selbst außen vor lassen, unsere Beziehung der Gefahr aussetzen, in die Brüche zu gehen, und zu Einsamkeit führen. *Hier sind einige gängige Arten, sich zu distanzieren*:

- **Weggehen.** Wir gehen weg, wenn wir nicht wissen, wie wir eine Interaktion fortsetzen sollen, ohne uns unsicher zu fühlen. Tun wir dies, haben wir beschlossen, dass wir tatsächlich ohne das leben können, was immer sich da abspielt. Es ist eine Form der Ablehnung und eine Aussage: *Du kannst gern weitermachen, aber ohne mich.* Es ist eine Grenze, die dadurch geschaffen wird, dass wir uns physisch entfernen.

  Ich habe noch nie eine Unterhaltung beendet, indem ich weggegangen bin, aber es gab einmal eine Person, die das mir gegenüber getan hat. Das hat sich weiß Gott nicht toll angefühlt, doch ich vermute, dass diese Person das Gleiche sagen würde. Wenn jemand weggeht, hat er wahrscheinlich das Gefühl, dass er mit uns nicht koexistieren kann. Wir mögen endlose Diskussionen darüber führen, wer für dieses Vorkommnis verantwortlich ist, doch die wichtigste Frage ist: »Wie hat sich die Dynamik so verändert, dass wir nicht länger wir selbst sein konnten, weil unser Selbst sich dadurch, dass es verletzt oder nicht gesehen wurde, emotional bedroht fühlte?«

- **Aufgeben**. Sich aus einer Unterhaltung zu verabschieden, indem man sich zurückzieht oder schweigt, ist eine gängige Coping-Reaktion. Aber hast du je unter dem Aspekt von Grenzen darüber nachgedacht? Wir entscheiden (das heißt, setzen eine Grenze), uns nicht länger zu beteiligen oder einzubringen. Schweigen kann unglaublich passiv-aggressiv und ungesund sein, ist aber oft ein Zeichen dafür, dass der oder die Betreffende das Gefühl hat, nicht weiter mitmachen zu können, ohne sein oder ihr Selbst zu gefährden.

  Eine andere weniger offensichtliche Taktik, aufzugeben, ist die, die andere Person vom aktuellen Problem abzulenken, indem man von Thema zu Thema springt oder das Problem verschleiert. Vielleicht neigst du dazu, dies zu tun, wenn jemand während eines Familienessens etwas Schwieriges zur Sprache bringt (zum Beispiel die Tatsache, dass du Single bist), und lenkst ihn dadurch ab, dass du über einen Schlussverkauf bei Target oder deine kürzlich erfolgte Beförderung sprichst. Mir fällt das manchmal bei Klienten und Klientinnen auf. Sie bringen ein schwieriges Thema zur Sprache, wechseln dann aber schnell zu etwas eindeutig weniger Dringlichem, um sich selbst zu regulieren. Uns dieses Musters bewusst zu sein, kann uns helfen zu erkennen, wann wir uns überfordert, getriggert oder unsicher fühlen. Es kann uns helfen, unsere reflexartig gesetzten Grenzen durch bewusst gezogene Grenzen zu ersetzen.

- **Förmlich sein.** Förmlichkeit ist eine übliche Methode, um Distanz zu schaffen. Wenn wir jemanden kennenlernen, legen wir oft ein förmlicheres Verhalten an den Tag, weil Vertrautheit, Sicherheit oder Verständnis fehlen. Führen wir die Förmlichkeit in unseren Beziehungen erneut ein, stellen wir damit eine Grenze wieder her und schaffen das für uns nötige Maß an Distanz zwischen den anderen und uns.

  Wir tun dies zum Beispiel, wenn wir nach einer Trennung die andere Person in der Öffentlichkeit sehen und steif und höflich sind und sie beim Namen nennen, statt »Schatz« zu sagen. Wenn wir unsere E-Mails mit »Alles Gute« statt mit »Love« beenden. Förmlich zu sein ist eine Art zu sagen: *Wir sind uns nicht länger nahe*. Es bedeutet, jemanden auf Abstand zu halten, um uns zu schützen.
- **Beleidigungen als Witz verstehen.** Es lässt sich kaum leugnen, dass sich Lachen und Humor positiv auf unsere psychische Gesundheit auswirken. Wenn wir Humor jedoch ständig dazu benutzen, Situationen zu entschärfen und dem Schmerz aus dem Weg zu gehen, kann er uns davon abhalten, uns wirklich unserer Realität zu stellen. Einfach ausgedrückt: Etwas (oder jemanden) so zu behandeln, als sei es (oder er, sie) ein Witz, ist eine Methode, es (oder ihn, sie) nicht ernst zu nehmen. In diesen Fällen setzen wir eine Grenze, indem wir indirekt sagen: *Was du sagst, kann nicht wahr sein, denn wenn es das wäre, wäre es zu grausam*. Und so lachen wir verletzende Bemerkungen weg, um nicht mit dem Schmerz umgehen zu müssen, den wir spüren würden, nähmen wir die Situation ernst.
- **Sich zu stark mit der Sichtweise einer anderen Person identifizieren.** Dies geschieht, wenn unser Versuch, jemand anderen zu verstehen, so weit geht, dass wir unser eigenes Erleben – absichtlich oder unabsichtlich – aus dem Blick verlieren. Wir tun dies in dem Bemühen, uns von unseren eigenen Gefühlen, Gedanken oder Bedürfnissen zu distanzieren.

Selbst so wunderbare Dinge wie Mitgefühl und Sympathie können – wenn sie nicht unter Kontrolle gehalten werden – dazu führen, dass wir uns selbst für andere aufgeben.

Nehmen wir einmal an, du hast einen Streit mit deinem Partner. Möglicherweise möchte er, dass du deine Wohnung aufgibst und mit ihm zusammenziehst, wozu du jedoch noch nicht bereit bist. Vielleicht will er auch heiraten, und du glaubst nicht an die Ehe. Was immer auch das Problem sein mag, du beschließt zu tun, was *er* möchte, und findest dich dann in einer Situation wieder, die infrage stellt, wer du bist. Dein Selbstgefühl wird bedroht, weil dein Handeln nicht länger damit im Einklang steht, wie du dein Selbst verstehst. Dies sind einfache Beispiele dafür, was passieren kann, wenn wir anfangen, Grenzen zu verwischen und zu erweitern, um jemand anderen mit einzuschließen. Manchmal versuchen wir, es zu erzwingen, dass die Überzeugungen und Wünsche anderer unsere eigenen werden. Manchmal haben wir das Gefühl, dass es sicherer ist, unsere Grenzen auszudehnen, als sie zu verkleinern – doch manchmal ist es das nicht. Manchmal überfordern wir uns in einer Beziehung und verlieren als Folge unser Selbst.

2. Überaktivität

Überaktivität ist unser Versuch, Raum für unser Selbst zu schaffen und voranzukommen, indem wir das, was uns verletzt oder bedroht, übergehen, vor ihm davonlaufen oder uns darüber hinwegsetzen. Wir neigen auch dazu, uns selbst in dem Bemühen (und der Hoffnung), von anderen gesehen und anerkannt zu werden, zu übersehen.

Dies manifestiert sich oft als Macher-Mentalität. Vielleicht putzt du ständig, gehörst einer Reihe von Clubs an, strebst nach Perfektion (damit sich niemand beschweren oder dir etwas vorwerfen kann), bleibst abgelenkt, weil du ständig »beschäftigt« bist, um andere zu beeindrucken und in ihren Augen deinen Wert zu steigern. Doch du funktionierst fast wie ein Zahnrädchen, handelst und hast wenig oder gar kein inneres Erleben. Du bist so eingespannt, dass du nicht wahrnimmst und nicht darauf reagierst, was geschieht. Du wirst wie eine Muschelschale, die sich nicht um das Tier, das in ihr lebt, sorgt oder sich seiner auch nur bewusst ist. Wenn dieser Coping-Mechanismus sprechen könnte, würde er laut Längle etwas sagen wie: »Ich muss ständig etwas Sichtbares tun, um mich in den Augen anderer zu legitimieren, damit ich *leben* kann!« Statt einen Schritt zurückzutreten oder aufzugeben, wie wir es tun, wenn wir uns distanzieren, stürmen wir hier los und werden *aktiver*, um mit der Bedrohung fertigzuwerden. Das unterscheidet sich nicht sehr stark davon, es allen recht machen zu wollen: Wir fokussieren uns auf die anderen oder passen uns ihnen an, um authentische Begegnungen zu meiden. Wir wünschen uns Anerkennung von anderen, weil wir sie unserem Selbst nicht geben können.

Überaktive Menschen suchen oft durch ihre Art zu sprechen, sich zu kleiden und sich zu geben nach Aufmerksamkeit. Sie haben wie wir alle das Bedürfnis, gesehen zu werden, sehnen sich nach jemandem, der die Tatsache anerkennt, dass sie existieren. Das hat nichts mit Ichbezogenheit zu tun, sondern mit Selbstschutz. Sie machen eher gute Miene zum bösen Spiel oder geben der anderen Person nach, selbst wenn sie sich verletzt und ungerecht behandelt fühlen. Sie identifizieren sich vielleicht mit dem Aggressor, lachen mit ihm über dessen schmerzliche Witze und stimmen ihm möglicherweise sogar zu. Denn wenn sie das Gefühl haben, *dazuzugehören* (ob tatsächlich oder nicht), fühlen sie sich vielleicht davor geschützt, fallen gelassen zu werden oder verloren zu sein.

3. Aggression

Wenn wir uns bedroht fühlen, kommt es nicht selten vor, dass wir Aggressionen zeigen. Diese können sich darin äußern, dass wir intolerant, trotzig, empört oder fordernd sind oder auch die physischen Grenzen anderer Menschen verletzen. Der Hauptzweck ist der, sich (metaphorisch oder physisch) gegen etwas zur Wehr zu setzen. Das Ziel der Aggressionen besteht oft darin, gesehen und ernst genommen zu werden, um sich vor weiteren Verletzungen zu schützen. So geben wir vielleicht ein lautes Geräusch von uns, wenn jemand uns in einer überfüllten U-Bahn anrempelt, um unsere Anwesenheit zu signalisieren und zu verhindern, noch einmal geschubst zu werden. Wenn wir uns in Momenten wie diesen klar artikulieren könnten, würde dies laut Längle so klingen: »Bitte schau mich an. Ich bin hier, und ich leide. Kannst du bitte aufhören?«

Zu Aggressionen kommt es meiner Beobachtung nach oft dann, wenn jemand eine Situation als unerhört empfindet (»Wie können sie es nur *wagen*? Wie *konnten* sie nur? Ich werde nicht zulassen, dass mir so etwas *je wieder* passiert!«). Wenn wir das Gefühl haben, zutiefst ungerecht behandelt oder erniedrigt worden zu sein, schlagen wir zurück – »So lasse ich mich nicht behandeln!«. Wir verwandeln unsere inneren Empfindungen in etwas, das sich *anfühlt* wie äußeres Handeln.

Zuerst taucht die Aggression auf – dann der Drang, zu kämpfen. Wir dürfen nicht vergessen, dass Wut sich danach sehnt, *gesehen* zu werden. Im Unterschied zur Traurigkeit, die sich oft verstecken möchte, wollen wir mit unserer Wut unserem Selbst Ausdruck verleihen. Aggression entsteht normalerweise aus einem tiefen Gefühl der Machtlosigkeit und weckt den Wunsch, die Gefahr »zur Strecke zu bringen« (zu beseitigen). Wenn der aggressive Impuls mit einem Gefühl der »Ungerechtigkeit« verbunden ist, wir also glauben, dass wir das »Recht« haben, um uns zu schlagen, beginnen wir, andere zu bestrafen. Wir wollen den Übeltäter verletzen, um der Ungerechtigkeit entgegenzutreten (Rache). Außerdem geht es darum, jemandem eine Lektion zu erteilen, selbst wenn der oder die Betreffende wir selbst sind. Aggressionen sind nicht immer offensichtlich. Während einer meiner Existenzanalyse-Workshops erklärte uns einmal ein Professor, dass Sarkasmus oft eine sozial akzeptable Form der Aggression sei – *uff*, das saß. Ich war früher sehr sarkastisch (*all* meine Witze waren von Sarkasmus durchdrungen), und zum ersten Mal dämmerte es mir, dass ich in Wirklichkeit wütend war.

Ich betrachte einen Wutausbruch als eine verzweifelte Bitte um Anerkennung. Er ist eine (unpassende) Methode, sich Geltung zu verschaffen, Raum einzunehmen und Grenzen zu definieren; eine Methode, Grenzen zu ziehen oder wiederherzustellen, damit niemand uns herumschubsen kann. Die Absicht ist gut, die Ausführung jedoch oft schlecht.

Wenn meine Klienten und Klientinnen spüren, dass sich Wut oder Aggressionen aufbauen, bitte ich sie, über die folgenden drei Fragen nachzudenken:

- Welches Bedürfnis wird nicht erfüllt?
- Welcher Teil von mir fühlt sich bedroht?
- Welche Grenze wird verletzt?

Solange wir uns nicht *bewusst* werden, was los ist, werden wir uns weiterhin schützen, indem wir destruktiv statt produktiv sind.

4. Erstarren

Wir erstarren, wenn wir nicht in der Lage sind zu handeln. Dies geschieht, wenn wir etwas dermaßen unerträglich finden, dass wir uns wie gelähmt oder betäubt fühlen. Eine mildere Form wäre die, angesichts einer Beleidigung oder eines Angriffs, den wir sofort als Bedrohung unseres Werts wahrnehmen, fassungslos zu sein. Wir sind vielleicht »sprachlos«, wenn wir nicht zu einem Event eingeladen werden, wenn jemand vergisst, uns ein Weihnachtsgeschenk zu kaufen, oder wenn wir in einer Gruppe sprechen und niemand reagiert. Es ist das Gefühl, vernachlässigt zu werden und nicht zu wissen, wie man vorankommen soll.

Eine schmerzlichere Form dieser Missachtung würde dazu führen, dass wir uns verletzt fühlen, und wenn das geschieht, neigen wir dazu, uns von Menschen abzuwenden. Wenn jemand uns ablehnt, unsere Grenzen ignoriert oder uns schlecht macht (vor allem wiederholt), haben wir vielleicht das Gefühl, dass *unsere Ehre verletzt wird.* Es ist eine tiefere Verletzung, eine, die inneres Leid erzeugt. Ein Beziehungsbruch dieser Art – einer, mit dem wir nicht umzugehen wissen – kann tatsächlich psychosomatische Reaktionen wie Migränen oder Magen-Darm-Probleme hervorrufen.

Andere, schwerwiegendere Formen des Erstarrens sind: das Unvermögen zu sprechen, das schamhafte Verbergen von Bedürfnissen, das Warten darauf, dass die Gefahr vorbei ist, Verbitterung, das Leugnen von Gefühlen, das Vergessen von Ereignissen, Dissoziation und Depersonalisation. Diese Reaktionen sind oft das Ergebnis eines schweren Traumas und nicht der verbreiteten, alltäglichen Gefahr des Selbstverlusts.

Halt inne und denk einen Moment lang nach: Was verraten deine reflexartig gesetzten Grenzen dir darüber, wer du bist?

Es ist schon erstaunlich, welche Anstrengungen unser Geist unternimmt, um das Hindernis, wir selbst sein zu können, auszuschalten. Doch auch unsere besten Versuche führen nicht immer zu dem gewünschten Ergebnis. Wir können jedoch unserem Selbst helfen, indem wir *bewusst* (nicht in Form einer Coping-Reaktion) Grenzen setzen, die die Bedrohung aus der Welt schaffen und dafür sorgen, dass wir uns mit den Menschen um uns herum sicher fühlen.

Bevor du eine Grenze setzt, frag dich:

- Warum setze ich diese Grenze?
- Welches Ziel verfolge ich mit dieser Grenze?
- Fördert diese Grenze mein Wohlbefinden?
- Steht diese Grenze im Einklang damit, wer ich bin?
- Respektiert diese Grenze, wer ich bin?
- Was/wen schütze ich mit dieser Grenze?
- Fördert diese Grenze gesunde Beziehungen?
- Welche meiner Grundüberzeugungen bilden die Basis dieser Grenze?
- Ist dies die beste Art, die Grenze zu formulieren?
- Wann ist die beste Zeit, diese Grenze zu setzen?
- Was ist die Folge, wenn jemand meine Grenze übertritt?

Oft liegt das größte Hindernis im Zusammenhang mit Grenzen – das sowohl unsere Bereitschaft, sie zu setzen, als auch die Bereitschaft anderer, sie zu akzeptieren, beeinträchtigt – darin, als was wir sie verstehen. Grenzen werden oft als eine Form der Ablehnung oder Bedrohung empfunden, statt als Information, die wir anderen bieten könnten, um ihnen zu einem tieferen Verständnis unseres Selbst zu verhelfen. Sie bilden einen Rahmen, innerhalb dessen sich dieses Verständnis im Lauf der Zeit entwickeln wird, einen Rahmen, der den kostbaren Prozess unseres Selbstseins schützt.

Harte Wahrheit

Je schwächer deine Grenzen sind, desto schwächer ist dein Selbstgefühl.

Sanfter Hinweis

Grenzen sind eine Sprache der Liebe. Wir sollten sie als solche behandeln.

TEIL III

Das Selbst, das du auslebst

Ich war ein Suchender und bin es noch, aber ich suche nicht mehr auf den Sternen und in den Büchern, ich beginne die Lehren zu hören, die mein Blut in mir rauscht. Meine Geschichte ist nicht angenehm, sie ist nicht süß und harmonisch wie die erfundenen Geschichten, sie schmeckt nach Unsinn und Verwirrung, nach Wahnsinn und Traum wie das Leben aller Menschen, die sich nicht mehr belügen wollen.

HERMANN HESSE, *DEMIAN*[47]

KAPITEL 7

Mentales Entrümpeln

Schaffe Raum für die Person, die du wirklich bist

Ich betrachte mich selbst als Minimalistin. Alle – und ich meine wirklich *alle* – meine irdischen Besitztümer passen in einen großen Koffer und einen Handgepäckkoffer. Das war nicht immer so – mein starkes Bedürfnis nach Minimalismus begann vor sieben Jahren an einem kalten, trüben Februarnachmittag in Berlin. Der dunkle Himmel sah bedrohlich nach einem zweiten, heftigen Regenschauer aus, und nur wenige Menschen waren außer mir unterwegs. Niemand machte sich die Mühe aufzuschauen, als ich meine diversen Koffer und Taschen über das Kopfsteinpflaster schleppte, auch nicht, als ich stolperte, alles auf den Boden fiel und sich der komplette Inhalt meiner Handtasche auf den nassen Gehweg ergoss, Geldbeutel, Schlüssel, Reisepass und diverse elektronische Geräte. Niemand blieb stehen, um mir zu helfen. Die Leute machten einen großen Bogen um mich herum, liefen einfach weiter und ignorierten mich. Und ich tat natürlich so, als sei nichts passiert, während ich mühsam meine Sachen aufsammelte. So ist das Leben eben manchmal, denke ich – wir leiden, und weder wir noch die Menschen um uns herum nehmen es zur Kenntnis.

Ziemlich außer Atem gelangte ich schließlich zum Eingang eines Bahnhofs, doch weit und breit gab es keinen Aufzug oder eine Rolltreppe, nur mich, die Treppe und meine riesigen Taschen. Nach zweimal treppauf und treppab sowie mehreren unsanften Stößen gegen meine Knöchel erreichte ich erschöpft den richtigen Bahnsteig. Der Zug kam, aber der Tür des Zuges war es gleichgültig, dass die Hälfte meines Koffers noch draußen war, sie begann sich unbarmherzig zu schließen. Die anderen Fahrgäste warfen mir genervte, unfreundliche Blicke zu, und so war ich nicht nur verschwitzt und frustriert, sondern wurde auch noch gedemütigt. (Wie kommt es eigentlich, dass sich oft diejenigen unwohl fühlen, die am Kämpfen sind? Sollten sich nicht die Leute schämen, die nicht helfen?)

Danach schwor ich mir, *nie wieder* mit mehr Gepäck zu reisen, als ich einigermaßen bequem tragen konnte. Ich war bereit, mein gesamtes Leben zu entrümpeln und auf ein Minimum zu reduzieren, nicht nur meinen Besitz. Ich wollte mich mit einer Freiheit und einem Freiraum bewegen, die ich bis dahin nicht hatte. Es war genau der richtige Moment, dass die Metapher meines Lebens nicht mehr lauten sollte, ich habe »zu viel Gepäck«. Das war ein Klischee, und ich hasste es.

Als ich meine äußeren Besitztümer entrümpelt hatte, merkte ich, dass ich auch innerlich mehr Raum hatte – es wurde leichter zu atmen und Entscheidungen zu treffen. Zuerst habe ich all die Dinge gespendet, verkauft oder weggeworfen, die ich nicht mehr brauchte (und die nicht mehr in einen Koffer passten). Dann begann ich, den Dachboden im Haus meiner Eltern zu durchforsten. Ich entsorgte alte Jahrbücher, Decken, Kinokarten und Zufallsgeschenke von Freunden der Familie. Ich zögerte etwas, das Brautjungfernkleid wegzuwerfen, das ich vielleicht doch noch einmal tragen könnte, wenn mich die königliche Familie zum Ball einladen würde? Und was sollte ich mit all den Jogginghosen von Juicy Couture machen? Möglicherweise erlebten die frühen 2000er-Jahre eines Tages ein modisches Comeback (oder vielleicht haben sie das ja schon?)? Oder mit dem Rock, den ich gekauft hatte, »falls ich abnehme«? Und was ist mit all den selbst gemachten Geschenken oder irgendwelchen belanglosen Briefen von meinem Ex? Was, wenn wir wieder zusammenkämen? Mein mentaler Freiraum wurde von einem Wust an Hypothesen vereinnahmt – den »Was-wäre-wenns«, dem Bedauern und den »Vielleichts« des Lebens. Das war viel destruktiver als all die vollen Aufbewahrungskisten. Letztendlich gelang es mir, durch das Aussortieren meiner überflüssigen Sachen die Ecken in meinem Kopf zu entrümpeln.

So, wie ich einen überflüssigen, kratzigen Wollpullover losgeworden bin, um Platz in meinem Koffer zu schaffen, genauso beschloss ich aufzuhören, darüber nachzudenken, was die Leute von meiner bevorstehenden Scheidung hielten. Geistige Entrümpelung bedeutete für mich, alles zu beseitigen, was mir nicht mehr dienlich war oder nicht mit mir im Einklang stand und womit ich unnötig Zeit und Energie verschwendete. *Es bedeutete, Platz für mein Selbst zu schaffen.* Mentales Entrümpeln kann das Loslassen von Gedanken, Überzeugungen, Annahmen, Rollen, Gewohnheiten, Ängsten, Beziehungen oder Besitztümern umfassen, es ist aber nicht darauf beschränkt – im Idealfall gehört dazu alles, was uns nicht mehr dienlich ist. Es geht darum, alles loszuwerden, was uns nicht dabei hilft, so in der Welt zu *sein*, wie wir in echt sind und wer wir sein wollen.

Ich glaube, Minimalismus wird oft mit einem Akt der Selbstbeschränkung verwechselt. Aber für mich bedeutete weniger zu besitzen (konkret und im übertragenen Sinn), dass ich mich entschied, mich *nicht* einschränken zu lassen; es war ein Aufgeben, um meine Selbstbestimmtheit zu bewahren, um Raum zu schaffen und meine Freiheit zu nutzen. Indem ich weniger hatte, stellte sich das Gefühl ein, dass ich meinem Selbst mehr Raum zum *Sein* geben konnte.

Raum ist das, was uns Freiheit gibt, denn existenziell gesprochen ist Raum der Ort, an dem wir existieren können – im wörtlichen wie im übertragenen Sinne. Es liegt also auf der Hand, dass wir ohne Raum aufhören zu existieren. Der Raum gibt uns die Möglichkeit, zu entscheiden, zu handeln, uns zu bewegen, zu wachsen und unser Potenzial zu verwirklichen. Ein berühmtes Zitat, das oft Viktor Frankl zugeschrieben wird, beschreibt dies perfekt: »Zwischen Reiz und Reaktion gibt es einen Raum. In diesem Raum liegt unsere Macht zur Wahl unserer Reaktion. In unserer Reaktion liegen unsere Entwicklung und unsere Freiheit.« Wenn wir diesen Raum nicht nutzen, nehmen wir uns unsere Autonomie und Entscheidungsfreiheit und riskieren damit, unser Selbst zu verlieren.

Raum ist nicht nur etwas, das uns gegeben wird; Raum ist etwas, das wir *nehmen und schaffen.*

Wenn wir das Gefühl haben, keinen Raum zu haben, hören wir auf, ihn anderen anzubieten. So entsteht ein Teufelskreis. Wir können andere nicht »sein« lassen, wenn wir nicht genug Raum haben, um unser Selbst »sein« zu lassen, und umgekehrt. Wir haben das Gefühl, dass der Raum, den andere beanspruchen, den Raum beeinträchtigt, den wir brauchen, um uns so *zeigen* zu können, wie wir sind. Bevor ihr also auf eine ärgerliche Textnachricht antwortet – oder bevor du darauf reagierst, dass dein Partner wieder einmal nicht auf die Idee kommt, die Spülmaschine auszuräumen … *nimm* dir die Zeit, darüber nachzudenken, was emotional für dich gerade passiert und wie du dich in diesem Moment zeigen willst. *Nutze den Raum*, um darüber nachzudenken, wer du bist und wer du sein willst. Der Raum ermöglicht es uns, bewusst zu sein und zu handeln – immer dann, wenn es im Leben hektisch wird, neigen wir dazu, reaktiv oder unachtsam zu werden, tja, wir neigen dazu, uns zu verlieren.

Entscheidungen sind unsere bewussten Antworten auf das Leben; Reaktionen sind impulsive Handlungen, die in der Regel auf Schmerzen, Ängsten, Unsicherheiten oder Wunden beruhen. Wenn wir bei unseren Entscheidungen ein Gefühl von Raum haben, können wir einen Schritt zurücktreten und auch Möglichkeiten betrachten, die nicht auf den aktuellen Moment oder das Gefühl beschränkt sind. Er gibt uns eine größere Perspektive und Erdung.

Ohne Abstand können wir sozusagen den Wald vor lauter Bäumen nicht sehen.

Es gibt viele Möglichkeiten, wie wir uns Raum und Abstand verschaffen können. Zum einen können wir es mit unserer Vorstellungskraft tun. Ich habe einmal gehört, dass Frankl sich während seiner Zeit im Konzentrationslager vorstellte, wie er nach dem Krieg vor einem Publikum über seine Erlebnisse sprechen würde – und genau das hat er dann auch getan. Andere Möglichkeiten sind, tief durchzuatmen, unseren Körper durch physische Aktivitäten zu bewegen, Pausen zu machen oder »einmal darüber zu schlafen«, um aus einem *anderen* Raum zurückzukommen. Bei problematischen Dingen kann man auch auf Humor und Ironie zurückgreifen oder einfach Nein sagen.

Für mich ging es darum, physischen Abstand zu Menschen und Orten zu schaffen, die es mir schwer machten, bewusst und authentisch zu sein. Was mit Entrümpeln begann, das so weit ging, dass mein ganzer Besitz in ein paar Taschen passte, endete damit, dass ich diese Taschen packte und durch die Welt reiste. Seit meiner eigenen existenziellen Krise und der darauffolgenden Scheidung lebe ich im Grunde wie eine Nomadin. Das Bedürfnis, Raum zu schaffen, ist genau der Grund, warum ich überhaupt mit dem Reisen begonnen habe. Ich hatte ein Problem, das ich lösen musste – nun ja, eigentlich zwei: Ich war zutiefst unglücklich, und ich hatte keine Ahnung, wer ich war.

Und obwohl Reisen, um »sich selbst zu finden« oder um »den Dingen zu entfliehen« zu einem Klischee geworden ist (und gewisse Privilegien voraussetzt), macht es durchaus Sinn. Wir sind auf der Suche nach mehr Raum, in dem wir existieren können, vor allem, wenn wir das Gefühl haben, dass wir uns in einem Umfeld befinden, das uns das nicht erlaubt. Das Bedürfnis, in fremden Kontexten oder Umgebungen nach Raum zu suchen, entsteht oft dann, wenn wir nicht die Initiative ergriffen haben, ihn in unserem Leben und in unserer aktuellen Situation zu schaffen (oder wenn wir aus verschiedenen Gründen *das Gefühl haben*, dass wir wirklich nicht in der Lage sind, die Initiative zu ergreifen). Oft sind unsere Kontexte mit Erwartungen, Meinungen, Menschen und Routinen gesättigt oder überfrachtet, die keinen Raum für, nun ja, *Raum* lassen. Wir beginnen, auf Autopilot zu schalten, und es vergehen ganze Tage, an denen wir keine eigenen Entscheidungen getroffen oder bewusst gelebt haben.

Es gibt einen guten Grund, warum Menschen manchmal geraten wird, eine eingefahrene Gewohnheit (wie zum Beispiel das Rauchen) dann aufzugeben, wenn sie sich in einer neuen Umgebung befinden. Das liegt daran, dass wir in einem ungewohnten Umfeld bewusster leben. Da gibt es nicht die Zehn-Minuten-Pause zur immer gleichen Zeit wie jeden Tag, in der wir gedankenlos unsere Zigarettenschachtel nehmen, uns einen Kaffee holen und draußen eine rauchen.

Wenn wir uns in einem neuen Kontext befinden, haben wir eher einen Moment Zeit zum *Nachdenken*, bevor wir etwas tun, weil wir nicht mehr automatisch unserer täglichen Routine folgen. Es schafft Raum für Entscheidungen, die mehr sind als nur eine Gewohnheit. Auf diese Weise können wir unsere Freiheit zurückgewinnen und nutzen.

Manchmal ist der Akt der Bewegung auch kein Weglaufen, sondern ein *Hinlaufen*. Das Reisen gab mir Raum und Abstand und erlaubte mir, mich mit meinen Problemen zu *beschäftigen* und sie anzugehen. Ich begann, mein Selbst von den Problemen zu unterscheiden, und erkannte, dass ich mehr bin als meine Sorgen, meine Ängste oder meine »gescheiterten« Beziehungen. Sobald wir unser Selbst als etwas von unserem Problem Getrenntes erkennen, gewinnen wir unser Selbst zurück. Wir werden dabei gestärkt und können – ganz wichtig – ab da besser Verantwortung dafür tragen, wer wir sind.

WARUM ES UNS SCHWERFÄLLT, LOSZULASSEN

Oft ist es schwierig, *Dinge* loszulassen, weil wir Besitztümern eine Bedeutung beimessen, die sie nicht verdienen. Das war bei mir der Fall. Ich hatte mit meinen materiellen Besitztümern so viel Bedeutung und ein Gefühl der Sicherheit verbunden, dass ich nicht darauf achtete, in mir selbst Bedeutung und Sicherheit zu schaffen.

Besitz ist nicht per se ein Problem, die Beziehung, die wir zu unseren Besitztümern aufbauen, kann jedoch problematisch sein. Loslassen kann besonders schwierig sein für Menschen, deren Bedürfnisse irgendwann einmal nicht erfüllt wurden oder die mit einem Mangel aufgewachsen sind. Für mich als Kind im Krieg waren wesentliche Dinge – wie Lebensmittel – knapp. In meiner Familie gab es nichts, was nicht lebensnotwendig war, es gab nichts Überflüssiges. Das war kein »Minimalismus«, das war ein Trauma. Wir fühlten uns nicht frei und voller Raum, sondern verletzlich und unsicher. Wir wurden der Dinge beraubt, die wir brauchten und die uns wichtig waren.

Infolgedessen klammerten sich meine Familienmitglieder fester an ihre Besitztümer. Nicht, weil sie dachten, dass materielle Dinge zwangsläufig einen Wert hätten, sondern weil sie nicht noch einmal erleben wollten, ohne sie zu sein. Sie bewahrten jedes Kleidungsstück oder jede halb volle Dose Haarspray auf, weil sie es vielleicht, aber wirklich nur vielleicht, später noch einmal brauchen könnten. Und selbst als sie es sich leisten konnten, ein neues T-Shirt oder ein neues Kissen zu kaufen, war es schwierig, diese Einstellung zu ändern.

Ich weiß noch, wie ich mit einem Auto, vollgepackt bis unters Dach, in meinem Studentenwohnheim einzog und immer noch unglücklich war, dass ich nicht alles mitnehmen konnte, was ich »brauchte«. So lächerlich es mir heute vorkommt, aber die damalige Version von mir sehnte sich danach, bei dieser ungewohnten Veränderung vertraute Dinge um sich zu haben. Es ging um ein Gefühl der Sicherheit, nicht um die halb abgebrannte Kerze, die ich mitgenommen hatte, obwohl ich sie laut Wohnheimvorschriften nie anzünden durfte. Diese Kerze erinnerte mich an zu Hause. Die helle, handgemachte Zudecke, die farblich zu absolut nichts anderem in meinem Zimmer passte, erinnerte mich daran, wie ich mich zum ersten Mal verliebt hatte. Und das hölzerne Spielzeugboot stand für meinen letzten Urlaub mit meinem Vater (zehn Jahre zuvor), einem Mann, den ich liebte, aber nur selten zu sehen bekam. Ich hatte unbewusst Angst, dass meine früheren Erfahrungen weniger real wären, wenn ich diese Dinge nicht aufbewahrte. Ich brauchte Beweise für mein Leben, und deshalb hütete ich meine Gegenstände so sehr – sie waren Erinnerungsstücke an die Versionen von mir selbst, die ich nicht mehr vollständig erfassen konnte, die nicht mehr existierten.

Kürzlich stellte mir ein Freund eine ganz normale, wenn auch zum Nachdenken anregende Frage: »Wenn dein Haus brennen würde, was würdest du herausholen?«

Meine Antwort nach einer langen Pause war: »Nichts.«

Mir fällt wirklich nichts ein, wofür ich mein Leben riskieren würde, es gibt nichts Äußerliches, keine Gegenstände, die ich unbedingt brauche. So geht es mir auch, wenn meine Tasche nach der Landung einmal nicht auftaucht und ich den verlegenen Blick des Kundenbetreuers am Flughafen sehe, der mir nicht erklären kann, wo sie ist. Oft bin ich im ersten Moment verärgert, aber dann fühle ich mich befreit. Mein Haus ist meine Seele, nicht Ziegel und Mörtel oder ein bis zum Rand gefüllter Koffer.

Ich möchte dich also fragen: Wenn dein Haus brennen würde, was würdest du herausholen? Was ist so wichtig, dass du dein kostbares Selbst riskieren würdest?

Es gibt einen entscheidenden Unterschied zwischen dem Besitz von Dingen und dem Besitz des eigenen Selbst. Die Entrümpelung unseres Lebens mag sich bedrohlich anfühlen, denn sie ist in gewissem Sinn ein Akt der Zerstörung. Indem wir unsere Gewohnheiten, Überzeugungen, Beziehungen und Wunden entwirren und entflechten, verstehen wir, was uns ausmacht – und was wir nicht sind. Wir müssen unser Selbst zuerst gewissermaßen zerlegen, um zu entscheiden, wie wir es rekonstruieren wollen – und der einzige Weg, unser Selbst zu erschaffen, ist, Raum für das zu schaffen, was wir sind. Es ist an der Zeit, die Handlungen, Überzeugungen, Gewohnheiten und Perspektiven loszulassen, die nicht wirklich zu uns gehören.

Erwartungen

Die meisten von uns – und in gewissem Maße wahrscheinlich wir alle – neigen dazu, sich von den Erwartungen anderer beeinflussen und andere bestimmen zu lassen, wie wir über uns selbst denken, welche Entscheidungen wir treffen und wer wir werden. Unwissentlich und unbewusst erleben wir oft eine Konkurrenzsituation von verschiedenen Bedürfnissen: *Erfülle ich mein Bedürfnis, ich selbst zu sein, oder erfülle ich mein Bedürfnis, dazuzugehören und geliebt zu werden?*

Wenn wir uns über unser Selbst nicht im Klaren sind, begrüßen wir die Klarheit, die uns die Projektionen anderer Menschen bringen (ob gut oder schlecht), denn sie befriedigen das Unbekannte. Unser Gehirn ist von etwas Unbekanntem eher eingeschüchtert als von etwas ungenauem Bekannten. Deswegen zieht es unser Selbst vor, sich lieber auf der Grundlage der

Narrative von anderen falsch einzuordnen oder etwas über sich selbst zu verallgemeinern, als sich auf den Raum einzulassen, in dem wir nicht vollständig verstehen, wer wir sind. Die Art und Weise, wie wir unser Selbst verstehen, entscheidet über unsere Handlungen (und den Raum, den wir in der Welt einnehmen), weswegen diese Tendenz, anderen zu glauben, was und wer wir sind, die Gefahr birgt, zu etwas zu werden, das *andere* Menschen von uns erwarten.

Bevor ich mich mit meinem eigenen Selbstverlust auseinandersetzte, verbrachte ich so viel Zeit damit, *aktiv so zu sein*, wie andere mich brauchten und haben wollten, dass ich schließlich eine unauthentische Version von mir selbst erschuf.

Ich werde nie den Nachmittag vergessen, an dem ich während einer wichtigen Besprechung im Büro plötzlich eine Panikattacke bekam. Ich weiß nicht mehr, was der Auslöser war, aber mit einem Mal wurde der Stress so überwältigend, dass ich ohnmächtig wurde. Ich verlor buchstäblich für einige Sekunden das Bewusstsein. Keine einzige Person im Raum bemerkte es. Dann, als sich die Sitzung auflöste, kam eine Kollegin auf mich zu. Ich war nervös. *Hat sie es doch gesehen? Wird sie womöglich meine Kompetenz infrage stellen?*

Nein, weit gefehlt. Sie wollte mir ein Kompliment dafür machen, wie ich mich in die Sitzung eingebracht hatte. Sie sagte, dass sie hoffe, eines Tages mit dem gleichen Selbstbewusstsein aufzutreten wie ich, und dass sie hoffe einen Punkt zu erreichen, an dem sie »alles im Griff« habe – so wie ich. Während ich sie überrascht und wahrscheinlich ziemlich ausdruckslos anschaute, sah ich die sehnsüchtige Erwartung in ihren Augen, und ich erkannte das Bild, das ich (für sie) verkörpern sollte. Etwas unbeholfen nahm ich das Kompliment an. Sie wusste nicht, dass ich einfach nur so schnell wie möglich hinausgehen wollte, um meine Symptome von gerade eben im Auto zu googeln, und dass ich mir wünschte, ich könnte in diesem Moment jemand *anderes* sein als ich selbst. Sie hat mir geholfen, meine eigene Realität zu verleugnen, und ich habe dann ihre Wahrnehmung meines »Erfolges« benutzt, um mir ein Bild zu machen, wer ich bin.

Wenn niemand bemerkt, dass ich Schmerzen habe, habe ich dann Schmerzen? Wenn niemand sieht, dass ich verloren bin, bin ich dann verloren?

Du willst, dass ich jemand bin, der alles im Griff hat? Okay, dann werde ich jemand sein, der alles im Griff hat.

Ich widmete der Aufrechterhaltung dieses falschen Verständnisses von mir viel Aufmerksamkeit. In meinem Kopf schwirrten meine Gedanken ständig darum, wie ich dieses Schauspiel fortbestehen lassen könne. Letztendlich führte das dazu, dass ich mein eigenes Selbst falsch einschätzte. Ich muss zugeben, dass ich zunächst erleichtert war, dass meine Kollegin meine Notlage nicht erkannt hatte, aber dann wurde mir zunehmend klar – *sie hatte überhaupt nicht gemerkt, wie gestresst ich war*! Diese Erkenntnis half mir, an einen Punkt zu gelangen, an dem ich beschloss, mich nicht mehr darum zu kümmern, was andere von mir wollten oder erwarteten. Warum richte ich mein Leben nach Leuten aus, die mich gar nicht sehen? Für Menschen, die nicht erleben können, wie es ist, ich zu *sein*?

Manchmal stellen wir Erwartungen an unser Selbst (z. B. diejenige zu sein, die alles im Griff hat, selbst wenn das ganze Gegenteil der Fall ist). Ein anderes Mal verkörpern wir die Vorstellungen anderer (z. B. das »brave Mädchen oder der nette Junge« zu sein). Das Problem ist, wenn wir unser Leben auf der Grundlage von Erwartungen leben, dann stimmt dieses Selbst oft nicht mit dem überein, was wir wirklich sind. Früher oder später erkennen wir, dass der Preis, nämlich unser Selbst zu verlieren, nur um einer bestimmten Rolle zu entsprechen, viel zu hoch ist – egal, ob wir oder andere uns diese Rolle zuweisen. Erwartungen können gut sein, solange sie realistisch und stimmig sind (z. B. erwarte ich von meinem Selbst, dass es die Verantwortung für *all* meine Entscheidungen übernimmt).

Hier sind sieben Fragen, um die »Soll«-Erwartungen in deinem Leben zu hinterfragen und zu entrümpeln:

1. Stimmt diese Erwartung mit dem überein, wer ich bin?
2. Bringt mich diese Erwartung meiner gewünschten Zukunft näher?
3. Fördert diese Erwartung mein Wohlbefinden?
4. Bleibt bei dieser Erwartung Raum für meine Bedürfnisse?
5. Ist diese Erwartung realistisch?
6. Für wen tue ich das? Und warum?
7. Wer hat diese Erwartungen gestellt?

Ein Denkanstoß: Wenn wir uns genauso sehr darauf konzentrieren würden, ein Gefühl für uns selbst zu entwickeln, wie wir es mit unseren »Solls« tun, wie würden wir dann unseren Alltag gestalten? Worüber würden wir nachdenken? Wie würden sich unsere Handlungen verändern? Wenn wir uns entscheiden, Verantwortung dafür zu übernehmen, wer wir sind und wer wir werden wollen, wie würden sich dann unsere Gedanken, Handlungen, Schwerpunkte und Ziele verändern?

Gewohnheiten

Liz war 34 Jahre alt und lebte in New York City. Davon hatte sie schon als Teenager geträumt. Mit Anfang 20 war sie dorthin gezogen, arbeitete in furchtbaren Jobs, traf sich mit schrecklichen Leuten und zahlte astronomische Mieten – all das gehörte zu dieser *Erfahrung*. Jetzt war sie Mitte 30, ihre Karriere verlief erfolgreich, sie hatte eine Traumwohnung und ein abwechslungsreiches Sozialleben. Drogen und exzessiver Alkoholkonsum waren in ihren Kreisen normal und sozial anerkannt, sie war zwar kein besonders großer Fan davon, aber es schien dazuzugehören. Anfangs machte sie nur widerwillig mit, aber schließlich nahm sie regelmäßig Kokain und betrank sich bis zum Umfallen. Sie mochte diesen Teil von sich nicht, aber was als gelegentliche soziale Aktivität begonnen hatte, war zu einer Art Freitagabend-Gewohnheit geworden, und sie wusste nicht, wie sie da wieder herauskommen sollte. Irgendwann hörten sie und ihre Freunde auf, »offizielle« Pläne zu machen, und jeder tauchte einfach um 20 Uhr in ihrer Lieblingsbar auf, um zu feiern. Ich kann das nachvollziehen, es ist so, wie wenn meine Schwester und ich sagen: »Lass uns was essen gehen«, und uns dann automatisch zu unserem koreanischen Lieblingsrestaurant aufmachen. Die Macht der Gewohnheit, sozusagen unser Muskelgedächtnis. Aber Gewohnheiten sind Routinen, die uns letztendlich prägen. Anstatt uns ihnen unkritisch hinzugeben, sollten wir prüfen:

- Welche Gewohnheiten hast du aufgrund deiner Umgebung angenommen?
- Welche Gewohnheiten helfen dir nicht dabei, zu sein, wer du bist, und zu werden, wer du werden möchtest?
- Hast du irgendwelche Gewohnheiten, die dich oder deine Selbstentfaltung sabotieren?
- Welche Gewohnheiten tun dir gut?
- Welche Gewohnheiten werden von anderen gefördert?

Was wir tun, ist, wer wir werden. Gewohnheiten sind Tendenzen oder Praktiken, die für uns zu Automatismen werden können. Wir haben sie so oft durchgespielt, dass sie uns zur zweiten Natur geworden sind, oder einfach zur Natur, und manchmal gelingt es ihnen geschickt, unsere bewusste innere Zustimmung zu umgehen. Gewohnheiten sind ein Ausdruck dessen, wer wir sind. Wenn wir unsere Gewohnheiten nicht mögen, mögen wir uns selbst wahrscheinlich auch nicht. Wir können nicht Dinge tun, für die wir uns schämen oder die wir nicht gut finden, und dann erwarten, dass wir unser Selbst bewundern und schätzen – genauso wenig, wie wir lauter falsche

Zutaten in einen Kuchen geben und erwarten können, dass er gut schmeckt.

Es gibt viele eindeutig destruktive Gewohnheiten, die wir uns abgewöhnen sollten, wie z. B. zu trinken, wenn wir traurig sind, zu rauchen, wenn wir trinken, oder eine Nachricht zu schreiben, wenn wir betrunken sind. Aber es gibt auch andere Gewohnheiten, mit denen es sich lohnt zu brechen, wie zum Beispiel:

- Die eigene Identität von den Beziehungen zu anderen abhängig machen
- Sich mit weniger zufriedengeben, als wir verdient haben
- Unseren Erfolg aus Rücksicht auf andere zu verheimlichen
- Lügen, um den Frieden zu erhalten
- Die Bedürfnisse anderer Menschen über unsere eigenen stellen
- Trinken als Mittel zur Bewältigung von Sorgen
- Sich für Dinge entschuldigen, für die man nichts kann
- Aus Angst vor Ablehnung keine Grenzen setzen
- Die eigene Realität verleugnen
- Sich selbst um einer Beziehung willen verraten
- Bestätigung von außen suchen, statt Selbstbestätigung
- Unaufgefordert Ratschläge erteilen

Es ist jedoch wichtig, sich auch daran zu erinnern, dass nicht alle Gewohnheiten schlecht sind. Gesunde Gewohnheiten können uns dabei helfen, eine Routine zu entwickeln, die uns wiederum hilft, das Leben so zu *leben*, wie wir es uns wünschen. Und sie können uns dabei helfen, Handlungen zur Regel zu machen und zu verinnerlichen, die uns dabei helfen, die Person zu sein, die wir sein wollen.

Einige gesunde Gewohnheiten können z. B. darin bestehen, sich selbst zu beruhigen, anstatt jemanden anzurufen, der uns hilft, uns zu beruhigen; die Verantwortung für unsere Worte und Handlungen zu übernehmen; uns zügig zu entschuldigen, wenn wir einen Fehler gemacht haben; uns selbst manchmal nicht zu bierernst zu nehmen; uns den Raum zu geben, den wir brauchen, um zu fühlen und zu denken. Gesunde Gewohnheiten können auch praktische Dinge sein, wie Freunde oder Familie anzurufen, um sich zu melden, sich die Zähne zu putzen, Wasser zu trinken und Dinge aufzuschreiben, für die wir dankbar sind.

Beziehungen

Wie so viele von uns habe auch ich mich in meinen Liebesbeziehungen am meisten von mir selbst entfernt. Ich habe jahrelang versucht, so zu sein, wie ich dachte, dass meine Partner es wollten. Ich gab vor, gern Hockeyspiele anzuschauen, mich gern »sexy« zu kleiden und »cool« mit den verschiedenen Ambitionen oder deren Abwesenheit bei meinen Partnern zu sein. Ich tat so, als hätte ich mehr Lust auf Sex, als es tatsächlich der Fall war, als würde ich es genießen, Zeit mit all den Freunden meiner Partner zu verbringen, als sei es in Ordnung, wenn sie abfällige Bemerkungen über meine Arbeit machen. Ich tat so, als ob es mir nichts ausmachte, wenn einige von ihnen weiterhin ungeklärte Gefühle für ihre Verflossenen hatten, als ob es mir nichts ausmachte, wenn sie kontrollierten, mit wem ich mich traf. Ich habe lange so getan, als ob ich meinen eigenen Lügen glauben würde, und war wirklich verwirrt, wenn ich die meisten Nächte frustriert und mit Tränen in den Augen ins Bett ging. Mein Leben – meine Existenz – war erfüllt von all diesen Eigenschaften und »Vorlieben«, die nicht meine eigenen waren.

Meine Ehe brachte das Schlimmste in mir (oder nicht-wirklich-in-mir?) zum Vorschein. Ich lenkte die Aufmerksamkeit davon ab, wer ich war, und ermutigte meinen Partner, sich auf die Person zu konzentrieren, die ich für ihn sein sollte, die er sich wünschte. Am Ende war er in einer Beziehung mit jemandem, mit dem ich nur wenig zu tun hatte, und ich war allein.

Ich war nicht anwesend, und deshalb fühlte sich nichts in unserer Beziehung intim an. Selbst Sex fing an, ein Gefühl von Ekel in mir hervorzurufen.[48] Wie ich später erfuhr, ist Ekel ein Gefühl, das uns vor Verunreinigungen schützen oder uns eine Verletzung unserer Persönlichkeitsrechte signalisieren soll. Warnte mich mein Ekel vor einer tiefen inneren Verletzung, wenn ich weiterhin in dieser Beziehung blieb? Hatte ich das Gefühl, dass meine Beziehung mein Selbstgefühl verunreinigte?

Meine Gefühle versuchten mir zu sagen, dass es an der Zeit war, »aufzuräumen« und loszulassen, aber ich hörte nicht darauf.

Seltsamerweise glaubte ich damals *wirklich*, dass die meisten Menschen ihre romantischen Beziehungen und (wenn sie denn ehrlich genug waren) sich selbst so sehr verabscheuten, wie ich mich verabscheute. Und doch schien mir das Zusammensein mit meinem Partner weniger schmerzhaft als ein Leben ohne ihn. Ohne eine Beziehung wusste ich nicht, wer ich war, und es fühlte sich an, als ob meine gesamte Existenz durch den bloßen Gedanken an ein Ende der Partnerschaft bedroht wäre. Heute weiß ich, dass das Gegenteil der Fall war: In meiner Ehe zu bleiben, war existenzbedrohend.

Ich musste mich damit abfinden, dass ich den falschen Partner geheiratet hatte, und die Tatsache akzeptieren, dass dieser eine Fehler das Potenzial hatte, mich zu definieren. Ich musste meine Angst davor überwinden, Dinge zu beenden – die Angst, als 24-jährige Geschiedene abgestempelt zu werden, die Angst, nur noch mich selbst zu haben, mit der ich zusammen sein, der ich zuhören und Raum geben musste, um mich neu zu definieren. Ich musste das loswerden, was mich existenziell am meisten bedrohte – meine Ehe – und meinem Ich Raum geben, um zu handeln, mich zu bewegen, zu wachsen und mein Potenzial zu verwirklichen. Und genau das habe ich getan.

Die Entrümpelung von Beziehungen ist vielleicht die schwierigste Herausforderung von allen. Wir investieren in unsere

Beziehungen oft sehr viel Zeit, Energie und Selbstwertgefühl. Sie sind häufig mit Annahmen und Überzeugungen verbunden, die uns daran hindern, sie zu verlassen*, wie zum Beispiel:

- »Keine Beziehung ist perfekt.«
- »Er/sie würde ohne mich zerbrechen.«
- »Ich will nicht allein bleiben.«
- »Ich habe ihm/ihr mein Wort gegeben.«
- »Wie wird meine Familie reagieren?«
- »Ich bin egoistisch.«
- »Niemand wird mit mir ausgehen wollen.«

Ich werde nicht noch einmal wiederholen, wie wichtig unsere Beziehungen sind ... *aber unsere Existenz hängt von ihnen ab.* Die meisten von uns haben Angst davor, (romantische oder andere) Beziehungen zu bewerten, hier sind einige Fragen, die den Prozess erleichtern können:

- Welche Beziehungen beruhen auf Angst, Schuld oder (moralischen) Verpflichtungen?
- Welche Beziehungen basieren auf einem ungenauen Verständnis davon, wer du bist?
- In welchen Beziehungen kannst du dich als du selbst zeigen?
- Welche Beziehungen nähren die Person, die du werden willst?
- Welche Beziehungen sind auf Vertrauen und Ehrlichkeit aufgebaut?

Manchmal wird zu viel Wert darauf gelegt, wann, wie und warum wir Menschen nicht mehr in unserem Leben haben möch-

---

* Annahmen werden zu einem Problem, wenn wir sie nicht in einen Kontext stellen.

ten, und es ist wichtig, die Menschen zu erkennen, die es wert sind, sie nah bei uns zu behalten:

- Menschen, die uns die Wahrheit sagen
- Menschen, die uns ermutigen
- Menschen, die uns Eigenschaften vorleben, die wir bewundern
- Menschen, die uns zurechtweisen (liebevoll und respektvoll)
- Menschen, die bereit sind, uns so zu sehen, wie wir sind
- Menschen, die uns akzeptieren
- Menschen, die uns respektieren
- Menschen, die das Beste für uns wollen

Fehler und Verletzungen

Hast du jemals einen Fehler gemacht und dann diesen einen Fehltritt als wichtigen Teil deiner Identität verinnerlicht? Das erlebe ich in meiner Praxis immer wieder. Wenn wir von jemandem verletzt wurden, werden wir zum *Opfer*. Wenn wir fremdgehen, werden wir zu *Betrügern*. Wenn wir die Schule abbrechen, werden wir zu einem *Schulabbrecher*. Wenn wir uns scheiden lassen, werden wir zu einer/einem *Geschiedenen*. Und doch *werden* wir nicht wirklich zu einem dieser Dinge; sie werden nur ein Teil von uns. Infolgedessen stehen wir vor der Aufgabe, uns zu heilen, zu versöhnen oder zu verzeihen.

Wir können uns so sehr in diesen Etikettierungen *verlieren*, dass wir zulassen, dass unsere Vergangenheit uns definiert und zukünftige Entscheidungen diktiert, anstatt dass sie uns einen Schatz an gemachten Erfahrungen und Informationen für die Zukunft bietet. Zum Beispiel nimmt der Satz »einmal ein Betrüger, immer ein Betrüger« den Menschen das, was sie außerhalb des Fehlers sind, den sie begangen haben. Wir könnten genauso gut ein Transparent vor ihnen schwenken, auf dem steht: ICH GLAUBE NICHT, DASS DU FÄHIG BIST, DICH ZU ÄNDERN! Warum können wir jemanden, der einen Betrug begangen hat, nicht stattdessen als einen Menschen bezeichnen, der einen Fehler gemacht hat? Warum gehen wir nicht so auf sie zu, dass unsere Selbstbestimmung, unser Durchhaltevermögen und unsere Widerstandsfähigkeit gefördert wird (selbst wenn die Person, die wir ansprechen, unser Selbst ist)?

In ähnlicher Weise sehe ich Menschen als wandelnde Reklametafeln ihrer *Wunden* und *Verletzungen* – und warum sollten sie das nicht, wenn wir sie so behandeln? Es ist normal, sich mit der Last unserer Verletzungen auseinanderzusetzen und sich selbst bei einem einzigen Bruch verletzt und erschöpft zu fühlen. Aber wir haben die Verantwortung und die Freiheit, unser Selbst zu definieren, das heißt, wir haben die Verantwortung und die Freiheit, das zu tun, was notwendig ist, damit unsere Rückschläge oder Traumata nicht unser Selbstgefühl aufzehren. Das mag zunächst hart klingen, aber es ist nicht so gemeint. Es ist unglaublich unfair, dass wir, nachdem wir von jemandem verletzt wurden, selber die Scherben auflesen und uns mit der Verletzung auseinandersetzen müssen. Tun wir das jedoch nicht, sind *wir* die Einzigen, die darunter leiden. Sich ausschließlich als *Opfer* zu sehen, ist zwar eine korrekte Darstellung dessen, was uns widerfahren ist, kann uns aber unserer Fähigkeit berauben, so viel mehr zu werden.

Unsere Wunden, genau wie unsere Fehler, sind real. Wir sollten sie nicht verleugnen, aber wir sollten sie als einen Teil (und nicht als das Ganze) dessen erkennen, was wir sind. Wir müssen aufhören, unsere Fehler als Mittel zu benutzen, um unser Identitätsgefühl zu überschatten oder zu belasten. Die meisten unserer Fehler entstehen, *weil* wir nicht wissen, wer wir sind, und nicht, weil sie unsere Identität verkörpern. Wenn überhaupt, dann machen sie deutlich, wie sich der Selbstverlust in unserem Leben manifestiert hat.

Beim Loslassen geht es nicht darum, so zu tun, als wäre etwas Schmerzhaftes nie geschehen, zu verharmlosen, wie es sich auf uns ausgewirkt hat, oder als wäre es nicht wichtig gewesen. Unser Selbst von unseren Wunden zu befreien bedeutet, die Beziehung zu unserem Schmerz zu verändern. Diese neue Beziehung kann basieren auf Bewusstheit und eigener Wahl (das sind die besten Beziehungen). Es geht nicht darum, dass wir aufhören, den Schmerz zu fühlen, sondern dass wir aus ihm lernen.

Wir alle haben Wunden. Einige haben wir geleckt, andere trauen wir uns nicht anzuschauen, und wieder andere kratzen wir immer wieder auf und vertiefen sie. Hier sind einige Fragen, die dir helfen sollen, über deine Wunden nachzudenken:

- Von welchem Schmerz möchtest du geheilt werden?
- Wie ist dein Verhältnis zu deinen Wunden?
- Gibt es Dinge, die du dir nur schwer verzeihen kannst?
- Welche Wunden, glaubst du, definieren dich?
- Wie könnten sie dich stattdessen *informieren*, was kannst du daraus lernen?

Bei der Neudefinition deines Verhältnisses zu deinen Wunden geht es nicht um toxische Positivität, die sich so anhören kann:

- »Es gibt für alles einen Grund.«
- »Sieh es von der positiven Seite.«
- »Es hätte auch noch schlimmer sein können.«
- »Kopf hoch!«

Es geht darum, zu verstehen, dass Wunden eine Tiefe schaffen können, die unsere Seele nun ausfüllen kann. Wunden fordern uns heraus und schmerzen, und wir gehen vielleicht nicht unbedingt »stärker« daraus hervor, aber wir kennen zumindest die Erfahrung. Das kann immer noch bedeutsam sein, wenn wir es zulassen.

Überzeugungen

Glaubenssätze sind ein angenehmer Ort, an dem sich unsere Ängste verstecken können. Wir alle haben bestimmte Überzeugungen, einige davon sind uns bewusst, andere nicht. Was wir über das Universum, andere Menschen (Kultur, Alter, Hautfarbe, Beruf), die Konzepte von »gut« und »böse« und alles andere glauben, dient als Parameter für unsere Existenz – es ist die Art und Weise, wie wir die Welt verstehen. Sich der eigenen Überzeugungen bewusst zu sein ist von entscheidender Bedeutung, insbesondere bei Überzeugungen, die den Selbstverlust fördern.

- Welche Überzeugungen geben dir ein schlechtes Gefühl in Bezug auf dein Selbst, und wo und/oder von wem hast du dir diese Überzeugungen angeeignet?
- Welche Überzeugungen hast du über andere?
- Welche Überzeugungen hast du über die Welt?
- Welche Überzeugungen hast du über den Zweck/Sinn deines Lebens?
- Wie wirken sich die von dir aufgeführten Überzeugungen auf dich aus?
- Was, glaubst du, hast du verdient?
- Was, glaubst du, wer du selbst bist?

Unsere Überzeugungen tragen auch zur Schaffung unserer Annahmen bei. Annahmen ersetzen die bewusste Auseinandersetzung und sind Abkürzungen für unseren Verstand. Sie helfen uns, der Welt einen Sinn zu geben, ohne dass wir dafür ständig Informationen verarbeiten müssen. Annahmen lassen uns jedoch nicht viel Raum für eine authentische Begegnung mit uns selbst oder mit den Menschen um uns herum.

Hier sind vier Gründe, warum Annahmen nachteilig sein können:

1. **Annahmen sind oft falsch.** Annahmen sagen uns gewöhnlich mehr darüber, wer *wir* sind, als darüber, wer jemand anderes ist. Annahmen spiegeln oft unsere Angst, Unsicherheit, Voreingenommenheit oder Vorurteile wider.
2. **Annahmen können eine echte Verbindung behindern.** Annahmen können uns daran hindern, Menschen so zu sehen und auf sie einzugehen, wie sie wirklich sind.
3. **Annahmen entstammen manchmal einer phlegmatischen Einstellung.** Annahmen halten uns davon ab, uns die Mühe zu machen, die Antworten zu suchen, die wir brauchen.
4. **Annahmen helfen uns, zu vermeiden selbst Verantwortung zu übernehmen.** Annahmen können eine bequeme Methode sein, um eigener Verantwortung aus dem Weg zu gehen, weil sie uns oft dazu verleiten, anderen die Schuld zu geben (zum Beispiel »Ich habe sie respektlos behandelt, weil sie so-und-so sind«). Annahmen ermöglichen es uns, ein Narrativ zu schaffen, das wir brauchen, um mit einer bestimmten Situation fertigzuwerden oder um unsere eigenen Unzulänglichkeiten und Verhaltensweisen zu rechtfertigen.

Beim Nachdenken stelle ich mir oft den Raum als eine Bühne für unsere Existenz vor. Wenn diese Bühne mit Menschen und Dingen besetzt ist, die dort nicht hingehören, kann sich unser Selbst nicht zum Ausdruck bringen und entfalten; wir haben keinen Platz, um die Rolle zu spielen (die Person zu sein), die am meisten mit uns übereinstimmt. Heidegger sagte: »Wie soll der neue Tag kommen, wenn ihm die Nacht vorenthalten wird und alles in die Dämmerung der Entscheidungslosigkeit niedergehalten wird [...]?«[49] Formulieren wir das einmal um: *Wie sollen wir unser echtes Selbst sein, wenn die Art und Weise, wie wir existieren, immer noch auf Versionen basiert, die wir nicht sind?*

Im Zuge des Entrümpelns habe ich viele Versionen von mir selbst losgelassen, die passiv, aus einer unterwürfigen Haltung und fast zufällig entstanden sind. Und obwohl Heidegger meinte, dass fehlerhafte Interpretationen von unserem Selbst ein hartnäckiges Hindernis für Authentizität sind, war er der Ansicht, dass sie notwendig seien:

> »Diese Fehlinterpretationen der Transzendenz, des Grundverhältnisses des Daseins zum Seienden und zu sich selbst, sind aber keine bloßen Fehler des Denkens und des Scharfsinns. Sie haben ihren Grund und ihre Notwendigkeit in der geschichtlichen Existenz des Daseins selbst. Am Ende müssen diese Fehlinterpretationen vollzogen werden, damit das Dasein durch ihre Korrektur hindurch den Weg zu den eigentlichen Phänomenen gewinnt.«[50]

Ich möchte, dass du weißt, dass es in Ordnung ist, sich mit deinem Selbstverständnis auseinanderzusetzen, damit zu ringen, und dass es völlig in Ordnung ist, auf diesem Weg auch über Missverständnisse zu stolpern. Darauf zu vertrauen, dass dies alles Teil des Prozesses ist, kann uns helfen, das Menschsein anzunehmen.

Das Schöne liegt in der Entscheidung zu handeln – *jetzt* – zu sein.

Was musst du entrümpeln, um Platz zu schaffen für dein Selbst?

Harte Wahrheit

Manchmal müssen wir, um zu akzeptieren, wer wir sind,
uns von all dem trennen, was wir nicht sind.

Sanfter Hinweis

Liebes Selbst,
Wirf Ballast ab.

KAPITEL 8

Der elektrische Körper

Verbinde dich und kommuniziere wieder mit deinem Körper

Ich mochte schon immer das Sprichwort »Man kann nicht auf zwei Hochzeiten tanzen«. Man kann zum Beispiel nicht gleichzeitig die Freiheit genießen, die Verantwortung für seinen Körper abzugeben, und gleichzeitig das intensive, köstliche Gefühl genießen, wenn man sich ganz seinem körperlichen Selbst hingibt. Ich habe noch *nie* einen Menschen getroffen, der seinen Körper ablehnt oder ignoriert und trotzdem eine enge Beziehung zu seinem Selbst hat. Wenn wir unseren Körper ablehnen oder ignorieren, lehnen wir einen wichtigen Aspekt von unserem Selbst ab – um wirklich unser Selbst zu *sein*, müssen wir eine Beziehung haben zu *allen* Aspekten dessen, was wir sind.

Viele von uns wissen jedoch, wie schwierig es ist, eine gesunde Beziehung zu unserem Körper aufzubauen – und die Gründe, warum wir damit kämpfen, scheinen endlos. Einer der häufigsten, traurigen Gründe – oder zumindest der, über den am meisten gesprochen wird – sind die unrealistischen Erwartungen, die von Diättrends, Sozialen Medien, Werbeagenturen, der Unterhaltungsindustrie, verschiedenen kulturellen Normen und manchmal sogar von unseren eigenen Familien an uns gestellt werden. Diese Aufzählung wäre jedoch unvollständig, wenn wir nicht auch diejenigen erwähnen würden, denen beigebracht wurde, ihren Körper zu ignorieren, die sich in ihrem Körper nie zu Hause gefühlt haben, die gelernt haben, ihren Körper zu benutzen, um Liebe oder Akzeptanz zu bekommen, die körperlichen oder sexuellen Missbrauch erfahren haben, die unter chronischen Schmerzen oder Essstörungen leiden oder die eine Behinderung haben. Und schließlich möchte ich noch sicherstellen, dass wir auch diejenigen wahrnehmen, die enttäuscht sind oder sich von ihrem Körper im Stich gelassen fühlen, weil sie kein Kind bekommen, Sex nicht genießen können oder gerade den Kampf gegen eine Krankheit verlieren. Was auch immer der Grund sein mag, dass wir keine gesunde Beziehung zu unserem Körper haben, es hat häufig diese drei Folgen (oder eine Kombination davon):

1. Wir koppeln uns zunehmend von unserem Körper ab.
2. Wir beschäftigen uns nur noch mit unserem Körper.
3. Wir fürchten uns vor unserem Körper.

Obwohl dieses Problem weit verbreitetet ist, sind sich nur sehr wenige ihrer schwierigen Beziehung zu ihrem Körper bewusst und beschließen, etwas dagegen zu tun (vielleicht weil man nicht weiß, wo man anfangen soll, selbst wenn man will). Wir neigen dazu, unserem Körper nur dann echte Aufmerksamkeit zu schenken, wenn wir Schmerzen haben, wenn er nicht macht, was wir von ihm wollen, oder wenn wir mit seinem Aussehen unzufrieden sind. Mit der Zeit wird unser Körper ein Objekt, das wir versuchen zu kontrollieren und zu verändern, anstatt etwas, das wir genießen, erleben und von dem wir lernen.

Die meisten von uns machen sich nicht die Mühe, ihrem Körper positive Aufmerksamkeit zu schenken, weil wir glauben, ein *Anrecht* auf seine Zusammenarbeit, seine Funktion, seine Schönheit und seinen Dienst zu haben. Warum sollten wir unserem Körper für etwas dankbar sein, von dem wir meinen, dass er es sowieso tun »sollte«? Das ist das gleiche Argument, wie wenn manche Leute sagen: »Warum sollte ich dem Kellner dafür dankbar sein, dass er nett ist und mich korrekt bedient? Das ist doch sein Job!« Igitt.

Letztlich kann diese überhebliche Einstellung unserem Körper gegenüber zu Selbstverlust führen. Wenn wir unseren Körper als Objekt, Diener oder Eigentum behandeln, machen wir uns nicht die Mühe, eine Beziehung zu ihm aufzubauen – und folglich auch nicht zu unserem Selbst. Das mag vielleicht ein wenig schockierend sein, aber diese Einstellung ist leider sehr weit verbreitet.

Diese Art, über unseren Körper zu denken, wurzelt oft in dem Glauben, dass Geist und Körper trennbar sind, im Gegensatz zueinander stehen oder sich womöglich bekämpfen (auch bekannt als Dualismus), und wird oft von verschiedenen Glaubenssätzen begleitet. Einer davon ist, dass es eine Hierarchie in der Bedeutsamkeit gibt (Geist über Körper), oder dass der Geist »tugendhaft und gut« und der Körper »sündhaft und schlecht« ist. Besonders diese Annahme kann schädlich sein, denn sie birgt die Gefahr, dass wir unseren Körper als Hindernis für unsere Selbstverwirklichung betrachten, und kann uns glauben lassen, ihn deshalb »transzendieren« zu müssen. Solche Narrative führen manchmal zu einer Abkoppelung oder sogar zur Selbstentfremdung, wir haben unseren Körper unbewusst seiner Bedeutung und seiner Kraft beraubt.

Wichtig: *Es gibt keine Hierarchie, wenn es um das Selbst geht; keine Aspekte, die Vorrang vor anderen haben.* Bei unserem Selbst geht es um Zusammenhalt und Miteinander. Ein intensives Bewusstsein in einem Teil von uns kompensiert nicht die Ignoranz in einem anderen. Wenn wir uns unserer schädlichen kognitiven oder emotionalen Muster bewusst sind, macht das unseren Mangel an Verbindung mit unserem Körper nicht wett.

Warum glauben wir dann, dass das, was uns wirklich ausmacht, etwas »Größeres« oder »Besseres« oder »Weiseres« ist als unser Körper?

Ein Teil der Antwort liegt darin, dass wir den Körper auf seine biologischen Funktionen und physischen Eigenschaften (z. B. das Aussehen) reduzieren. Wir sehen ihn nur noch als Werkzeug und nicht mehr als der Anteil von unserem Wesen, der präsent ist, fühlt, empfindet und kommuniziert – und damit ist der Körper etwas Anderes, von uns Getrenntes geworden. Diese Abspaltung oder Objektivierung verändert die Art und Weise, wie wir unseren Körper wahrnehmen. Anstatt ihn als einen wichtigen Teil unseres Wesens zu begreifen (eine Realität, die wir lernen müssen zu akzeptieren), sehen wir unseren Körper häufig als etwas Externes (ein Projekt, das ständig verändert oder modifiziert werden muss). Unser Körper ist zu etwas geworden, das wir ablehnen oder wegwerfen können. Einige von uns betrachten ihn vielleicht sogar wie etwas Fremdes, etwas, das gar nicht zu uns gehört. Infolgedessen ist er für viele von uns kein sicherer »Raum«, stattdessen ist er zu einer sozialen Währung geworden, mit der wir Liebe, Akzeptanz und unseren Platz in dieser Welt erkaufen.

Der Wert unseres Körpers wird oft in dem gesucht, was er uns gibt, und nicht in dem, was er *ist*. Und natürlich hat das, was der Körper bietet, einen Wert, aber unser Körper hat auch einen inhärenten Wert und einen Zweck, ohne den wir nicht existieren. *Nehmen wir uns einen Moment Zeit, um das zu verinnerlichen.* In den Medien begegnen einem immer wieder Begriffe wie Selbstliebe, Body Positivity oder Body Neutrality. Das sind Bewegungen, die sich für eine gesunde, positive Einstellung zu unserem Körper einsetzen, für die Abschaffung unrealistischer und diskriminierender Schönheitsideale, und die dafür eintreten, die Selbstakzeptanz zu stärken. Obwohl diese Bewegungen wunderbar sind, lassen sie ein wichtiges Bindeglied vermissen, welches es fast unmöglich macht, das Ziel zu erreichen – ein echtes, tiefes Verständnis für unseren Körper und die Verbindung zwischen unserem Körper und unserem Selbst zu entwickeln. Für mich sind diese Ansätze ein wenig so, als würde man versuchen, eine Operation am offenen Herzen mit einem Erste-Hilfe-Kasten durchzuführen.

Um unsere Beziehung zu unserem Körper zu ändern, müssen wir zunächst verstehen, was der Körper ist.

EXISTENZIELLES VERSTÄNDNIS VON UNSEREM KÖRPER

Vor nicht allzu langer Zeit habe ich meiner Instagram-Community eine einfache Frage gestellt: »Wann fühlt ihr euch am lebendigsten, am meisten wie ihr selbst?« Ich erhielt eine überwältigende Anzahl von Rückmeldungen, und obwohl es Tausende von unterschiedlichen Antworten gab, zog sich ein Thema wie ein roter Faden durch die meisten davon: Körperlichkeit oder Körperwahrnehmung (*Embodiment*). Meistens wurden Aktivitäten genannt – Wandern, Tanzen, Stretching, bewusstes Atmen, Weinen, Sex –, die es einem ermöglichen, sich auf seinen Körper einzulassen und ihn zu erleben. In diesen Momenten der Körperlichkeit fühlten sich meine Follower am authentischsten, am lebendigsten und am intensivsten in Kontakt mit sich selbst. Warum lauteten die Antworten nicht »wenn ich eine Zeitschrift lese« oder »wenn ich Netflix schaue«?

Weil Körperlichkeit ein Weg ist, Authentizität zu schaffen.

Unser Gefühl der persönlichen Handlungsfähigkeit, der Selbstwirksamkeit und der zeitlichen Kontinuität basiert auf der Körperlichkeit – das bedeutet umgekehrt, wenn wir den Körper ausblenden, verlieren wir den Zugang zu unserem Selbst und wahrscheinlich auch das Gefühl für unser Selbst an sich. Als Menschen erleben wir die Welt durch unseren Körper, wir nehmen die Dinge um uns herum in dem Maße wahr und interagieren mit ihnen, wie es unser Körper zulässt oder einschränkt. D*as Leben dringt durch unseren Körper ein*; der Körper ist Macht.

Maurice Merleau-Ponty (ein französischer Philosoph, der vor allem für seine Beiträge zur Phänomenologie bekannt ist, auf die wir in einem späteren Kapitel noch detaillierter eingehen werden) schreibt, dass »der Leib seine Welt hat«[51], und später: »Innen und Außen sind untrennbar. Die Welt ist ganz innen, und ich bin ganz außerhalb von mir selbst.«[52] Und was bedeutet das in anderen Worten? *Indem wir unseren Körper wahrnehmen und erleben, sind wir in der Lage, Zugang zu unserem Selbst zu bekommen.* Ohne die Welt durch unseren Körper zu erfahren, gibt es kein Selbst. Es ist also nicht überraschend, dass das Selbst nicht in unserem Verstand »gefunden« werden kann, sondern in unserem »corps vivant«* (dem lebenden Körper). Dieser »lebende Körper« ermöglicht es uns, das Leben zu erfahren, daran teilzuhaben und es zu begreifen.

Existenziell gesehen »haben« wir als Menschen nicht nur einen Körper, sondern – was noch wichtiger ist – wir *sind* unser Körper (für unser Selbst und für andere). Ein Körper ist mehr als Fleisch und ein schlagendes Herz, mehr als das, was wir im Spiegel sehen. Obwohl ein Aspekt unseres Körpers durch seine objektiv vorhandenen Fähigkeiten, Grenzen und Eigenschaften gekennzeichnet ist, ist der Körper mehr als eine biologische Leistung oder ein *Werkzeug*, das von unserem Geist benutzt wird. Ich verstehe Heideggers Konzept des *Daseins* (des In-der-Welt-Seins) als eine Dynamik zwischen dem subjektiven Selbst (Geist) und dem objektiven Selbst (Körper), bei der sich beide gegenseitig umfassen, interagieren und formen. Dies geschieht, wenn unser Körper an unseren Erfahrungen teilnimmt und die Nähe zu unseren Empfindungen und

* Ein beliebtes Konzept, das von Merleau-Ponty verwendet wurde.

Gefühlen bewahrt. Es sind diese Körperempfindungen, die *das Lebendigsein, das Existieren* darstellen.

Körper-Subjekt und Körper-Objekt

Wenn uns jemand anschaut, nimmt er oder sie unsere Gegenwart wahr und bestätigt, dass wir existieren. Wenn sich jemand weigert, uns in die Augen zu sehen – oder uns überhaupt anzuschauen –, könnte unser Instinkt daher so reagieren: »Hey! Ich bin genau hier! Sieh mich an!« Wir *wollen*, dass unsere Existenz bestätigt, anerkannt und wahrgenommen wird – und wir können nur wahrgenommen werden, weil wir einen Körper haben. Der Körper repräsentiert nicht nur sich selbst, er repräsentiert, wer wir *sind*. Einfach ausgedrückt ist unser Körper wie ein Vermittler, ein Agent, der in der Welt ist.[53]

Mein Freund Jean-Paul Sartre schrieb und sprach ausführlich über die objektive und subjektive Erfahrung des eigenen Selbst. Im Allgemeinen erleben wir unser Selbst als das Subjekt (als den Erzähler der Geschichte), aber wenn uns jemand lange genug anstarrt, kann uns bewusst werden, dass wir in dessen subjektiver Erfahrung (in *seiner* Geschichte) ein Objekt sind. Als Menschen müssen wir uns diese beiden gleichzeitig bestehenden Realitäten vor Augen halten: Wir sind alle Akteure – die Hauptfiguren unseres eigenen Lebens –, aber wir sind auch Nebenfiguren im Leben *anderer Menschen*: Objekte, die von anderen beobachtet werden. (Damit hättest du jetzt nicht gerechnet, dass das so einfach ist, oder?)

Ein berühmtes Beispiel von Sartre ist eine Person, die durch ein Schlüsselloch beobachtet, was auf der anderen Seite der Tür passiert.[54] Plötzlich hört sie Schritte von hinten. In diesem Moment wird der Person bewusst, dass sie vom Beobachter zum Beobachteten geworden ist. Der Akt des Beobachtens macht ihm/ihr bewusst, dass er/sie für jemand anderen zum Objekt geworden ist. Es geht nicht darum, dass der Beobachter plötzlich »objektiviert« wurde; es geht darum, was der Beobachter mit sich selbst macht, als er/sie sich bewusst wird, dass er/sie beobachtet wird.

Kennst du dieses Gefühl? Du sitzt in der U-Bahn und reckst den Hals, um zu sehen, was der Fremde neben dir liest, und dann nimmt der andere plötzlich Blickkontakt auf und schaut wieder weg. Oder wenn du in deinem Auto bei deinem Lieblingssong lauthals mitsingst und plötzlich bemerkst, dass dich die Fahrerin neben dir beobachtet. In beiden Fällen fühlt man sich oft peinlich berührt, denn ganz ehrlich, wahrgenommen zu werden, kann *unangenehm* sein. Unsere Freiheit fühlt sich bedroht an, wenn wir vom für-sich-Sein (*l'être-pour-soi*)[55] zum für-andere-Sein (*l'être-pour-autrui*)[56] übergehen, d. h., wenn ich von meinen eigenen, selbstwahrgenommenen Eigenschaften (wie ich mein Selbst verstehe) zu den Eigenschaften übergehe, die mir von anderen zugeschrieben werden.

Auch bei unseren eigenen Beobachtungen und Narrativen über andere Menschen ist es wichtig, sich bewusst zu sein, dass wir nicht wirklich Wissen *über* den anderen erlangen – nicht *wirklich*. Stattdessen erlangen wir Wissen von anderen, das uns erlaubt, unser Selbst zu erfahren. Wir bekommen eine Vorstellung davon, wie sich diese Person uns präsentiert und wie wir sie erleben – was uns letztendlich mehr Informationen darüber gibt, wer *wir* sind, als darüber, wer die anderen sind.

Ich möchte, dass du verstehst, dass die Art und Weise, wie wir uns zeigen und wie wir die Welt erleben, bestimmt, wer wir sind. Und doch *können wir uns nicht in der Welt zeigen oder etwas tun – wir können nicht existieren – ohne unseren physischen Körper*. Unsere Beziehung zu unserem Körper und die Beziehung unseres Körpers zu anderen ist komplex, beide sind miteinander verwoben. Sie ermöglichen uns zu entdecken, was uns einzigartig macht und was es bedeutet, »unser Selbst zu sein«. Wenn wir das Gefühl haben, nicht mit unserem Körper verbunden zu sein, verlieren wir unsere Quelle der Vitalität. **Wir verlieren unseren Sinn für unser Selbst.**

Abkoppelung
Vielen von uns wurde beigebracht, sich von unserem Körper abzukoppeln. In unserer Gesellschaft ist es normal geworden, stundenlang vor diversen Bildschirmen zu sitzen, sodass wir uns unserer körperlichen Präsenz irgendwann gar nicht mehr bewusst sind. Viele tun dies, nicht nur weil es Dopamin freisetzt (den »Wohlfühl«-Grundstoff in unserem Gehirn), sondern weil es uns auch erlaubt, uns von unserer Existenz abzukoppeln. Es ist fast so, als ob ein Teil von uns verschwindet, wenn wir uns gedankenverloren mit unseren Handys und Laptops beschäftigen.

Dieses Gefühl des »Verschwindens« entsteht, wenn unser Körper lediglich auf den Status eines Objekts reduziert wird – einer Maschine. Er pumpt Blut, atmet Luft, reagiert auf Reize, aber er ist nicht mehr die Quelle oder der Zugang von unserem Verständnis für unsere Beziehung zu anderen und zu uns selbst. Das ist die Bedeutung von »abgekoppelt sein«.

Bei einigen geschieht diese Trennung im Laufe der Zeit als Folge von etwas, das ihnen beigebracht oder vorgelebt wurde. Bei anderen kann es nach unangenehmen oder schmerzhaften Erfahrungen (wie dem Tod eines Familienmitglieds) oder einem traumatischen Ereignis (wie einem Autounfall) auftreten. Das Problematische an der Abkoppelung von unserem physischen Körper ist, dass wir uns dessen oft nicht bewusst sind. Wenn ich neue Klienten treffe, bin ich immer neugierig auf deren Körper-Selbst-Beziehung. Ich beobachte in der Regel, wie sie über ihren Körper sprechen, wie sie ihn behandeln und wie sehr sie mit ihm als Wesen und nicht als Objekt verbunden sind. Ich achte auf reduktionistische Interpretationen, oft frage ich sie, ob ihr Körper etwas zu unseren Sitzungen beitragen kann. *Wenn dein Körper sprechen könnte, was würde er sagen? Was teilt er dir in diesem Moment mit?*

Misha war 24, und ihr ganzes Denken drehte sich um ihre Beziehung. Sie meldete sich zur Therapie an, um ein paar Tipps zu bekommen, »wie sie es schafft, ihre Beziehung zum Funktionieren zu bringen«. Sie war sehr selbstbewusst und emotional, und doch saß ich da und hatte das Gefühl, dass dieser Eindruck nur ein Teil der Wahrheit war, irgendetwas fehlte: Egal, wie sehr ich mich ihr zuwandte, ich hatte nicht das Gefühl, *sie* zu sehen. Ich glaubte nicht, dass Misha mir absichtlich etwas verheimlichte, sondern vermutete, dass sie keinen Zugang zu sich selbst hatte.

Im Laufe der Jahre habe ich gelernt, auch wenn unser Verstand manchmal die richtigen Antworten nicht kennt, unser Körper kennt sie sehr wohl. Also bat ich Misha in einer natürlichen Gesprächspause, die Augen zu schließen, tief und gleichmäßig zu atmen und dabei 60 Sekunden lang an ihren Partner zu denken. Ich startete die Stoppuhr, und es dauerte nur ein paar Sekunden, bis die ersten Tränen kamen. Schließlich verwandelten sich die Tränen in heftiges Schluchzen. Als die 60 Sekunden um waren, schaute mich Misha mit großen, ungläubigen Augen an. Zum ersten Mal wurde ihr bewusst, dass sie Angst vor ihrem Partner hatte. Ihr Körper wusste etwas, was sie nicht wusste, er klammerte sich an Dinge, die sie versucht hatte zu vergessen. Wir fanden unsere Antwort: Es fiel ihr schwer, sich in der Beziehung zurechtzufinden, weil sie sich darin nicht sicher fühlte.

Wenn wir unseren Körper nicht konsultieren oder auf ihn hören, ist es wahrscheinlicher, dass wir unsere Erfahrungen ignorieren. Das erschwert es uns zu erkennen, was wir wirklich brauchen, und was wir verändern müssen. Wir müssen uns daran gewöhnen, unserem Körper einen Platz am Tisch einzuräumen und zu akzeptieren, dass seine Anwesenheit unser (subjektives) Verständnis erweitert und nicht einschränkt. Das war eine wichtige Lektion für Misha an diesem Tag.

Ich sehe diese Abkoppelung zwischen dem Selbst und dem Körper immer wieder. Und ich bin nie überrascht. Die Botschaften, die eine solche Dynamik nähren, sind subtil und langwierig. Die meisten von uns sind sich nicht einmal der Tatsache bewusst, dass uns beigebracht wurde, unseren Körper zu ignorieren, ihm zu misstrauen oder ihn über seine Grenzen hinaus zu pushen. Hier sind einige Sätze, die wir vielleicht im Laufe unseres Lebens gehört und die zu unserer gestörten Beziehung beigetragen haben:

- »Nicht weinen« (auch wenn man traurig ist).
- »Du kannst jetzt nicht auf die Toilette gehen« (ignoriere die Signale deines Körpers, bis der Unterricht vorbei ist).
- »Iss deinen Teller leer« (auch wenn du satt bist).
- »Hör auf zu essen, damit du ›dünn‹ bleibst« (auch wenn du Hunger hast).
- »Jammer nicht« (auch wenn du Schmerzen hast).
- »Dein Körper muss perfekt sein« (es ist in Ordnung, ihn zu kritisieren und alles zu tun, um ihn »zu optimieren«).
- »Dein Körper ist für andere da« (du musst keine Beziehung zu ihm aufbauen, sondern ihn nur *benutzen*).
- »Streng dich einfach mehr an« (damit andere die Ergebnisse und die Leistung sehen können).
- »Du kannst dich ausruhen, wenn du tot bist« (ignoriere die Bedürfnisse deines Körpers).
- »Jetzt übertreib mal nicht« (betäube oder ignoriere dein Unbehagen).
- »Schlaf nicht mit jedem« (zähme deine sexuellen Bedürfnisse/Aktivitäten).
- »Mach doch aus einer Mücke keinen Elefanten« (sei nicht so emotional und überempfindlich).

Diese Abkoppelung zwischen Körper und Selbst kann sich auf vielfältige und manchmal sehr unerwartete Weise manifestieren. Einer meiner ersten Klienten war ein Mann Ende 20, der zur Therapie kam, um seine Pornografie- und Masturbationsgewohnheiten besser zu verstehen. Er bemerkte, wie sich sein

Verhalten auf sein Beziehungsleben auswirkte, und machte sich Sorgen, dass er nie in einer langfristigen Beziehung glücklich werden könne. In mehreren Sitzungen brachte er seine Frustration darüber zum Ausdruck, dass kein logisches Denken und keine »Selbstbeherrschung« ihn davon abhielten, seinen Computer einzuschalten und fünf- bis achtmal am Tag zu masturbieren. Er sagte mir, dass er sich vor sich selbst ekele, weil er Frauen ständig zu Objekten mache, und gab zu, wie erniedrigend das war. Sogar als er darüber in dieser Sitzung sprach, merkte ich, dass ihm das vom Verstand her bewusst war, gefühlsmäßig war er jedoch noch immer von allem, was er sagte, abgekoppelt. Er zeigte keine Emotionen, nur einen leeren Gesichtsausdruck. Es war, als würde er ein Drehbuch ablesen, das jemand anderes geschrieben hatte. Seine Frustration schlug schließlich in Wut um, und seine Wut wurde zu Hoffnungslosigkeit.

Nachdem ich einige Wochen mit ihm gearbeitet hatte – ich hörte mir seine Erzählungen an und sprach ganz offen und ohne zu werten über seine Erfahrungen –, fiel mir die besondere Sprache auf, die er verwendete, wenn er über seinen Körper sprach. Er war grob, selbstironisch und distanziert, wenn er seine Genitalien und seine Fantasien beschrieb. Anfangs war dies leicht zu übersehen, weil er so anschaulich über die Körper anderer sprach.

Ich arbeitete daran, unser Gespräch in eine andere Richtung zu lenken. Anstatt über seine Beziehung zum Körper anderer Menschen zu sprechen, begannen wir, die Beziehung zu seinem eigenen Körper zu erörtern. Es dauerte nicht lange, bis er erkannte, dass er nicht nach sexueller Befriedigung suchte, sondern vielmehr nach einer Verbindung zu seinem Selbst. Er empfand die Selbstbefriedigung als eine erdende und körperverbindende Erfahrung, die ihm half, sich präsenter zu fühlen. Bald wurde ihm bewusst, dass diese Gewohnheit unmittelbar nach einem traumatischen Ereignis begonnen hatte (das er zunächst nicht als traumatisch empfunden hatte). Kurz nach dieser Erkenntnis verwandelte sich seine Frustration in Mitgefühl, und dieses neue Bewusstsein führte zu einer Verhaltensänderung.

Die Entwicklung dieses Klienten hat sich in mein Gedächtnis eingeprägt. Nicht, weil er mein erster männlicher Klient war oder weil ich mich zum ersten Mal mit dem Thema Masturbation auseinandersetzte, sondern weil er mich zwei wichtige Dinge lehrte: 1) Wir alle streben nach einer Verbindung mit unserem Selbst, auch wenn wir uns der Abkoppelung nicht voll bewusst sind, und 2) wir alle haben ein Narrativ über unseren Körper (dieser Klient dachte, er sei »außer Kontrolle« und »schlecht«). Wenn wir diesem Bedürfnis nach Verbundenheit mit unserem Körper keine Beachtung schenken, wird das unsere Beziehung zu unserem Selbst prägen, ohne dass wir das wollen.

DIE NARRATIVE ÜBER UNSEREN KÖRPER

Stell dir eine Frau vor, die um Mitternacht durch New York läuft. Wimperntusche rinnt ihr über das Gesicht, sie trägt ihre hochhackigen Schuhe in der Hand und geht barfuß über die gepflasterte Straße. Sie scheint angetrunken zu sein, ihr Haar und ihr Kleid sind zerzaust. Sie stößt mit dir zusammen, weil sie auf ihr Telefon blickt, und als du dich umdrehst, um zu schauen, wer deinen persönlichen Raum verletzt hat, macht sie sich nicht einmal die Mühe, sich zu entschuldigen, sondern läuft einfach weiter.

Die meisten von uns würden wohl einen Anflug von Verärgerung verspüren. Leicht kann man aufgrund der Tageszeit, des Aussehens und des Verhaltens dieser Frau Vermutungen anstellen und wahrscheinlich vorschnell negative Schlüsse ziehen. Was den meisten nicht in den Sinn käme – oder was unmöglich oder zumindest schwierig wäre – ist Mitgefühl zu empfinden für das, was diese Frau erlebt hat (ganz einfach, weil wir nicht wissen, was passiert ist).

Aber …

Was wäre, wenn du wüsstest, dass die Frau verheiratet ist und ihren Mann gerade auf frischer Tat beim Fremdgehen erwischt hat? Sie konfrontiert die beiden damit, er wird aggressiv, packt sie an den Haaren und drückt sie gegen die Wand. Verängstigt und verzweifelt rennt sie mit ihren Schuhen in der Hand aus dem Haus und schreibt ihrer besten Freundin eine SMS, ob sie sie abholen kann.

Was wäre, wenn du wüsstest, dass diese Frau auf der Geburtstagsparty ihres Freundes in einer Bar plötzlich einen Anruf erhielt, dass ihr Vater auf der Intensivstation liegt? Schon ziemlich angeschickert verlässt sie sofort die Bar und zieht ihre hohen Schuhe aus, um so schnell wie möglich zur nächsten größeren Straße zu kommen und dort ein Taxi anzuhalten, das sie ins Krankenhaus bringt.

Was wäre, wenn du wüsstest, dass sie in einem Club war, sich betrunken hat, die Freundin eines anderen angemacht hat und in der Öffentlichkeit in eine Schlägerei geraten ist? Sie gibt nicht auf, schreit weiter herum und macht derbe Bemerkungen über das Paar, bis sie von den Türstehern aufgefordert wird, den Club zu verlassen.

Was wäre, wenn du diese Frau kennen würdest – was wäre, wenn du, nachdem sie dich angerempelt hat, feststellen würdest, dass sie eine Cousine/eine Freundin/eine Kollegin ist?

Was wäre, wenn du dein Selbst in ihr erkennen würdest?

Hat jede dieser Erzählungen deine Gefühle gegenüber der Person in dieser Geschichte verändert? Natürlich haben sie das. Je mehr Details wir kennen, desto mehr verändert sich unsere Beziehung zu einer Sache oder einem Erlebnis.

Es ist schwer, jemanden zu mögen oder gar zu lieben, den wir nicht relativ gut kennen. Es ist schwer, den wahren Wert einer Person zu erkennen, wenn wir durch räumliche Entfernung oder fehlende Informationen voneinander abgekoppelt sind. Es ist schwer, eine echte Verbindung zu jemandem aufzubauen, mit dem wir nicht kommunizieren. Wenn wir Fremden begegnen, ist es leicht, zu urteilen, Angst zu haben oder Vermutungen anzustellen. Es ist leicht, Fremde als eine leere Leinwand für unsere eigenen Projektionen, Annahmen, Vorurteile und Unsicherheiten zu benutzen.

Wenn unser Körper für uns jemand ist, den wir nicht kennen – ein Fremder –, dann machen wir genau das Gleiche mit ihm. Und folglich vertiefen wir unsere Selbstentfremdung. Aber je mehr wir wissen – je mehr wir uns unseres Körpers bewusst sind –, desto wahrscheinlicher ist es, dass wir ein Narrativ aufbauen, das auf der Realität beruht. Es wird uns dazu zwingen, miteinander in Einklang zu bringen, wer wir glauben zu sein, und die Art und Weise, wie wir unser Selbst erleben.

Nur wenn wir bereit sind, uns unserem Körper zuzuwenden und ihn (auf die eine oder andere Weise) zu verstehen, werden wir offen für Intimität, Respekt und Mitgefühl. Diese Prämisse liegt meiner klinischen Arbeit zugrunde, wenn ich Klienten und Klientinnen dabei helfe, ihre Körper-Selbst-Beziehung in Einklang zu bringen. *Wenn wir mit unserem Körper zu kämpfen haben, fehlen uns höchstwahrscheinlich das Verständnis und die Fähigkeit, die jedes abwertende Urteil, jede Angst oder Kritik ausgleichen würden.* Um unser Selbst zu verstehen, müssen wir all das, was zu unserem Körper gehört, akzeptieren und *wirklich* bereit sein, es anzunehmen – Weisheit, Tiefe und all die Elemente, die das Wesentliche in uns ausmachen.

Die Wahrnehmung unseres Körpers wird manchmal dadurch verzerrt, wie wir ihn sehen »wollen« und was wir glauben, welche Beziehung zu ihm vorteilhaft wäre. Es ist verlockend zu sagen: »Ich mag meinen Körper nicht« anstatt »Ich mag mein Selbst nicht«. Das fühlt sich sicherer an. Ich habe in meiner Arbeit festgestellt, dass viele Menschen ihre Unsicherheiten und Enttäuschungen auf ihren Körper projizieren. Anstatt sich der unangenehmen Wahrheit zu stellen, dass es ihnen schwerfällt, eine Beziehung zu einem anderen Menschen aufzubauen, geben sie gern ihrem Körper die Schuld dafür, dass sie verlassen wurden (»Es muss an meinem Aussehen liegen« – nicht daran, dass sie unhöflich zu der Kellnerin waren, oder daran, dass es ihnen an Gemeinsamkeiten mangelte, oder daran, dass sie unterschiedliche Erwartungen an die Beziehung hatten). In einigen Fällen – nicht in allen – ist unser Körper zum Sündenbock geworden im Narrativ unseres Selbsts.

> *Verstehst du die Geschichte deines Körpers?*
> *Welche Narrative und Überzeugungen prägen die Wahrnehmung deines Körpers?*

Beginne damit, das Wort »Körper« einmal nur für dich selbst zu definieren. Im Folgenden findest du einige Fragen, die dir den Einstieg erleichtern können. Je nach deinen Lebenserfahrungen oder deinen »Gegebenheiten« sind manche Fragen vielleicht schwieriger zu beantworten. Aber unabhängig davon, wer du bist, bleibt die Erforschung deines Körpers wichtig.

- Was bedeutet dein Körper für dich?
- Wie würdest du deine Beziehung zu ihm beschreiben?
- Wie sollte sich deine Beziehung zu ihm verändern?
- Welche Ereignisse haben sich auf die Beziehung zu deinem Körper ausgewirkt?
- Wie hat dir dein Körper geholfen? Wie hat er dich verletzt?
- Was haben dir deine Bezugspersonen/Beziehungen über deinen Körper beigebracht?
- Hast du das Gefühl, dass dein Körper eine Bereicherung ist, oder bist du dir dessen unsicher?
- Wie möchtest du deinen Körper bezeichnen: *er, sie, es, ich, selbst* usw.?

- Welche emotionalen Wunden müssen in Bezug auf deinen Körper geheilt werden?
- Was erwartest du von deinem Körper?
- Fühlt sich dein Körper wie *du* an?
- Wann fühlst du dich am meisten mit ihm verbunden?
- Welchen Teil von dir, glaubst du, stellt dein Körper falsch dar oder ignoriert er?

Der Prozess, unsere Beziehung zu unserem Körper zu verändern, beginnt damit, dass wir die Narrative und Überzeugungen, die wir momentan über ihn haben, umschreiben und neu bewerten. Um dir zu helfen, diesen Prozess zu beginnen, werde ich einige gängige Narrative über den Körper untersuchen. Das hilft dir hoffentlich dabei, über deine eigene Beziehung zu deinem Körper nachzudenken.

Narrativ Nr. 1: Mein Körper ist kein sicherer Raum

Eines der am weitesten verbreiteten Narrative für viele von uns ist, dass unser Körper kein sicherer Raum ist. Wir zögern vielleicht, unserem Körper zu vertrauen oder ihn zu schätzen, wenn wir das Gefühl haben, dass er gegen uns arbeitet (z. B. wenn wir Angstzustände haben). Wir können uns auch durch seinen natürlichen Alterungsprozess bedroht fühlen – was die Sorge hervorruft, dass unser »Wert« abnimmt. Als Menschen haben wir Angst vor dem Unbekannten und vor Dingen, die wir nicht kontrollieren können. Und beunruhigenderweise verändert sich unser Körper ständig (Form, Gewicht, Größe, Haarfarbe, Hautbeschaffenheit, Knochendichte). Aus diesem Grund ist die Beziehung, die wir zu unserem Körper haben, komplex und immer im Fluss. Die traurige Wahrheit ist, dass sich unser Körper abnutzt und verschleißt, er altert und verfällt schließlich. Wir sind darauf konditioniert worden, mit der Veränderung unseres Körpers unzufrieden zu sein oder uns sogar dafür zu schämen (d. h. wir sind oft unglücklich darüber, dass unser Körper genau das tut, wofür er bestimmt ist). Anstatt die Langlebigkeit (wenn wir Glück haben!) unserer Beziehung zu ihm zu feiern, werden wir zunehmend unzufriedener. Hinzu kommt, dass die Gesellschaft unsere Undankbarkeit »rechtfertigt« und wir für jeden Versuch, unser Aussehen zu verbessern, zu verändern oder zu »perfektionieren«, belohnt werden. Kein Wunder, dass sich unser Körper nicht wie ein sicherer Raum anfühlt! Kein Wunder, dass er für viele von uns der Buhmann in unserer Lebensgeschichte ist. Wir *müssen* dieses Narrativ ändern, und um das zu tun, müssen wir lernen, den Prozessen und der Weisheit unseres Körpers zu vertrauen.

Ich weiß, wie es sich anfühlt, wenn mein Körper kein sicherer Ort ist. Wie viele andere habe ich mich abwechselnd von ihm abgekoppelt, ihn gedankenlos benutzt oder hatte Angst vor ihm (alles in unterschiedlichem Ausmaß).

Angst war nicht der erste Konflikt, den ich mit meinem Körper hatte, aber er war bei Weitem der größte. Anfang 20 hatte ich große Angst vor meinen Panikattacken. Ich nahm meinen Körper als launisch und irrational wahr, ohne jede Vorwarnung konnte er mich lähmen. Doch die Saat der Angst vor meinem Körper wurde bereits in der Highschool gelegt – aufgrund eines merkwürdigen Anrufs.

Eines Morgens, ich war 16, allein zu Hause und machte mich gerade für die Schule fertig, rief ein Mann an, um eine »Umfrage« durchzuführen. Ich war überrascht und hatte dieses vertraute Gefühl der Beklemmung, eine Angst, die jedes Mal aufkam, wenn ich aus Versehen einen solchen Anruf entgegennahm. Er begann mit der Frage, wie alt ich sei, und ich sagte ihm sofort, dass ich minderjährig sei. Eine normale Umfrage hätte mit dieser Information geendet. Aber als ich gerade auflegen wollte, überraschte er mich mit den Worten: »Das ist okay.« Eigentlich hätte das für mich ein Indiz sein sollen, sofort aufzulegen, aber ich war verwirrt und blieb in der Leitung.

Er begann mit harmlosen Fragen – welche Musik und Fernsehsendungen ich mir anschaue, welche Marken und Farben ich gern trage. Dann erkundigte er sich nach persönlichen Informationen, meinem Alter, meiner Größe, meiner Haarfarbe und welche Schule ich besuche.

In meinem Kopf begannen die Alarmglocken zu läuten. Deswegen erfand ich etwas. Und jedes Mal, wenn ich das tat, lachte er oder sagte »mm-hmm« auf eine Art und Weise, der ich entnehmen konnte, dass er mir nicht glaubte. Dann fragte er: »Und was ist deine BH-Größe?«

Ich verstummte. Mein Herz begann in meinen Ohren zu klopfen. Nach ein paar Sekunden sagte er: »Hallo?« Ich erwachte aus meinem Schock und knallte den Hörer auf.

Dann überprüfte ich die Anrufer-ID. Es war eine unterdrückte Nummer.

Vielleicht war es ein Scherzanruf, vielleicht auch nicht. Auf jeden Fall fühlte es sich bedrohlich an. Angesichts der Art der Fragen, die der Mann mir stellte, und der Ereignisse, die folgten – weitere Telefonanrufe mit unterdrückter Nummer, Autos, die längere Zeit vor unserem Wohnhaus standen –, glaubte die Polizei, dass möglicherweise Menschenhändler dahintersteckten. Da ich jeden Tag denselben Weg zur Schule nahm, lag die Vermutung nah, dass sie mich vielleicht schon eine Weile beobachtet hatten und wussten, wie ich aussah. Ich fühlte mich bedroht, und das Erste, was ich dafür verantwortlich machte, war mein Körper. Von da an dachte ich oft: *Wenn ich nicht so aussehen würde, wäre ich nicht in Gefahr. Wenn mein Körper nicht begehrenswert wäre, würden die Leute vielleicht nicht versuchen, ihn zu benutzen, oder würden mich nicht verletzen wollen.*

Nur ein paar Monate später begann mein erstes Jahr an der Universität. Innerhalb weniger Wochen hatte ich einen Stalker (kein Witz: ein Stalker von der Sorte *Ich-bring-deinen-Freund-um-und-sperre-dich-im Keller-ein*). Er glaubte, Gott zu hören, der zu ihm sprach, und war überzeugt, er sei der neue Adam und ich seine Eva. Seiner Meinung nach waren wir dazu bestimmt, die Welt neu zu bevölkern und die »frohe« Botschaft weiterzugeben. Wann immer ich mich umsah, schien er da zu sein und mich aus der Ferne zu beobachten. Er folgte mir und tat das auch gar nicht unauffällig; es war fast so, als ob er es für sein *Recht* hielt, mein Leben zu überwachen. Ich fühlte mich (wieder) bedroht, und meine Freunde fühlten sich zunehmend unwohl in meiner Nähe, einer wandelnden Zielscheibe. Er wurde vom Sicherheitsdienst auf dem Campus als relativ gefährlich eingestuft und schließlich wegen psychischer Probleme ins Krankenhaus eingewiesen. Mir wurde kein körperlicher Schaden zugefügt (wieder einmal Glück gehabt), aber mein auf Angst basierendes Narrativ über meinen Körper verfestigte sich.

Wenn ich mich schick mache oder zu viel Haut zeige – bin ich dann in Gefahr? Ist die Art und Weise, wie ich aussehe, eine Bedrohung für mein Leben? Ist es sicher, sich in der Welt zu zeigen? Ich konnte nicht mehr aus dem Haus, ohne vorher diese Fragen durchzugehen. Es dauerte fast zehn Jahre, bis sich diese ängstlichen Gedanken legten und ich das Narrativ neu schreiben konnte. Bis dahin hatte ich immer Schlüssel in der Hand, trug nur wenig Make-up und zeigte nie zu viel Haut. Ich weiß, dass ich nicht die einzige Frau bin, die mit diesem Narrativ zu kämpfen hat.

Narrativ Nr. 2: Unser Körper ist ein Projekt

Unser Körper wurde seiner Tiefe und seines Sinnes beraubt, sodass er nackt und anfällig für gesellschaftliche Anforderungen ist. Manchmal hat man das Gefühl, dass unser Glück davon abhängt, wie wir aussehen – wobei sich die Idealform in der Kultur alle paar Jahre ändert. Ich habe in meiner Jugendzeit unzählige Filme gesehen, die das Bild eines dusseligen Mädchens propagierten, das sich, begleitet von flotter

Musik, erst einmal grundlegend verändert, bevor es die Liebe seines Lebens findet. Selbst die hübschen und beliebten Mädchen waren mit ihrem Körper unzufrieden. Du kennst vielleicht den Film *Girls Club – Vorsicht, bissig!*[57]. Da gibt es eine Szene, in der die drei Protagonistinnen vor dem Spiegel stehen und alles aufzählen, was sie an ihrem Körper hassen: Hüften, Waden, Schultern, komische Haaransätze, große Poren und hässliche Nagelbetten. Die Hauptfigur – gespielt von Lindsay Lohan – scheint irgendwie schockiert darüber zu sein, dass es so viele Dinge gibt, die an ihrem eigenen Körper »nicht ok« sein können. Und genau hier kommt die Wahrheit ans Licht: Es gibt keinen Körper und kein Makeover, das für die Gesellschaft »gut genug« ist, denn die Normen verändern sich ständig und sind unrealistisch. Wir werden alle dazu ermutigt, wie die Frauen und Männer in den Sozialen Medien oder in Filmen auszusehen, obwohl die in Wirklichkeit gar nicht so aussehen wie auf den Bildern. Und viele von ihnen mögen ihr Aussehen nicht einmal.

Viele von uns haben aus dem einen oder anderen Grund die subtile Aufforderung angenommen, unseren Wert über unser Aussehen zu definieren. Ich habe mit vielen Klienten und Klientinnen zusammengearbeitet, die dieses Projekt *sehr* ernst nahmen und etwas Bedeutendes (ihr Selbst) für etwas Unerreichbares (Perfektion) aufs Spiel setzten.

Solange sie denken kann, kämpfte Ester mit ihrem Verhältnis zu ihrem Körper. Es war gleichermaßen beunruhigend und wenig überraschend, dass ihre Mutter sie in ihrer Kindheit und Jugend mit einer Flut unerbittlicher Kritik überschwemmt hatte. Schon vor der Pubertät wurde ihr gesagt, sie sei »fett«, und sie wurde zu Diäten gezwungen. Sie wuchs mit mangelndem Selbstvertrauen auf und hatte Probleme mit ihren Beziehungen zu anderen (insbesondere zu Jungs) und mit ihrer Beziehung zu ihrem Selbst. Ihre Gespräche mit sich selbst waren nicht nur unfreundlich, sie waren gehässig. Sie war der festen

Überzeugung, dass sich alle ihre Probleme lösen würden, wenn sie anders aussähe – sie würde sich selbst lieben, die Männer würden mit ihr ausgehen, und sie würde endlich die Anerkennung ihrer Familie bekommen, nach der sie sich so sehr sehnte.

Also machte sie gefährliche und einseitige Diäten und unterzog sich fünf Schönheitsoperationen. Zunächst handelte es sich um Operationen, von denen sie glaubte, dass sie sie »brauchte« – Fettabsaugungen und die Entfernung überschüssiger Haut nach dem Gewichtsverlust. Doch dann begann sie, immer mehr »Optimierungen« vorzunehmen, wie z. B. eine Brustvergrößerung. Sie fühlte sich vorübergehend besser, bis auch dieses Gefühl nachließ. Nach ihrer letzten Schönheitsoperation, die mit einer äußerst schmerzhaften Genesung verbunden war, dämmerte es Ester plötzlich, dass ihr Aussehen niemals ihre Probleme lösen (oder ihre Gefühle ändern) würde. Sie betrauerte das Leiden und das Risiko, dem sie ihren Körper ausgesetzt hatte. Sie hatte ihren Körper verändert und sah nun nach den Maßstäben des Mainstreams »wunderbar« aus, und doch fiel es ihr immer noch schwer, sich selbst zu akzeptieren und zu lieben. Sie war noch immer nicht glücklich damit, wer sie war. Keine noch so große körperliche Veränderung konnte ihr ihre Unsicherheit nehmen und ihre Angst besänftigen, nicht »gut genug« oder der Liebe anderer »würdig« zu sein. Sie wusste nicht, wer sie *war*, und das Abnehmen und die Veränderung ihrer Nasenform lösten das Problem nicht.*

In einer Gesellschaft, die vom Selbstbild besessen ist, besteht die große Gefahr, den eigenen Körper wegen seines Aussehens abzuwerten. Aber sich *nur* auf das *Aussehen* unseres Körpers zu konzentrieren, wäre so, als würde man den besten Herz-

---

* Ich spreche mich keineswegs gegen plastische Chirurgie aus, aber ich glaube, dass der Auslöser und die Gefühle, die der Entscheidung für eine OP zugrunde liegen, bestimmen, welchen Einfluss diese OP auf das Leben der betroffenen Person hat.

chirurgen der Welt für seine Haarpracht bewundern. Wenn wir uns nur darum kümmern, wie unser Körper aussieht, berauben wir uns selbst unserer gesamten Identität und unserer Bestimmung.

Narrativ Nr. 3: Unser Körper ist ein Werkzeug

Trisha war Ende 20, als sie sich in einer der längsten Beziehungen befand, die sie jemals gehabt hatte, gut 15 Monate, und nun war ein Baby unterwegs. Eines Tages kam sie in unsere Sitzung und war sehr besorgt über ihr Liebesleben. Sie machte sich Gedanken, dass die Häufigkeit von Sex in ihrer Beziehung abnahm (da sie sich während ihrer Schwangerschaft körperlich zunehmend unwohl dabei fühlte) und dass ihr Partner sie deshalb verlassen könnte. Obwohl sie wusste, dass sie viele attraktive Eigenschaften besaß, glaubte sie nicht, dass diese ausreichten, um ihn zu halten, wenn er sexuell unzufrieden wäre. Sie genoss den Sex mit ihm ein Stück weit, gab aber zu, dass er in erster Linie dazu diente, ihn glücklich zu machen. Dieser Gedanke war für sie nicht neu. Schon mit elf, zwölf Jahren hatte sie ihren Körper eingesetzt, um zu gefallen, um dazuzugehören und akzeptiert zu werden. Sie hatte auf Partys mit Jungs rumgemacht, um weiterhin eingeladen zu werden. Jedes Mal danach fühlte sie sich benutzt und leer. Das liegt daran, dass unser Körper kein Werkzeug ist, das wir an andere ausleihen können; er ist ein wesentlicher Teil von uns selbst. Trisha war sich nicht bewusst, wie viel sie opferte, weil sie sich nicht bewusst war, wie viel ihr Körper wert war.

Das soll nicht heißen, dass wir nicht in Kooperation mit unserem Körper Ziele erreichen können, wie z. B. einen Marathon zu laufen, in unserem Wohnzimmer zu tanzen oder zu masturbieren. Aber wenn wir unseren Körper wie eine Währung bei einem Tauschhandel benutzen, missachten wir seinen Wert. Wenn wir unser Selbst von der *Erfahrung* unseres Körpers abkoppeln, um ihn zu benutzen, dann verlieren wir aus den Augen, wie heilig unser Körper ist und welche Bedeutung er hat.

Hast du deinen Körper jemals auf eine Weise benutzt, die nicht damit übereinstimmt, wer du bist?
Hast du schon einmal auf eine Weise gehandelt, die nicht zu dir und deinem Körper passt (die sich nicht »richtig« anfühlte)?
Hast du deinen Körper schon einmal als ein Werkzeug betrachtet und nicht als eine Erweiterung deines Selbst?
Hast du schon einmal vergessen, dass dein Körper die Quelle deines Lebens ist?

Narrativ Nr. 4: Unser Körper ist für andere da

Die meisten von uns empfinden ihren Körper nur dann als wertvoll, wenn andere dies tun. Unsere Vorstellung von unserem Körper basiert häufig darauf, wie andere uns behandeln. Eine meiner Klientinnen, Olivia, war eine erfolgreiche und intelligente Frau Anfang 40, der es schwerfiel, Männer kennenzulernen und eine Beziehung aufzubauen, die über längere Zeit Bestand hatte. Die meisten Männer, die sie datete, waren nicht nur durch ihren Ehrgeiz und ihren finanziellen Erfolg eingeschüchtert, viele verloren auch ihr Interesse, wenn sie herausfanden, dass Olivia noch Jungfrau war (zumindest war das Olivias Interpretation). Sie wuchs in einem konservativen Elternhaus auf, und obwohl sie der vorehelichen Jungfräulichkeit nicht mehr die Bedeutung beimaß, die sie früher in ihrem Elternhaus erlebt hatte, wurde sie immer wieder mit ihrem eklatanten Mangel an sexueller Erfahrung konfrontiert.

Sie definierte sich selbst als »unerwünscht« und »unweiblich«, weil ihr Körper nicht begehrt oder von anderen auf sexuelle Weise erkundet worden war. Nach und nach begann sie, ihren eigenen Wert aufgrund des mangelnden Interesses anderer herabzusetzen. Olivia sprach davon, sich nicht »fraulich genug« zu fühlen. Ich verstand, worauf sie hinauswollte: Wenn sie glaubte, dass ihr Körper *für* andere bestimmt war, dann musste das mangelnde Interesse anderer ihre eigene Wertschätzung für ihren Körper – für ihr Selbst – zwangsläufig herabsetzen.

Obwohl sie Erotika las, ihren ersten Vibrator kaufte, eine Online-Diskussionsgruppe leitete und mit anderen sexuell anregende Inhalte auszutauschen begann, sagte Olivia, dass sie sich immer noch »inkompetent« fühlte. Deswegen fing sie an, erotische Romane zu schreiben, um ihre Wünsche und Fantasien auszudrücken und sich mit ihrem sinnlichen Selbst zu verbinden. Aber da ihre Verabredungen im wirklichen Leben in der Regel »im Sande verliefen«, kam sie entmutigt zu den Sitzungen, wenn sich – wieder einmal – nach einem Treffen jemand nie mehr gemeldet hatte, nachdem sie erwähnt hatte, dass sie noch Jungfrau sei, oder weil jemand eine abfällige Bemerkung darüber gemacht hatte, dass er nicht für ihr erstes Mal »verantwortlich« sein wolle. Sie wollten »Spaß haben« und nicht ihre »Stützräder« sein. Ihre Dates fragten sich wohl auch, was mit ihr »nicht stimme«, wenn sie als 40-Jährige noch Jungfrau sei. Schließlich begann sie, sich bei ihren Treffen selbst zu sabotieren (sie verhielt sich abweisend, machte unpassende Witze, vermied Situationen, in denen sie verletzlich war, oder sie war nicht ganz ehrlich), um Distanz zu anderen zu schaffen und das Narrativ aufrechtzuerhalten, dass niemand sie begehre, weil sie noch Jungfrau war. Tief im Inneren war sie von ihrem Körper enttäuscht, hatte aber auch Angst, etwas Neues auszuprobieren. Sie hatte ihrer Jungfräulichkeit eine Bedeutung beigemessen, die sie noch nicht loslassen wollte und konnte.

Ohne es zu wissen, hatte Olivia zugelassen, dass die Handlungen anderer Menschen (und ihre eigenen Annahmen und Ängste) eine der wichtigsten Beziehungen prägten, die sie in ihrem ganzen Leben hat – die Beziehung zu ihrem Körper.

Haben sich die Handlungen oder Worte anderer Menschen auf dein Verhältnis zu deinem eigenen Körper ausgewirkt? Inwiefern?

VERBINDE DICH WIEDER MIT DEINEM KÖRPER, FINDE HERAUS, WER DU BIST

Es ist nicht so einfach, eine Beziehung zu unserem Körper aufzubauen oder wiederherzustellen, aber es ist möglich. Wenn wir unser Narrativ analysiert und in seine Bestandteile zerlegt haben, müssen wir es wieder rekonstruieren – nicht nur das Narrativ, sondern auch die Beziehung. Es reicht nicht aus, den eigenen Körper nur kognitiv zu »verstehen«, wir müssen ihn auch erleben können – ihn ver-körpern. Ein Teil dieser Arbeit besteht darin, sich emotional und geistig, aber auch physisch mit unserem Körper zu verbinden.

Sechs Wege, dich mit deinem Körper zu verbinden

1. Beobachte deine Selbstgespräche. Beginne damit wahrzunehmen, wie du *mit* und *über* deinen Körper sprichst. Wenn du nichts Nettes zu sagen hast, sag lieber gar nichts. Wenn dir jemand ein Kompliment für dein Aussehen macht, tue es nicht ab und mache keine selbstironischen Witze, sondern *freue* dich darüber. Wenn du mit deinem Körper sprichst (entweder in Gedanken oder laut), achte darauf, dass die Worte ehrlich sind. Sie müssen nicht »positiv« sein, sie sollten nur respektvoll sein. Sei nicht gemein zu dir selbst und höre auf, vor anderen auf deine Schwächen hinzuweisen. Eine allgemeine Faustregel lautet: Was du nicht zu deinem besten Freund oder deiner besten Freundin sagen würdest, solltest du auch nicht zu dir selbst sagen (oder über dich denken). Ich weiß, wie schwer das

ist, es erfordert Disziplin und Übung. Es ist nicht schlimm, wenn du einen Fehler machst. Der erste Schritt besteht darin, sich einfach nur zu beobachten und zu versuchen, weniger abschätzend zu sein. Mit der Zeit wird es dir immer leichter fallen, freundlich mit dir selbst zu sein und respektvoll mit deinem Körper umzugehen – du wirst erleben, wie dein Selbst gestärkt wird.

2. Sei neugierig. Erlaube deinem Körper, Teil des Gesprächs zu sein. Das bedeutet: *Höre* auf ihn, auf das, was er in einem bestimmten Moment *wirklich* möchte. Braucht er Ruhe oder frische Luft? Möchte er jetzt *keinen* Sex haben? Was will dir deine Körpersprache oder dein Herzschlag mitteilen? Führe einen offenen Dialog und lerne langsam, ein Gefühl der Nähe und Intimität mit den körperlichen Elementen deines Wesens aufzubauen. Versuche herauszufinden, warum deine Kopfschmerzen scheinbar nur dann auftreten, wenn du an bestimmten Projekten arbeitest, oder warum deine Ängste kurz vor einem Treffen mit deinem Partner aufflammen. Dein Körper ist weise, also höre aufmerksam auf das, was er zu sagen hat. Schränke dein Verständnis für ihn nicht ein. Akzeptiere, dass sich deine Beziehung zu ihm kontinuierlich verändert und dass du wachsam und neugierig bleiben musst, um mit diesem komplexen und sich ständig wandelnden Wesen Schritt zu halten.
3. Erkenne und erfülle die Bedürfnisse deines Körpers. Wenn dir dein Körper eindeutige Signale gibt, dass er trinken, schlafen, essen oder sich bewegen muss – höre auf zu glauben, du wüsstest es besser, oder dass es keine Konsequenzen hat, wenn du ignorierst, was dein Körper dir sagt. Indem du seine Bedürfnisse erfüllst, baust du Selbstvertrauen auf und zeigst Selbstachtung.
4. Bewege dich und interagiere mit deinem Körper. Erlaube deinem Körper, sich zu bewegen und sich auszudrücken.

Dies wird dir helfen, wirklich zu erleben, wie es ist, du selbst zu sein, da du deinen Körper auf eine intimere, ursprünglichere und verletzlichere Weise kennenlernst. Tanze, esse ganz bewusst, mache einen Töpferkurs, gehe wandern, schwimmen oder joggen, habe Sex. Tue etwas, bei dem du deinen Herzschlag spürst, etwas, das dich ein wenig weg von deinem Kopf und hin zu deinen fünf Sinnen bringt. Wenn du nicht weißt, wo du anfangen sollst, dann wünsche ich dir, dass du beim Experimentieren ein Gefühl von Freude und Freiheit entwickelst. Probiere eine Reihe von Aktivitäten aus und schaue, was dich anspricht – achte darauf, was dir das Gefühl gibt, wirklich lebendig zu sein!

Das empfehle ich meinen Klienten und Klientinnen:

- Wähle ein Lied, das deine aktuelle Stimmung ausdrückt.
- Suche dir einen Ort, an dem du ungestört bist und Platz hast, um dich zu bewegen.
- Zünde ein paar Kerzen an, mache das Licht aus, öffne die Fenster für eine angenehme Brise oder lege eine Yogamatte auf den Boden. Tue, was immer dir die nötige Ruhe und ein angenehmes Umfeld verschafft.
- Drücke auf »Play« und fange an, deinen Körper so zu bewegen, wie er sich bewegen möchte. Lasse dich von ihm leiten. Vielleicht möchtest du dich dehnen, tanzen, springen, mit dem Kopf wackeln, dich auf den Boden legen und langsam aufsetzen, bewusst atmen usw.
- Es muss überhaupt nicht schön aussehen oder irgendeine Art von Struktur haben, und bewege dich nicht vor einem Spiegel. Es geht darum, dass sich dein Körper ganz unbefangen so ausdrückt, wie er will.

Als die weltweite Pandemie ausbrach und wir alle zu Hause bleiben mussten, begann ich, diese »Übung« täglich zu machen. Zuerst fühlte es sich unangenehm an, aber bald war ich so sehr auf das Gefühl der Befreiung, der

Verbindung mit mir selbst und der Intimität konzentriert, die aus der Beobachtung, der Erfahrung und der Hingabe an mein Selbst resultierten. Die Tatsache, dass ich wahrscheinlich lächerlich aussah, war mir völlig egal. Wirklich, *wen kümmert das*? Wenn ich jemanden durch eine Fensterscheibe tanzen sehe, bin ich nur beeindruckt und inspiriert, vielleicht sogar ein bisschen neidisch.

Nimm dir jetzt ein paar Minuten Zeit, um das zu versuchen.

Denke einen Moment lang nach. Welche Gefühle, Gedanken oder sogar Urteile kommen in dir hoch? Was spürst du in deinem Körper? In der Brust und den Schultern? In deinem Bauch? In der Stirn? Wie fühlt es sich an, sich hinzugeben und zu vertrauen? Fällt es dir schwer, intuitiv zu sein? Mach weiter damit; ich verspreche dir, es wird immer leichter zu verstehen, was dir dein Körper zu sagen hat.

5. Scanne deinen Körper. Oft sind wir uns nicht bewusst, wie sich unser Körper anfühlt, ob er verkrampft ist – so lange, bis wir körperliche Schmerzen haben oder sich diese Anspannung emotional ein Ventil sucht.

Lass uns gemeinsam etwas ausprobieren: Schließe die Augen, atme ein paar Mal tief durch und mach dich auf die Suche nach Verkrampfungen in deinem Körper. Wo spürst du Spannungen? Beschreibe diese nun für dich selbst. Wie fühlen sie sich an? Sind sie heiß und feurig? Sind sie kühl und fest, wie ein Eisblock? Sind sie beweglich? Ich erlebe Spannungen oft als einengenden Druck in meinem Kiefer oder als schmerzhaftes Anspannen meiner Schultern. Wenn diese verspannten Körperteile sprechen könnten, was würden sie sagen?

Scanne nun erneut deinen Körper. Identifiziere die Teile, die sich am entspanntesten, zentriertesten und geerdetsten anfühlen. Was beobachtest du? Wo gibt es keine Spannung? Wie fühlt sich das an? Beschreibe das Gefühl. Noch einmal: Wenn diese Teile deines Körpers sprechen könnten, was würden sie sagen? Meine sagen oft: »Du bist in Sicherheit«, »Nimm den Frieden in deinem Selbst wahr« oder »Es wird alles gut«.

Dies ist eine einfache Übung, die uns nicht nur helfen kann, uns bewusst zu machen, wie unser Körper die Welt in einem bestimmten Moment erlebt und darauf reagiert, sondern auch, unser Selbst physisch in der Gegenwart zu erden.

6. Atme dynamisch. Beginne damit, dass du einfach deinen Atem wahrnimmst. Versuche nicht, ihn zu manipulieren. Ist er flach? Tief? Schnell? Langsam? Jetzt möchte ich, dass du tief einatmest und spürst, wie du an die Grenzen deiner Atmung kommst. Halte jetzt den Atem an, bis du zum Ausatmen »gezwungen« wirst, und atme dann so lange wie möglich aus, bis du wieder zum Einatmen »gezwungen« wirst.* Das Ziel ist, diesen Übergangspunkt bewusst zu erleben, an dem du scheinbar machtlos bist, dann aber von der Weisheit deines Körpers geführt wirst. Du kannst die Lebenskraft in dir spüren. Du kannst lernen, deinem Selbst zu vertrauen, am Leben zu bleiben, dich auf dein Selbst zu verlassen.

   Dies ist eine gute Übung, um uns daran zu erinnern, dass wir frei sind, allerdings innerhalb gewisser Grenzen, die wir selber nicht ändern können. Unser Körper stößt uns immer wieder an seine Grenzen. Selbst gegenüber dem stärksten Willen ist dieser Widerstand fest und unbeweglich. Seine Macht überkommt uns und fordert uns auf, uns zu ergeben. Das ist nicht bedrohlich, es ist *belebend*. Es erlaubt uns, die Kraft des Lebens zu spüren und ein si-

* Noch einmal ein großes Lob an Professor Längle für diese einfache, aber unglaublich effektive Technik!

cheres, zentriertes und geerdetes Gefühl für unser Selbst zu entwickeln.

Denke daran, dass alle Beziehungen Zeit brauchen und Zuwendung und Beständigkeit erfordern – es reicht nicht aus, einmal zu meditieren und zweimal ein paar Dehnungsübungen zu machen. Denke daran, dass die Beziehung zu deinem Körper eine Beziehung ist, die du pflegen solltest. Dein Körper ist nicht nur ein Werkzeug, das du ab und zu benutzen willst. Lerne die Weisheit deines Körpers zu schätzen und zu ehren, lasse ihn an deinen inneren Gesprächen teilhaben und behandle ihn als einen wichtigen Aspekt deines Wesens und deines *Seins*. Sei dir bewusst, dass unser Körper das Medium ist, durch das wir die Welt und folglich unser Selbst erfahren.

Wie schon erwähnt, verbrachte ich im Alter von neun Jahren gefühlt endlose Monate in Luftschutzbunkern. Mit der Zeit lernten meine Familie und ich, so zu tun, als gäbe es unseren Körper nicht, um die Bedürfnisse zu unterdrücken, die wir zwar hatten, aber nicht erfüllen konnten. Das Bemerkenswerte war jedoch, dass die einzigen Momente, in denen wir unseren Sinn für Menschlichkeit und wohl auch unsere Würde bewahrten, die waren, in denen wir unser Selbst durch Gesang und Tanz ausdrückten. In diesen seltenen Momenten wurde das sichtbar, was wir uns nicht trauten auszusprechen, wir stützten uns auf die Hoffnung, die wir kaum wagten zu nähren. Es waren diese körperlichen Momente, in denen ich kleine, aber kostbare Einblicke in mein Gefühl für mein Selbst erhielt.

Wenn wir von der Welt ignoriert werden, wenn unser Leben bedroht ist oder als unbedeutend empfunden wird, sind das die Momente, in denen wir unser Selbst spüren müssen, um zu beweisen, dass wir existieren. Dies ist ein aktiver Prozess, ein

Akt der Rebellion. Wenn unsere Beziehung zu unserem Körper passiv ist, wird sie die Eigenschaften jeder passiven Beziehung aufweisen – es fehlt an Übereinstimmung, Verbundenheit, Engagement, Ausdauer und Freude. Solange wir den Wert, die Bedeutung und die Macht unseres Körpers nicht erkennen und uns nicht bewusst dazu entschließen, ihn mit Respekt zu behandeln, werden wir uns wahrscheinlich auch nicht die Mühe machen, aktiv mit ihm zu interagieren.

Es gibt kein Selbst ohne den Körper, und doch haben es die meisten von uns nicht gelernt, eine Beziehung zu ihrem Körper aufzubauen. Jetzt liegt es an uns, uns das selbst beizubringen – langsam, sanft und geduldig. Wir müssen zuerst die Narrative loslassen, die uns blind machen, und dann unserem Körper erlauben, unser Verständnis davon zu vertiefen, wer wir sind. Wenn wir nur eine Ecke eines Gemäldes sehen, können wir nicht seine ganze Schönheit erfassen oder seine volle Intention verstehen. Wir sind das gesamte Kunstwerk, und unser Körper ist lediglich die Leinwand – ein Eintrittspunkt in unsere Existenz. Wenn wir langsamer machen und innehalten, können wir unsere Präsenz, unsere Vitalität und unsere Verbindung zu unserem Körper wiederherstellen. Dann, und nur dann, können wir auch unsere Verbindung zu unserem Selbst wiederherstellen.

Harte Wahrheit

Du kannst deinen Körper nicht ablehnen oder ignorieren und trotzdem eine enge Beziehung zu deinem Selbst haben.

Sanfter Hinweis

Dein Körper hat dir viel zu sagen. Höre gut zu.

KAPITEL 9

Alles fühlen

Erlebe und drücke deine Gefühle aus

In unserer westlichen Gesellschaft fällt es vielen schwer, mit ihren Emotionen umzugehen – weder mit denen anderer Menschen noch mit den eigenen. Es ist unwahrscheinlich, dass jemand sagt »Ach du meine Güte, hast du gesehen, wie emotional Karen gestern Abend auf der Party war?« und dies als Kompliment gemeint ist. Oder, wenn jemand in ein Kissen schreit, würden die meisten von uns nicht denken: »Ja, großartig! Du bist der Hammer!« Wenn jemand seine Emotionen zum Ausdruck bringt (insbesondere scheinbar »negative« Emotionen), wird er oder sie leicht verspottet, verurteilt, oder es wird unterstellt, dass er oder sie nicht ganz im Vollbesitz ihrer oder seiner Kräfte ist. Irgendwie ist »emotional« ein Synonym für »unvernünftig« oder »außer Kontrolle« geworden. Wir – und oft gleichzeitig unsere Umgebung – fühlen uns oft peinlich berührt, nur weil wir Emotionen *empfinden* und sie zeigen.

Das gilt nicht nur für Gefühle wie Wut oder Traurigkeit, sondern auch für Freude oder Begeisterung. Hast du schon einmal erlebt, wie jemand einen mega Glücksausbruch hatte, weil er oder sie einen lieben Freund wiedertraf, einen Preis gewann oder eine Celebrity kennengelernt hat? Und hast du dir schon einmal dabei gedacht: *Hey, so langsam kannst du dich jetzt wieder einkriegen*, oder so etwas wie: *Na, das ist jetzt aber wirklich ein bisschen übertrieben.* Also mir ist das schon passiert.

Aber lassen wir das Urteilen beiseite und reden wir über die Tatsache, dass die meisten Menschen Emotionen nicht gut ertragen können, egal, ob eigene oder fremde, weil sie nicht wissen, wie sie damit umgehen sollen. Es gibt viele grundlegende menschliche Fähigkeiten, die uns unsere Gesellschaft, unsere Familien und unsere Bildungseinrichtungen nicht beigebracht haben: wie man Grenzen setzt, wie man gut kommuniziert, wie man sein Selbstbewusstsein oder sinnerfüllte Beziehungen pflegt – und wie man auf gesunde Weise mit Emotionen umgeht und sie ausdrückt.

Schlimmer noch, man hat uns Lektionen beigebracht, die wir nun mühsam wieder verlernen müssen. Wie vielen von uns wurde gesagt, wir seien zu anstrengend, zu euphorisch oder zu sensibel? Wie viele Kinder wurden aufgefordert, leiser zu sprechen, wenn sie begeistert waren, oder sie bekamen Hausarrest, weil sie wütend waren? Wie vielen wurde gesagt, sie sollten »aufhören zu weinen«, bevor die Eltern überhaupt wussten, warum sie weinten? Zu viele.

Oft werden die Kinder für ihre »Reife« gelobt, die ihre Gefühle unterdrücken oder sich um die emotionalen Bedürfnisse ihrer Bezugspersonen kümmern. Und genau diese Kinder sitzen jetzt als Erwachsene in meiner Praxis und versuchen zu lernen, wie sie die Gefühle anderer *nicht* über ihre eigenen stellen, oder wie sie aufhören können, ihre eigenen emotionalen Bedürfnisse kritisch zu beurteilen oder sie zu ignorieren.

Bei meiner klinischen Arbeit habe ich festgestellt, dass Klienten und Klientinnen, die unter Selbstverlust leiden, oft mit Bezugspersonen aufgewachsen sind, die ein ungesundes oder angespanntes Verhältnis zu ihren eigenen Gefühlen hatten. In diesen Familien wurden Emotionen oft ignoriert, unterdrückt oder – schlimmer noch – bestraft. Viele meiner Klienten und Klientinnen erlebten nur selten, dass ihre Bezugspersonen

Gefühle zum Ausdruck brachten, oder wenn, dann nur auf eine Art und Weise, die verwirrend, verletzend oder zerstörerisch war. Viele wurden entmutigt, ihre eigenen Gefühle zu erkennen oder auszudrücken, weil sie ständig von ihren Eltern Dinge zu hören bekamen wie »War es wirklich *so* schlimm?«, »Ich habe Schlimmeres erlebt« und »Was ist denn los mit dir?«. Wenn unsere Emotionen von unserem Familiensystem abgelehnt werden, dann kann es gut sein, dass sie annehmen, dass sie auch in anderen Beziehungen abgelehnt werden. Und es ist wahrscheinlicher, dass auch wir selbst sie ablehnen.

Anstatt dass unsere Gefühle mit Aufmerksamkeit oder Unterstützung aufgenommen wurden, mussten viele von uns in ihrer Kindheit und Jugend ihre Gefühle häufig erklären, rechtfertigen oder verteidigen. Unsere emotionalen Bedürfnisse wurden selten (wenn überhaupt) wirklich ernst genommen, und mit der Zeit lernten wir, dass unsere Gefühle etwas Sinnloses oder Unsicheres sind, und dass es eine Schwäche oder sogar eine Belastung für andere ist, wenn wir sie zum Ausdruck bringen. Aus diesem Grund haben viele von uns von klein auf eine zwiespältige Beziehung zu ihren Gefühlen aufgebaut. Wir haben gelernt, dass wir ihnen besser nicht trauen, dass wir sie verstecken, kontrollieren oder verurteilen müssen. Wenn man bedenkt, dass wir inzwischen wissen, dass Selbstausdruck die einzige Möglichkeit ist, unser Selbst zu sein, dann haben wir im Grunde damals eine Lektion gelernt, die es fast unmöglich macht, so zu *sein*, wie wir sind.

Es ist leicht, sich frustriert zu fühlen, enttäuscht von unseren Familien oder Vorbildern, sie haben generationenübergreifende Zyklen geschaffen, die wir nun durchbrechen müssen. Aber es ist gut möglich, dass diese Handlungen und Überzeugungen an dem spezifischen Zeitpunkt einen bestimmten Zweck erfüllten (für die anderen und für dich). Unabhängig davon, ob du dich mit deinen Emotionen unwohl fühlst, ob du sie meidest oder ob es dir schwerfällt, mit ihnen umzugehen – wenn die Art der Beziehung, die du zu deinen Emotionen hast, dir nicht mehr dienlich ist, dann ist es an der Zeit, sie zu ändern.

Ich werde nicht in die Wissenschaft der Emotionen eintauchen (dazu gibt es zahlreiche andere Bücher), sondern ich möchte die *Philosophie* der Emotionalität diskutieren. Bist du bereit?

Mir wurde beigebracht, dass eine Emotion *die Erfahrung ist, dass uns etwas innerlich bewegt.* Ist das nicht wunderschön? Ich persönlich würde noch einen Schritt weitergehen und sagen, dass Emotionen *die innere Bewegung unseres Seins* sind. Sie sind nicht nur eine subjektive Art und Weise, wie wir etwas empfinden, sondern *der Puls unserer Existenz.*

Lesen wir das noch einmal. Es ist wichtig, die Tiefe und Bedeutung von Emotionen zu verstehen, vor allem, wenn wir zu den Menschen gehören, die sich schwertun, den Sinn oder Zweck von Emotionen zu erkennen.

Obwohl Emotionen so unglaublich wichtig sind – wusstest du, dass laut Jill Bolte Taylor, einer US-amerikanischen Neurowissenschaftlerin und Autorin, die physiologische Lebensdauer einer Emotion nur etwa 90 Sekunden beträgt? Etwas detaillierter sagt sie:

> »Obwohl es bestimmte (emotionale) Programme des limbischen Systems gibt, die automatisch ausgelöst werden können, dauert es weniger als 90 Sekunden, bis eines dieser Programme ausgelöst wird, durch unseren Körper schwappt und dann vollständig aus unserem Blutkreislauf gespült wird.«[58]

Schockierend, nicht wahr? Wahrscheinlich hast du mehr als 90 Sekunden damit verbracht, dich wütend, traurig oder glücklich zu fühlen. Warum bleiben die Gefühle trotzdem so lange bestehen? Die einfache Antwort ist: Die Narrative, die wir uns selbst erzählen und wiederholen, lösen diese Gefühle immer und immer wieder neu aus. Anstatt eine Emotion zu beobachten – zu registrieren, wie wir uns fühlen und wie sie sich in unserem Körper bemerkbar macht – und angemessen darauf zu reagieren, klammern wir uns an den *Gedanken*, der sie ursprünglich hervorgerufen hat. Es ist die Bindung, Interpretation oder Bedeutung, die wir dem Gedanken oder der Situation zuschreiben, die das Gefühl verewigt und uns als Geisel hält.

An welchem Punkt wird also das, was wir fühlen, zu einer echten Wahl und freien Entscheidung? Wenn wir das Narrativ, das uns schmerzt, weiter nähren oder darin verweilen, sind wir dann selbst schuld? Bedeutet das, dass wir uns dafür *entscheiden*, uns so und nicht anders zu fühlen? Dr. Taylor beantwortet diese Frage mit den Worten: »Nachdem die 90 Sekunden vorbei sind, habe ich die Macht, bewusst zu wählen, in welche emotionalen und physiologischen Schleifen ich mich einklinken will.«[59]

Puh! Da ist es wieder, das Thema der *Wahl*.

Diese Sichtweise soll uns nicht die Schuld dafür geben, dass wir unangenehme Gefühle haben, sondern soll uns vielmehr befreien. Diese Einsicht stimmt perfekt mit der existenziellen Vorstellung überein, dass *Emotionen das Wesen einer Person durchdringen* – sie »gehen durch die persönliche Freiheit«.[60]

Aus diesem Grund sind Emotionen immer in einer *Ursache* verwurzelt – das heißt, es gibt immer ein »Warum« für das, was wir fühlen. *Ursachen* kommunizieren die Dinge, die wir individuell und intrinsisch wertschätzen. Und Werte sind die Dinge, die wir subjektiv als wertvoll oder unwert empfinden (und die uns daher helfen, uns tief mit unserer eigenen Existenz auseinanderzusetzen). Sie sind das, was uns zutiefst am Herzen liegt! Und, um den Kreis zu schließen, sind Werte der eigentliche Grund dafür, dass wir eine Sache einer anderen vorziehen. Ein Wert ist etwas, das uns berührt und ein positives Gefühl hervorruft (oder das Gegenteil: etwas, das ein negatives Gefühl hervorruft oder nicht zu uns passt). Wenn unsere Gefühle mit unseren Werten in Resonanz stehen, haben wir direkten Kontakt zu unseren Gefühlen und damit zu unserem Selbst.

Wenn du zum Beispiel schöne Dinge schätzt, fühlst du dich vielleicht von einem beeindruckenden Gemälde oder einem Musikstück überwältigt. Wenn du das Leben und die Gerechtigkeit schätzt (so wie die meisten von uns), kann eine Kriegsberichterstattung im Fernsehen »negative« Gefühle (Wut, Traurigkeit) auslösen, weil die gezeigten Handlungen nicht mit deinen Werten übereinstimmen.

Werte spielen vor allem eine wichtige Rolle dabei, wie wir Entscheidungen treffen und unsere Freiheit und Verantwortung wahrnehmen. Die existenzielle Aufgabe von Emotionen besteht darin, »die persönlich relevanten Werte in den eigenen Erfahrungen aufzuspüren und das eigene Leben anregend zu machen«.[61] Oder einfach ausgedrückt: Starke Emotionen sind Marker dafür, was uns wichtig ist, und verleihen diesen Dingen eine größere Präsenz in unserem Leben.

Frage dich selbst: *Worüber habe ich mich in letzter Zeit gefreut? Was hat mich begeistert? Wann habe ich mich das letzte Mal verzweifelt oder überfordert gefühlt?* Es ist ziemlich wahrscheinlich, dass dir die Antworten auf diese Fragen zeigen, was du am meisten schätzt.

Fazit: *Wenn wir unser Selbst sein wollen, müssen wir fühlen.* Deshalb sind wir alle auf der Suche nach *Erfahrungen* in unserem Leben, die eine Auswirkung auf uns haben, ganz gleich, ob bei einem Date, im Beruf oder mit unseren Kindern. Die meisten von uns sehnen sich danach, das Leben zu spüren, aber die Aussicht darauf macht uns auch Angst. Deshalb halten wir unser Selbst oft auf Distanz. Einige von uns ziehen es vor, sich selbst zu verlieren – emotional nicht verfügbar zu sein –, weil wir zu viel Angst davor haben, uns dem zu stellen, was und wem wir in uns selbst begegnen. Andere haben es sich unbewusst zur Gewohnheit gemacht, ihre Gefühle zu betäuben, indem sie einen vollen Terminkalender haben, mit nahezu religiösem Eifer das eine Glas (oder die eine Flasche) Wein trinken, sobald sie nach Hause kommen, oder abhängig von den Sozialen Medien werden, um sich abzulenken.

Wir sind uns dessen vielleicht nicht bewusst, aber die *meisten* von uns navigieren emotional auf Autopilot. Den meisten von uns wurde nicht beigebracht oder sie wurden nicht ermutigt, ihre Emotionen zu beobachten, sie zu validieren und sie auszudrücken. Deswegen ist es nicht verwunderlich, dass wir die Person, welche unsere Gefühle verkörpert, nicht kennen und dass wir unser Leben nicht wirklich genießen können.

BEOBACHTUNG VON EMOTIONEN

Wir alle kennen diese Situationen, in denen unser Körper sein eigenes Ding macht – sich an die Hormone, die Zeitzonen, das Klima anpasst – und wir eine physiologische Veränderung bemerken und dann auf der Grundlage dieser Gefühle ein neues Narrativ erfinden. Vielleicht hast du zum Beispiel gerade deine Periode oder Blähungen, und ein trauriger Film gestern Abend hat dich zum Nachdenken darüber gebracht, dass du eines Tages allein sterben wirst. Und plötzlich fühlst du dich einsam, und alle Welt ist gegen dich (oh ja, das habe ich auch schon erlebt!). Unsere Narrative sind mächtig, *und* sie spiegeln nicht immer die Realität wider. Deshalb ist es wichtig, genau hinzuschauen und Fakten von Projektionen, Annahmen und Interpretationen zu unterscheiden. Dies hilft nicht nur in unseren Beziehungen zu anderen, sondern auch – sage das jetzt zusammen mit mir! – in unserer Beziehung zu uns selbst.

Die Beobachtung unserer Emotionen ist der erste Schritt, um sie zu verstehen. Anstatt unsere Gefühle zu bewerten (d. h. sie als »gut« oder »schlecht«, »positiv« oder »negativ« zu bezeichnen), sollten wir beginnen, sie als Boten unserer inneren Welt zu sehen. Betrachten wir sie als unsere gelebte Erfahrung und als die Essenz, die sich aus der Begegnung mit der Welt um uns herum ergibt. Anstatt zu fragen: »Sollte ich mich so fühlen?«, sollten wir uns fragen:

- Welche Glaubenssätze über Gefühle hindern mich daran, meine Gefühle anzunehmen?
- Was will mir dieses Gefühl über mich selbst sagen?
- Was versucht dieses Gefühl mir über die Art und Weise zu sagen, wie ich mit anderen umgehe?
- Wie habe ich mich durch dieses Gefühl verändert?
- Welchen Wert spricht dieses Gefühl an?
- An welchem Narrativ halte ich fest? Und warum?
- Fühle ich mehr als nur eine Emotion?

Unsere Emotionen geben uns Einblick in unsere Erfahrungen und unser Selbst. Indem wir sie in ihrer Gesamtheit wahrnehmen, werden wir nicht zu Gefangenen unserer Emotionen, sondern wir werden von ihnen *informiert*, sie teilen uns wichtige Dinge mit. Dennoch ist es auch wichtig zu wissen, dass wir nicht ständig dasitzen und *alles* fühlen müssen. Das wäre eine unvernünftige Erwartungshaltung. Es geht nicht darum, von unseren Emotionen verzehrt zu werden, sondern sich ihrer bewusst zu sein. Es geht darum, sich durch unsere Gefühle mit unserem Selbst zu verbinden.

Wie begegnet man/erkennt man Emotionen an, ohne von ihnen völlig überwältigt zu werden?

Natürlich kann sich das Wahrnehmen unserer Emotionen manchmal überwältigend anfühlen. Hier ist ein Trick, den ich meinen Klienten und Klientinnen beibringe: Wenn du eine besonders starke Emotion spürst, versuche, ein oder zwei *andere* Emotionen zu identifizieren, die ebenfalls vorhanden sind – je mehr, desto besser. Auch wenn es kontraintuitiv erscheinen mag, *mehr* zu fühlen, wenn man sowieso schon überwältigt ist, kann die Identifizierung mehrerer Emotionen die Kraft der Emotion tatsächlich abschwächen, die einen zu verschlingen droht. Außerdem wird dadurch eine realistischere Darstellung deiner Gefühle möglich. Du fühlst dich vielleicht von einem Erlebnis überwältigt, aber du kannst gleichzeitig auch traurig, enttäuscht und wütend sein. Vielleicht fühlst du dich frustriert, isoliert oder auch einfach nur hungrig (was bei mir häufig der Fall ist!). Auf unsere Bedürfnisse einzugehen, gelingt uns wahrscheinlich besser, wenn wir genau wissen, was diese Bedürfnisse sind.

Wenn wir das üben, werden wir immer wieder feststellen, dass wir widersprüchliche Gefühle empfinden. Verspüren wir eine starke Emotion, *erlauben* es sich die meisten normalerweise nicht, noch etwas anderes zu fühlen, das dazu in einem Widerspruch zu stehen scheint. Es fällt uns schwer, beides zuzulassen. Eine häufige Kombination ist zum Beispiel Traurigkeit und Erleichterung – häufig ignorieren wir die Erleichterung, weil wir nicht wissen, wie wir diese beiden Gefühle miteinander in Einklang bringen sollen. Also überlassen wir uns der Traurigkeit. Wir können uns auch gleichzeitig glücklich *und* verängstigt fühlen, und doch konzentrieren wir uns – quasi um uns selbst zu schützen – trotzdem oft nur auf eines der beiden Gefühle (meist dasjenige, das uns unangenehmer ist und eine größere Bedrohung darstellt). Aber wir sind komplexe Wesen, die eine Vielzahl von widersprüchlichen Emotionen in sich tragen können – jede von ihnen vermittelt etwas anderes oder repräsentiert einen einzigartigen Wert. Solange wir nicht lernen, alle Gefühle in uns zuzulassen, werden wir nur eine Seite von uns wahrnehmen.

Wie können wir lernen zu akzeptieren, dass Gefühle keine Fakten sind?

Merke dir Folgendes: Wie wir uns fühlen, stellt unsere subjektive Realität dar, und nicht immer die Fakten. Nur weil du dich zurückgewiesen *fühlst*, bedeutet das nicht, dass jemand dich tatsächlich zurückweist. Nur weil du dich unsicher fühlst, heißt das nicht, dass du nicht die Fähigkeit hast, etwas zu tun. Nur weil du traurig bist, bedeutet das nicht, dass du objektiv gesehen einen Verlust erlitten hast. Das macht deine Gefühle nicht unwahr, aber es schränkt sie ein. Sie repräsentieren deine Realität, deine Auslöser oder Trigger, deine Wunden, deine Hormon- oder Müdigkeitswerte und vieles mehr. Das bedeutet nicht, dass wir Gefühle abtun sollten; es bedeutet lediglich, dass sie nicht immer ein vollständiges oder gar genaues Bild vermitteln. Genauer gesagt stellen Gefühle dar, wie wir das Bild *erleben*.

Wie können wir besser auf unsere Gefühle eingehen?

Wir bemerken unsere Gefühle oft erst dann, wenn sie uns überwältigen. Wir haben geschickte Methoden, ihnen auszuweichen oder sie zu ignorieren, damit wir uns nicht mit ihnen auseinandersetzen müssen ... bis wir es dann schließlich doch tun. Wenn wir jedoch unsere emotionalen Muster nicht beobachten, ist es unwahrscheinlich, dass wir sie ändern. Ich habe festgestellt, dass wir als Menschen dazu neigen, zwei Dinge zu tun:

1. **Wir wandeln eine Emotion in eine annehmbarere Emotion um.** Beispiel: Wir können unsere Wut in Angst umwandeln. Wenn wir in einer Familie aufgewachsen sind, in der Wut ein schwieriges, unerwünschtes Gefühl war, oder wenn unser Partner oder unsere Partnerin als Reaktion auf Anzeichen von Frustration aggressiv wird, haben wir vielleicht gelernt, dass Angst ein weniger gefährliches

oder akzeptableres Gefühl ist. Manchmal ist das ein Akt der Selbsterhaltung. In anderen Fällen lassen wir zu, dass unser Mangel an Selbsterkenntnis die Menschen um uns herum verwirrt. Wir erwarten, dass sie »wissen«, warum wir verärgert oder traurig sind, ohne es ihnen zu sagen.

2. **Wir übertragen Frustrationen.** Nehmen wir an, deine Chefin hat dich angeschrien. Du weißt, dass du deine Chefin nicht anschreien kannst, weil du sonst gefeuert wirst. Also unterdrückst du deine Gefühle, gehst nach Hause und schreist dann deinen Freund an. Das ist natürlich nicht fair. Du hast deine Frustration von einer Person oder Sache auf eine andere übertragen – auf eine, die es (wahrscheinlich) nicht verdient hat.

Vor Kurzem, als ich mit meinem Freund zusammen auf Reisen war, war ich zum Beispiel frustriert über ihn, weil er das ganze Müsli aufgegessen hat. Als ich ihm sagte, wie unverschämt ich seinen Müslikonsum fand (wirklich, ich bin echt nicht stolz auf dieses Beispiel) und dass diese Packung *bestimmt* für eine ganze Woche hätte reichen müssen, sah er mich nur an und sagte: »Harten Tag gehabt? Ich habe das Gefühl, es geht hier nicht wirklich um das Müsli.« Er hatte natürlich recht. Ich fühlte mich gestresst wegen einer Meinungsverschiedenheit mit einem Kollegen, und weil ich nicht wusste, wie ich das ihm gegenüber ansprechen sollte, habe ich meinen Frust stattdessen an meinem Freund ausgelassen.

Manchmal übertragen wir auch unsere Gefühle von einem Thema auf ein anderes. Der größte Teil deines Ärgers hat vielleicht nichts damit zu tun, dass jemand nicht »bitte« gesagt hat, als er dich bat, ihm die Fernbedienung zu reichen, sondern eigentlich damit, dass er es nicht mit dir abgesprochen hat, als er ein Jobangebot am anderen Ende des Landes annahm. Wenn du darauf reagierst, dass der andere nicht »bitte« gesagt hat, und nicht darauf, wie du von der neuen Stelle erfahren hast, könnte er wirklich denken, du seist verärgert, weil er nicht höflich genug war. Das tun wir, wenn wir das Gefühl haben, dass wir kein Recht haben, uns über etwas aufzuregen (vielleicht seid ihr noch nicht so lange zusammen), also lassen wir unsere Frustration in einem Kontext aus, der uns »angemessener« erscheint.

Eine gute Möglichkeit, unser Bewusstsein zu schärfen und uns davor zu bewahren, von unseren Gefühlen überwältigt oder »fremdgesteuert« zu werden, besteht darin, immer wieder genau hinzuschauen. Das kann einfach bedeuten, sich jeden Tag einen Moment Zeit zu nehmen und sich zu fragen: *Was fühle ich gerade? Welche Emotionen (Plural!) empfinde ich gerade, und was teilen sie mir mit? Gibt es irgendwelche widersprüchlichen Gefühle? Was teilt mir mein Körper gerade mit, wie ich mich fühle?*

Überprüfe dich selbst, bevor du ein emotionsgeladenes Gespräch führst. Frage dich: *Trage ich etwas in mir herum, das nicht in dieses Gespräch gehört?* Ehrlichkeit und Offenheit sind gute Begleiter unserer Selbstwahrnehmung. Je schneller wir eine kleine Frustration erkennen und ansprechen, desto geringer ist die Wahrscheinlichkeit, dass wir auf etwas Unbedeutendes emotional überreagieren. So kann auch das Gehirn mitwirken, denn wenn der Verstand nicht beteiligt ist, wird man zu einer eindimensionalen, unauthentischen Version von sich selbst.

GEFÜHLE VALIDIEREN

Es ist nicht möglich, sich permanent seiner Gefühle bewusst zu sein. Wir sollten uns nur immer wieder vornehmen, sie wahrzunehmen. Noch einmal: Gefühle sind nicht gut oder schlecht, sie sind einfach da. Wenn wir der Meinung sind, dass bestimmte Gefühle nicht gefühlt oder ausgedrückt werden sollten, sind wir vielleicht auch nicht ehrlich genug, sie wirklich zu beobachten. Stattdessen leugnen, ignorieren und unterdrücken wir unsere Gefühle zu häufig. Vielen von uns wurde beigebracht, nicht nur die »schlechten« Emotionen wie Ärger, Traurigkeit oder Frustration zu ignorieren, sondern wir haben gelernt, auch unsere starken, »guten« Emotionen wie Begeisterung, Freude oder Ehrfurcht zurückzuhalten. Viele von uns sind damit aufgewachsen, dass sie für zu lautes Weinen, Schreien oder zu lautes Lachen geschimpft oder bestraft wurden, viele wurden belohnt, wenn sie ihr Selbst von ihren Gefühlen distanzierten.

Ich will nicht behaupten, dass wir keine Bestätigung von außen brauchen; wie in diesem Buch bereits festgestellt wurde, brauchen wir Anerkennung. Es ist jedoch ebenso wichtig, dass wir unsere eigenen Gefühle validieren, sie also in uns selbst anerkennen und bestätigen – eine Fähigkeit, die besonders für Erfahrungen notwendig ist, die wir nicht mit anderen teilen. Wenn es in unserem Inneren einen Schmerz aus unserer Vergangenheit gibt, den niemand anderes miterlebt hat, können wir die Bestätigung von außen nicht als Validierung für unsere Erfahrung verwenden. Es ist schön zu wissen, dass andere uns sehen, aber manchmal fordert das Leben uns auf, unser Selbst ganz allein zu sehen, gerade dann, wenn andere es nicht tun.

Noch ein weiterer Aspekt: Es ist wichtig, dass die Validierung unserer Erfahrungen und Gefühle *nicht* gleichbedeutend mit der Validierung unserer Handlungen ist. Das Validieren unserer Gefühle kann zum Beispiel so klingen:

- »Ich bin im Moment wirklich traurig.«
- »Ich fühle mich gerade überwältigt oder überfordert.«
- »Ich fühle mich zurückgewiesen, obwohl es eigentlich keinen Beweis dafür gibt, dass dies wirklich der Fall ist.«
- »Das hat mich echt getriggert.«

Es klingt *nicht* wie:

- »Es ist in Ordnung, dass ich X, Y, Z getan habe.«
- »Die Leute müssen einfach darüber hinwegkommen.«
- »Es gibt genug andere, die Schlimmeres getan haben.«

Was passiert also, wenn wir mit unserem Verhalten nicht einverstanden sind, aber unsere Gefühle validieren müssen? Du kannst deine Gefühle auch dann anerkennen, wenn du selbst die Quelle des Schmerzes warst. Du kannst sagen: »Ich bin mit meinem Verhalten nicht einverstanden, aber ich möchte meinen Schmerz anerkennen.« Validierung ist kein Gütesiegel, sondern eine Anerkennung dessen, was du gerade erlebst oder erlebt hast. Man kann zum Beispiel anerkennen, dass man sich einsam gefühlt und nicht genug Wertschätzung bekommen hat, aber nicht, dass man fremdgegangen ist.

GEFÜHLE AUSDRÜCKEN

Seit meiner Kindheit hatte ich immer Schwierigkeiten, meine Gefühle auszudrücken. Obwohl ich ein ausgesprochen sensibler Mensch bin, hasste ich es zu weinen – was eine noch größere Bandbreite an Gefühlen hervorrief, weil ich durch meine Gefühlsausbrüche noch frustrierter und wütender wurde (ein wahrer Teufelskreis). Aber indem ich meine Tränen unterdrückte, versperrte ich mir den Zugang zu meinem Selbst. Die Momente, wo es mich immer wieder kalt erwischte, waren Abschiede, egal, ob in einem Film oder im wirklichen Leben. Das begann, als ich neun Jahre alt war, an dem Tag, als ich mich von meinem Vater verabschiedete und nach dem Kosovo-Krieg von Serbien nach Kanada zog. Ich machte diesen großen Umzug mit meiner Mutter und meinen Geschwistern (meine Eltern waren bereits geschieden). Es war immer geplant, dass mein Vater und ich uns wiedersehen, aber ich hatte keine Ahnung, wann das sein würde. Ich erinnere mich noch daran, wie ich ihn am Flughafen umarmte und mich dabei von Trauer und Ungewissheit völlig überwältigt fühlte. Ein Dutzend Freunde der Familie – darunter auch völlig Fremde – waren anwesend, und zu allem Überfluss fühlte ich mich mit meinen Tränen völlig gedemütigt und vor aller Augen bloßgestellt.

Es dauerte viele, viele Jahre, bis ich mich wieder traute, bei einem Abschied zu weinen. Als sich die Schleusen endlich öffneten, war ich 19 Jahre alt und verabschiedete mich von meiner ersten Liebe. Wir trennten uns nicht für immer, aber wir standen am Beginn einer jahrelangen Fernbeziehung. Ich war am Boden zerstört. Meine Traurigkeit verzehrte mich, und ich wusste nicht, was ich tun sollte. Ich weiß noch, wie ich in mein unbequemes Bett im Studentenwohnheim kroch, mir die Decke über den Kopf zog und mich fragte:

Wenn meine Tränen sprechen könnten, was würden sie sagen?

Sie sagten mir, dass ich Angst hatte, verlassen zu werden; sie sagten, dass meine Verlustängste sehr tief saßen – viel tiefer als meine jetzige Erfahrung; sie machten mir meine Einsamkeit bewusst. Mit dieser Einsicht im Hinterkopf verstand ich mich und meine Reaktion, anstatt wütend auf mich zu sein. Es ist schwer, gemein zu sein oder sich über jemanden zu ärgern, den man wirklich *sehen* und gut verstehen kann.

In existenzieller Hinsicht sagen uns Tränen, dass das Leben in uns fließt; wir sind noch da, wir leben![62] Das ist ein Moment, den wir wertschätzen sollten – ein seltener physischer und biologischer Ausdruck unserer inneren Welt. Deshalb versuche ich, meinen Klienten und Klientinnen zu helfen, ihren Emotionen und damit ihrem Selbst zu begegnen. Da gibt es oft so viel Verurteilung und Kritik, die sie daran hindern, zu heilen – dieses Ausmaß an Selbsthass ist nur möglich, wenn es uns an Empathie und Verständnis fehlt.

Ich hatte eine Klientin, Jade, die sich *wirklich* gegen ihre Gefühle wehrte. Sie war sich dessen bewusst und beschrieb ihr Leben als ein Leben auf »Autopilot« – sie tat Dinge mit wenig Hingabe oder echtem Engagement. Sie war ganz ehrlich damit und sagte, dass sie Emotionen als Bedrohung empfand, da sie ihr – wie sie erklärte – nie »dienten« oder hilfreich waren. Sie hatte mehrere Beziehungen geführt, in denen sie missbraucht wurde, und in der Vergangenheit hatten Emotionen sie nicht nur dazu gebracht, in diesen Situationen zu bleiben, sondern sie waren auch ein Katalysator für die Gewalt, die sie erlitt. Sie begann, ihre Gefühle und ihren Selbstausdruck mit Missbrauch in Verbindung zu bringen.

Jade unterdrückte ihre Emotionen auch, um ihr Selbstbild zu bewahren. Sie war »stark« und hatte die Sorge, dass das Zulassen ihrer Gefühle eine Form der Selbst-Viktimisierung wäre. Sie weigerte sich, Opfer zu sein. Als wir ihre Überzeugungen analysierten und auflösten, begann Jade schließlich, ihr Verhältnis zu ihren Gefühlen zu ändern. Bald darauf weinte sie in einer Sitzung; wir waren beide schockiert. Nachdem ihre Tränen getrocknet waren, sagte sie, dass es das erste Mal war, dass sie vor irgendjemandem geweint hatte. Jade war 29 Jahre alt.

Noch einmal: Emotionen sind *nie* das Problem; sie sind einfach da. Allerdings kann es ein Problem sein, wie wir auf unsere Gefühle *reagieren* – aber auch nicht immer. Zu weinen, während man ein schwieriges Gespräch führt, ist *kein* Problem. Jemandem die Autoscheibe einzuschlagen, weil man wütend ist, hingegen *schon*. Nicht jeder Gefühlsausdruck ist problematisch oder unerwünscht. Manch einer führt zu einem tieferen Verständnis, andere dagegen können schädlich sein – diese Unterscheidung ist wichtig. Was auch immer wir zum Ausdruck bringen wollen, wir müssen die Verantwortung dafür übernehmen. Nicht jeder Gefühlsausdruck ist zu jeder Zeit angemessen. Vor meinem Klienten zu weinen, weil ich mich mit meiner Mutter gestritten habe, wäre zum Beispiel nicht angemessen. Das macht nicht meine Emotion *unangemessen*, sondern vielmehr den Zeitpunkt, den Kontext und das Ventil des Gefühlsausdrucks.

Einige von uns sind etwas phlegmatisch, wir wollen, dass die Menschen einfach »wissen«, wie wir uns fühlen, ohne dass wir es ihnen sagen müssen. Das funktioniert nie. *Um gesehen zu werden, muss man sein Selbst zeigen*, sonst bleibt es dem anderen überlassen, zu interpretieren und *seine* innere Welt auf einen selbst zu projizieren. Allerdings verdient nicht jeder Zugang zu unseren Gefühlen. In manchen Situationen fühlt es sich nicht sicher an, verletzlich zu sein, und erzwungene Gefühlsäußerungen können ebenso schädlich sein wie deren Unterdrückung.

Um es auf den Punkt zu bringen: Wenn wir zulassen, dass unsere Emotionen die Grundlage für all unsere Entscheidungen sind, führt dies oft zu unauthentischen Handlungen, aber das Ignorieren von Emotionen *garantiert* unauthentische Handlungen. Wir müssen Zugang zu unseren Emotionen haben und entscheiden, wie wir sie zum Ausdruck bringen möchten, nicht, ob wir sie fühlen.

Frage dich also selbst: Welche Emotion hast du jetzt in diesem Moment? Was musst du tun, um dein Leben wirklich zu spüren, zu fühlen und zu wahrzunehmen? Wie kannst du dein Selbst ganz authentisch und sinnvoll in der Welt zum Ausdruck bringen?

Die Antwort: *Wende dich dir zu.*

SICH ZUWENDEN

Letzten November saß ich in einem kleinen Café in Amsterdam, trank Tee und arbeitete an meinem Laptop. In einer Ecke sah ich eine Frau, die auf einen Mann zuging, der sich gerade mit seinem Kaffee hinsetzte. Als er sie sah, stand er auf, und sie umarmten sich. In diesem Moment begannen beide zu weinen. Instinktiv schaute ich weg, um sie in diesem intimen Moment nicht zu stören. Gut 20 Minuten später sah ich, dass die Frau immer noch schluchzend dasaß, während der Mann ihre Hand hielt, und seine Augen wie es schien vor Traurigkeit und Kummer glasig waren. Plötzlich sah sie mich an, wir nahmen Blickkontakt auf. Anstatt verlegen wegzuschauen oder sich die Tränen wegzuwischen, erwiderte sie einfach meinen Blick und nickte. In diesem Moment erkannten wir beide den Schmerz des Lebens an; es war wunderschön. Es waren keine Worte nötig, ihre Tränen kommunizierten mit mir. Ich hatte das Gefühl, sie zu sehen, sie zu verstehen. Und irgendwie fühlte auch ich mich von ihr gesehen.

Ich war zutiefst bewegt von ihrer Bereitschaft, ihre Gefühle so öffentlich zu zeigen. Ich fand sie stark und mutig. Und dann, plötzlich und geradezu zufällig, änderte sich mein Denken, als ich mich zu fragen begann: Was muss denn Schreckliches passiert sein, was es »rechtfertigt«, dass sie in aller Öffentlichkeit weint, und auch noch so lange? War ihr das nicht peinlich? Und dann war es *mir* peinlich. Warum dachte ausgerechnet ich so etwas – eine Therapeutin, die Menschen ermutigt, die Echtheit und Wahrheit ihrer Gefühle zu akzeptieren und auszudrücken? Was als Bewunderung und Mitgefühl begann, hatte sich schnell in eine Bewertung verwandelt. Aber warum? Nun, wenn ich ehrlich zu mir selbst bin (und zu dir), dann hat mich die Begegnung mit ihrer Verletzlichkeit tief in mir drin berührt – selbst als Zuschauerin. Und aus welchem Grund auch immer, ich war überwältigt. Anstatt meine Gefühle ernst zu nehmen und diese direkte, echte menschliche Verbindung zu schätzen oder neugierig darauf zu werden, was meine Traurigkeit mir sagen wollte, distanzierte ich mich von ihr, indem ich Einfühlung und Verbindung durch ein Urteil ersetzte. Ich war nicht bereit, meinem Selbst zu begegnen, deswegen beendete ich diese Begegnung.

Einen Moment lang hatte ich mich dieser schönen Fremden im Café *zugewandt*, doch dann wandte ich mich – aus ganz persönlichen Gründen – ab und wurde sowohl ihr als auch meinem Selbst gegenüber fremd.

Sich zuwenden* bedeutet, echte Aufmerksamkeit zu schenken, die dann wiederum eine Bereitschaft zur Resonanz schafft – eine Offenheit, sich von innen her bewegen zu lassen, zu fühlen. Sich zuwenden bedeutet, eine Beziehung aufzubauen, in Kontakt zu treten, indem man sich einem Gedanken, einer Erinnerung, einer Person, einem Kunstwerk oder auch sich selbst nähert. Das Besondere an dieser Dynamik ist, dass sie ein gewisses Maß an Hingabe oder auch ein gewisses Nachgeben erfordert – wir müssen dem »anderen« erlauben, uns direkt anzurühren, ihm erlauben, etwas in uns zu »tun«. Dieser Akt der Hinwendung macht das Leben spürbar und fühlbar; er erlaubt uns, aufmerksam und präsent zu sein, eine tiefe Verbindung und ein Gefühl der Erfüllung zu erfahren. Dadurch fühlen wir uns lebendig und authentisch und erleben jeden Augenblick ganz bewusst.

---

* Das ist ein weiteres lebensveränderndes Konzept, das ich in meiner Ausbildung in Existenzanalyse gelernt habe. Ohne es damals zu wissen, hatte ich Angst davor, mich für etwas zu öffnen oder mit etwas in Kontakt zu treten, das in mir Emotionen auslöste. Erst als ich im Studium über diesen Abschnitt in einem Lehrbuch stolperte, wurde es mir schlagartig klar: Ich erkannte, dass ich nicht wirklich in der Welt existierte, ich war gefühllos und apathisch, vieles beobachtete ich lediglich und hielt immer einen »sicheren« Abstand (zu meinem eigenen Leben!).

Eine praktische Möglichkeit, sich dem Leben zuzuwenden, besteht darin, einen inneren Dialog zu führen. Wir können damit beginnen, unserem Selbst folgende Fragen zu stellen:

- Wie kann ich persönlich dazu beitragen, mich lebendiger zu fühlen?
- Was kann ich tun, um mich mit dem Leben zu verbinden?
- Was halte ich für wertvoll für mich?
- Erlaube ich mir, mich von den Dingen, die mir begegnen, bewegen zu lassen?
- Habe ich Angst davor nachzugeben? Und warum?
- Wie wirken sich meine »Begegnungen« auf mich aus?
- Wie fühlt sich mein Leben an, wenn ich mir erlaube, die »andere« Person, den »anderen« Ort oder die »andere« Sache zu erleben?

Sich jemandem oder etwas zuzuwenden, erfordert eine *Bewegung*. An jenem Herbsttag in Amsterdam wandte ich mich der weinenden Frau mit meinem Körper zu, um sie zu sehen – ich fühlte mich tief verbunden mit ihr, fühlte mich lebendig und erkannte, dass ich mich in einem sehr intensiven, bedeutungsvollen Moment befand.

Und dann wandte ich mich im wahrsten Sinne des Wortes ab. Ich drehte meinen Körper in die entgegengesetzte Richtung und richtete meinen Blick auf meinen Computerbildschirm.

Stell dir vor, dass du dich einer Person zuwendest. Dein Körper muss sich bewegen und sich auf den des anderen ausrichten. Um sich auszurichten, müssen wir den anderen sehen. Das klingt eigentlich ganz einleuchtend, oder? Wenn wir uns jemandem oder etwas zuwenden, bedeutet das, dass wir uns auf diese Person konzentrieren *und* einen Raum oder einen Zugang schaffen, in den wir unsere Aufmerksamkeit lenken können. Der Raum zwischen uns verwandelt die Lücke in eine Brücke, die uns beiden Zugang zum anderen verschafft. Wir richten unsere Aufmerksamkeit gleichzeitig auf die Person und öffnen uns für das, was uns gezeigt wird. Der Schwerpunkt unserer Aufmerksamkeit liegt auf uns, auf dem »anderen« und auf dem Verständnis unserer eigenen Gefühle, während wir uns miteinander verbinden. Auf diese Weise können wir in Verbindung treten. Präsent in der Gegenwart zu sein, ermöglicht es uns, in einer Beziehung Tiefe aufzubauen; es erlaubt auch denjenigen, die Zeugen unserer Hinwendung (zu jemandem oder etwas) sind, einen Blick auf unser wahres Selbst zu werfen.

Wie Längle während meiner Ausbildung sagte:

> »Sich auf eine Beziehung einzulassen bedeutet, andere sie selbst sein zu lassen. Sie in ihrer Existenz zu respektieren und ihre Existenz in meiner Existenz zuzulassen. Ihnen Raum zu geben, um in meinem Leben zu sein.«

Sich zuzuwenden ist auch eine Möglichkeit, Zustimmung anzubieten und angeboten zu bekommen, denn Hinwendung ist an sich eine positive Bestätigung in sich selbst. Es ist eine Bereitschaft und Absicht, die mit der physischen Bewegung einhergeht; es ist, als würde man sagen: »Ich bin bereit, mich in Bewegung zu setzen und dir zu begegnen. *Du* bist jetzt für mich wichtig!« Es ist eine Form der Selbsttranszendenz und eine tiefere Verkörperung des Selbst. Indem wir uns jemandem zuwenden, können wir gewissermaßen feststellen, ob die Beziehung wertvoll ist und ob wir unsere Zeit in sie investieren möchten.

Es geht ganz einfach darum, unsere inneren Ressourcen einzuschätzen – unsere Fähigkeit, Zeit, Nähe und Aufmerksamkeit zu schenken. Wenn wir uns etwas Schmerzhaftem zuwenden, wie z. B. der Trauer, prüfen wir, ob wir in der Lage sind, mit inneren oder äußeren Verlusten fertigzuwerden.

Lange Zeit habe ich mich anderen nicht zugewandt, weil ich Angst hatte, mich meiner eigenen Dunkelheit (meiner eigenen wahrgenommenen Nichtigkeit) zu stellen. Ich wollte leben, ohne ins Existenzielle abzutauchen. Ich wollte schwimmen, ohne nass zu werden. Ich wollte Selbsterkenntnis ohne die Anstrengung der Selbstreflexion. Ich wollte, dass andere mich als authentisch wahrnehmen, auch wenn ich immer noch damit kämpfte, mich selbst zu sehen – und mich auch nicht wirklich sehen wollte. Die Hinwendung ist eine Art emotionale Verbindung, die eine Verwundbarkeit und die Bereitschaft erfordert, unsere Gefühle zu zeigen, aber sie erfordert gleichzeitig auch die Bereitschaft des »anderen«, das Gezeigte zu empfangen und ihm zu begegnen.

Und dann gibt es noch das **sich Abwenden**. Ich bin sicher, du kannst dir denken, wie das aussieht. Abwenden geschieht, wenn wir Dinge tun, die für uns keinen Wert haben, die wir nicht mögen oder die nicht mit dem übereinstimmen oder resonieren, wer wir sind (unabhängig davon, ob es sich um große oder kleine Entscheidungen oder Handlungen handelt). **Handlungen, die uns nicht widerspiegeln, sind Handlungen, die uns übersehen**. Es ist der Akt, unser Selbst zu ignorieren und *anderen* Menschen und Dingen mehr Wert beizumessen als uns selbst.

Sich abzuwenden ist ein Akt der Selbstaufgabe, und ich würde sogar so weit gehen zu sagen, dass es eine Form der Selbstverletzung ist. Was am meisten schmerzt ist die Tatsache, dass wir es sind, die unser eigenes Leid *verursachen*. Wenn wir uns abwenden, sind wir nicht mehr in der Lage, unser Selbst zu spüren, und so werden wir gewissermaßen zu Fremden für unser Selbst. Ist es nicht schon schmerzhaft, wenn andere uns im Stich lassen, ignorieren oder betrügen? Dieser Schmerz ist zehnfach stärker, wenn wir unserem Selbst diese Dinge antun.

Wenn wir Dinge tun, die für uns keinen Wert oder keine innere Resonanz haben, besteht die Gefahr, dass wir uns zunehmend ausgelaugt, niedergeschlagen, klein, unbedeutend, schmerzvoll, beengt, leer oder sogar leblos fühlen (weil wir mehr Energie verbrauchen und keine zurückbekommen). Du hast bestimmt schon einmal an einer Veranstaltung teilgenommen, zu der du eigentlich nicht gehen wolltest, warst in einer Beziehung, die du beenden wolltest, hast Gespräche geführt, die dich nicht interessiert haben, oder hast einen Job ausgeübt, bei dem du dich am Freitag um 17 Uhr innerlich wie tot gefühlt hast. Man empfindet weder Wut noch Traurigkeit noch Freude – nur Erschöpfung und Apathie.

Mir ging das so. Ich fühlte mich wie *tot* durch meinen eigenen Selbstverlust. Es gab so viele Dinge, die mir damals an meiner Beziehung und in meinem Leben missfielen, aber ich konnte mir nichts davon eingestehen. Ich war mir meiner Unzufriedenheit und Wut auf mich selbst bewusst und wandte mich so stark davon ab, dass ich die Abneigung nicht mehr *spürte*, sondern nur verstandesmäßig darum »wusste«. Es ist fast so, als würde man ein lustiges Video sehen und »lol« denken, weil man »weiß«, dass es lustig ist, aber man lacht nicht wirklich darüber.

Meine Fähigkeit, meine Umstände zu intellektualisieren (»Klar *weiß* ich, dass ich nicht glücklich bin …«) und nicht zu *fühlen* (»… aber ich habe zu viele Dinge zu tun und kann meine Zeit nicht damit ›verschwenden‹«), machte den Weg zur Veränderung schwierig und lang. Das liegt daran, dass Gedanken, die nicht von Gefühlen begleitet werden, leichter vergessen, übersehen oder ignoriert werden. Wenn wir uns jedoch erlauben, unsere Gefühle zu empfinden, werden auch unsere Gedanken mit größerer Wahrscheinlichkeit ernst genommen und thematisiert. Aus diesem Grund müssen Menschen oft erst den »absoluten Tiefpunkt« erreichen (was immer das für dich bedeutet), um echte Veränderungen anzugehen. Man kommt an einen Punkt, an dem die Selbstentfremdung zu einer tief empfundenen und existenziell bedrohlichen Erfahrung geworden ist, die im Gegensatz zur reinen Vernunft nicht unterdrückt oder ignoriert werden kann. Bei mir war es so, dass ich mich erst änderte, als ich anfing, schwere, körperlich bedrohliche Panikattacken zu bekommen.

Und obwohl es schmerzhaft war, meine Gefühle zu spüren (Mannomann, war das *schmerzhaft*), war es hilfreich und letztlich unendlich wertvoll. Es ermöglichte mir, mit meinem Selbst auf eine Weise in Kontakt zu treten, wie es kein anderer Prozess vermochte. Deshalb sind Emotionen so wichtig und in Wirklichkeit der einzige Weg zu spüren, wer wir selbst sind.

Hören wir also auf, unsere Emotionen zu bekämpfen oder zu versuchen, sie zu kontrollieren! Glaube mir, je mehr wir uns anstrengen, desto stärker werden sie sich rächen. Und ich denke, wir alle wissen, dass die Wahrheit irgendwann ans Licht kommt. Unsere Gefühle locken uns nicht wie Sirenen, die Seeleute in den Tod führen. Sie sind nicht böswillig; sie sind die einzige Möglichkeit, wir selbst zu *sein*. Gefühle sind wie Ebbe und Flut, die unabhängig von unserer Erlaubnis ein- oder ausströmen. Doch anstatt sie zu bekämpfen, anstatt gegen den Strom zu schwimmen und sich von den Wellen hin- und herwerfen zu lassen, lass dich von ihrer Kraft und Bewegung über Wasser halten, um dich zu deinem Selbst zu führen.

Harte Wahrheit

Je mehr du dich gegen deine Gefühle wehrst, desto mehr werden sie dich kontrollieren.

Sanfter Hinweis

Wenn du wissen willst, wer du bist,
wende dich deinem Selbst zu.

TEIL IV

Das Selbst, das du bist

»Ich akzeptiere das Abenteuer, ich zu sein.«

SIMONE DE BEAUVOIR

KAPITEL 10

Die Kunst, du selbst zu sein

Ich sitze an meinem Schreibtisch und bereite mich auf meine nächste Klientin vor, als ein leises Klopfen an der Tür mich darauf aufmerksam macht, dass es 15 Uhr ist. »Herein«, sage ich.

Ich kann ihre gedämpfte Stimme hören, noch bevor Claire den Raum betritt. Sie telefoniert, stößt die Tür mit dem Ellbogen auf, mit der Schulter drückt sie ihr Handy ans Ohr, mehrere Einkaufstüten in den Händen. Sie wirft mir ein kurzes, abwesendes Lächeln zu und geht zu ihrem Lieblingsplatz. Als sie sich in den Sessel setzt, höre ich sie sagen: »Ja, ja, okay, ja. Ich rufe dich gleich noch mal an, wenn ich fertig bin.« Dann legt sie auf.

Ohne Luft zu holen fängt sie an, mir von ihrer Woche zu berichten, in der es verschiedene Meinungsverschiedenheiten, diverse Besorgungen und ein paar ärgerliche Situationen gab. Ein Strom von Worten füllt den Raum zwischen uns, während sie jedes (und ich meine wirklich *jedes*) winzige Detail ihrer Tage seit unserem letzten Treffen erzählt – von dem Moment, als sie über ein altes Bild ihres Ex stolperte, das sie emotional ins Rotieren brachte, bis zu dem Punkt, als der Bildschirm ihres iPhones zerbrach, während sie auf dem Weg zum Supermarkt war, um Eier zu kaufen.

Normalerweise liebe ich es, Details zu hören – sie helfen mir, einen möglichst umfassenden Einblick ins Leben eines anderen

Menschen zu bekommen –, aber an diesem Nachmittag spüre ich, wie mein Selbst sich zurückzieht und abschweift (Therapeuten sind auch nur Menschen!).

Früher hatte ich in solchen Momenten ein schlechtes Gewissen, aber dann sagte mir ein Supervisor, wenn man in einer Sitzung distanziert ist, dann bedeutet dies, dass man den Klienten oder die Klientin nicht wirklich *sieht* – entweder schaut man nicht auf das, was präsentiert wird, oder er oder sie versteckt sich selbst, oft durch das Erzählen von Geschichten. Da ich mir also bewusst bin, dass meine Distanzierung ein Symptom für etwas ist, ist es meine Aufgabe, das anzusprechen.

Ich klinke mich wieder ein und wende mich ihr zu.

»... meine Güte, es war so *nervig*, dass er mir nicht geantwortet hat ... Mistkerl! Und du glaubst nicht, was mein Chef Anfang der Woche gesagt hat ... Außerdem hat mich meine Freundin am Wochenende total abblitzen lassen, das war echt ätzend ...«

Als ich versuche, mich zu konzentrieren, ertappe ich mich dabei, wie ich wieder mit einer Flut an Einzelheiten überschüttet werde und mich darin verliere. Claire springt von einer Beschwerde und traurigen Situation zur nächsten, ohne ihren Worten auch nur einen Moment Zeit zu geben anzukommen. Sie redet viel, scheint aber kaum etwas dabei zu empfinden. Ich kann keine Emotionen, kein Bewusstsein und keine Bedeutung in ihrer Erzählung erkennen.

Beschäftigt sie sich wirklich mit ihrem eigenen Leben?

Ich tue mein Bestes, allem zu folgen. Dann sagt sie etwas Unerwartetes, und ich bekomme einen Zugang zu ihr: »... Ich weiß nicht einmal, was ich will oder wer ich bin.« Ich setze mich auf, bin nun ganz bei der Sache. »Fangen wir damit an«, sage ich, vielleicht ein bisschen zu eifrig.

Obwohl Claire und ich über ihren Wunsch gesprochen hatten, sich mit ihrem Selbst zu verbinden – dass sie zum Beispiel immer einen vollgepackten Terminkalender hatte, um zu vermeiden, *jemals* allein zu sein, weil das Alleinsein sie zwang, sich hinzusetzen und ihre Realität wirklich zu betrachten (die sie nicht mochte) –, trotzdem fühlt sie sich immer noch überwältigt von der Aussicht, sich dem zu stellen, dem zu begegnen, wer sie ist. *Wen wird sie sehen? Was, wenn es jemand ist, den sie nicht mag oder schätzt?*

In der Vergangenheit hatte ich ihr vorgeschlagen, mehr Zeit allein und still zu verbringen. Jedes Mal, wenn ich das tat, verzog sie schmerzerfüllt das Gesicht. Die Vorstellung, sich einfach mit dem, was dann passierte abzufinden war für sie quälend. Also beschließe ich, ihr zu zeigen, wie einfach dieser Versuch sein kann; zu demonstrieren, dass sie mit einer kleinen Anstrengung und etwas Stille viel über ihr Selbst erfahren kann. Indem sie sich auf das Leben einlässt, so einfach wie auf einen Gegenstand, kann sie in eine neue Bewusstseinsebene eintauchen und Selbstverbundenheit aufbauen. Mit ihrer Erlaubnis beschließen wir, bei den Details, wie sie ihren Backofen vor zwei Tagen geputzt hat, innezuhalten und sich auf eine geführte Übung einzulassen.

Ich bitte sie, es sich in ihrem Stuhl bequem zu machen. Daraufhin setzt sie sich gemütlich hin, stellt beide Füße nebeneinander auf den Boden und lässt sich entspannt in das Leder sinken. Wir beginnen damit, gemeinsam tief auszuatmen, und dann bitte ich sie, ihre Augen zu schließen. Ich wiederhole beruhigende Affirmationen wie: »Ich bin ruhig«, »Mein Geist entspannt sich«, »Ich fühle mich wohl und bin im Frieden mit dem Ort, an dem ich in diesem Moment bin.« Ich beobachte, wie sich ihre Muskeln entspannen und ihre Augenlider flattern, fast wie in einem leichten, ruhigen Schlummerzustand.

Ich frage: »Spürst du, worauf du sitzt?«

Ich möchte nicht, dass sie die Fragen laut beantwortet, aber ich möchte, dass sie darüber nachdenkt. Ich fahre fort: »Wie fühlt es sich an?«

Nach ein paar Sekunden stelle ich eine Frage, auf die sie überrascht die Augen öffnet.

»Was will dir der Stuhl sagen?«

Sie sieht mich an und versucht herauszufinden, ob ich sie auf den Arm nehme oder nicht. Ich nicke, sie schließt die Augen wieder und macht es sich im Stuhl bequem. »Was bedeutet der Stuhl für dich?«

Ich kann sehen, wie sich ihr Gesicht zu einer Frage verzieht und dann langsam ernst wird.

»Was bedeutet es, dass der Stuhl hier ist und du darauf sitzt? ... Was macht er *mit* dir? Was macht er *für* dich?«

Ich sehe, wie sich ihre Atmung beschleunigt. Sie lässt sich auf die Fragen ein.

»Kannst du akzeptieren, was der Stuhl zu dir sagt? ... Magst du das, was er dir sagt? Bist du damit einverstanden?«

Plötzlich sehe ich, wie eine einzelne Träne über Claires Gesicht kullert.

Sanft fahre ich fort: »Welche Antwort willst du dem Stuhl geben? Was willst du ihm sagen?«

Die Schleusen sind geöffnet. Sie beginnt zu schluchzen, die Augen noch immer geschlossen.

Nach einer Minute lenke ich ihre Aufmerksamkeit von ihrer inneren Welt ab: »Spürst du den Stuhl noch?«

Sie nickt.

Behutsam fahre ich fort: »Wie reagiert der Stuhl auf das, was du ihm zu sagen hattest?«

Ich lasse sie über diese Frage nachdenken.

»Was teilt ihr einander mit?«

Sie wischt sich die Tränen ab, die über ihr Kinn gerollt sind.

»Kannst du dich dem Stuhl überlassen? Mit einem Gefühl des Glücks? Der Freude? ... Spürst du das Vertrauen?«

Sie beginnt wieder zu schluchzen. Sie zieht ihre Knie zur Brust hoch, ihre Fersen stützen sich auf die Stuhlkante.

Ich lasse ihr ein paar Augenblicke Zeit und stelle dann die letzten Fragen: »Willst du dem Stuhl vertrauen? Willst du dich ihm mit deinem ganzen Gewicht hingeben?«

Ich ermutige sie, mit dem Stuhl verbunden zu bleiben, bis sie sich stabil fühlt.

Dann sage ich nichts mehr. Wir sitzen in Stille.

Claire weint weiter, bis sie langsam wieder beide Füße auf den Boden stellt und ihr Atem tiefer wird. Sie hört auf zu weinen.

Ich sage ihr, dass sie ihre Augen öffnen und sich strecken soll, wenn sie das Gefühl hat, dass sie dafür bereit ist.

Als sie die Augen öffnet, sieht sie etwas müde, aber vor allem schockiert aus.

»Was ist in dir hochgekommen?«, frage ich.

»Eine Menge«, sagt sie und erzählt es mir dann. Ihre Worte sind ruhig, gleichmäßig und von Nachdenklichkeit geprägt, als sie zugibt, dass sie sich zum ersten Mal erlaubt hat, über ihren Körper nachzudenken, ihm echte Aufmerksamkeit zu schenken. Wenn sie ehrlich zu sich selbst ist, hat sie das Gefühl, dass sie nie ihr ganzes Gewicht auf *irgendeinen* Stuhl legt, weil sie nicht glaubt, dass er ihr »Schwergewicht« tragen kann. Dann stellt sie eine Parallele zu ihrem Leben her: So, wie sie nicht glaubt, dass *irgendjemand* sie (er)tragen kann. Sie glaubt, dass sie die Last ihres Lebens allein tragen muss. Sie war »erschüttert«, als sie aufgefordert wurde, sich anzuhören, was der Stuhl ihr zu sagen hatte – sie ist es wirklich nicht gewohnt, anderen zuzuhören. Stattdessen macht sie eher voreilige Annahmen und Projektionen und füllt die Lücken mit ihrer Vorstellungskraft. Und schließlich sagt sie, dass die Möglichkeit, mit dem Stuhl zu sprechen – mit dem Fundament ihres Lebens, dem sie nicht vertraut –, sich gleichzeitig beängstigend, aber auch ermutigend und stärkend angefühlt habe. Bis zum heutigen Tag hatte sie nie das Gefühl gehabt, dass sie »mit dem Leben diskutieren« könne.

»Ich bin absolut überwältigt. Die Tatsache, dass ich so schnell so viel über mich selbst und über die Welt (oder in diesem Fall den Stuhl, auf dem ich sitze) lernen kann ... und es so einfach ist, das verändert mein Leben komplett. Ich habe mich so sehr mit meinem Selbst verbunden gefühlt wie seit Jahren nicht mehr. Und das alles nur wegen eines *Stuhls.*«

Jetzt fühle ich mich nicht mehr abwesend.

Diese Therapiesitzung hat sich nicht nur wegen des Stuhls so entwickelt.* Die Übung half Claire, eine *phänomenologische Einstellung* zu entwickeln, die sie von einer äußeren Wahrnehmung zu einer verinnerlichten führte. Meiner Meinung nach ist das eine grundlegende Fähigkeit, um unser Selbst zu sein.

Ich weiß, dass es ziemlich heftig ist, ein neues Konzept gegen Ende dieses Buches einzuführen, aber du bist mit mir bis hierher gegangen (danke!). Ich verspreche dir, dass es von entscheidender Bedeutung ist – dass es das ist, worauf es im Wesentlichen ankommt. Phänomenologie kommt von dem griechischen Wort *phaínomai*, das »erscheinen« bedeutet. Die

---

* Ich erinnere mich, wie ich eine Version dieser Übung zum ersten Mal auf einem unbequemen Plastikstuhl in einem dunklen Kirchenkeller während einer meiner Existenzanalyse-Sitzungen gemacht habe (es war der einzige Raum, den man kurzfristig mieten konnte, und er war ausgesprochen deprimierend). Die Worte von Professor Längle flossen mühelos, und zuerst kam ich nicht umhin, darüber nachzudenken, wie absurd es war, dass ich versuchte, mit meinem Stuhl zu kommunizieren. Ich erinnere mich, dass ich innerlich darüber spottete, dass dies so ein Hippie-Dippie-Mist sei, aber wenn ich schon dafür bezahlte, konnte ich es ja immerhin versuchen. Innerhalb weniger Minuten, nachdem ich aufgehört hatte zu urteilen und mich ganz bewusst und ehrlich auf diese Übung einließ, brach ich natürlich in Tränen aus.

Aufgabe der Phänomenologie ist es, Wissen zu erlangen, indem man einfach das betrachtet, *was da ist*, und sich persönlich auf das einzulassen, was man wahrnimmt.* Es ist eine Haltung, in der wir Einsichten gewinnen, *die auf dem basieren, was wir sehen, und nicht auf dem, was wir wissen* (d. h. nicht auf unseren vorgefassten Meinungen und Vorstellungen). Es ist ein Zustand der *Offenheit*, der *Jede. Einzelne. Sache. Ernst nimmt.* **Es ist unsere *Hingabe* an ein wahrhaftiges In-der-Welt-Sein.** Merleau-Ponty hat in seinem Buch *Phänomenologie der Wahrnehmung* etwas Ähnliches gesagt:

> »Nichts bestimmt mich von außen, nicht weil nichts auf mich einwirkt, sondern im Gegenteil, weil ich von Anfang an außerhalb meiner selbst und offen für die Welt bin.«[63]

Bei dieser Haltung – dieser Art zu existieren – geht es darum, all die flüchtigen Momente zu nutzen, die unser Leben ausmachen, Momente, die sich nie mehr wiederholen werden. Es geht darum, unser Verständnis zu vertiefen und ständig unser Selbst zu sein.

Denn letztlich ist *sein* (unser Selbst) ein Verb.

Längle spricht von Phänomenologie im Sinne eines tieferen Verständnisses der Welt, indem wir die Welt in uns einsinken lassen, unser Selbst berühren lassen und offen sind für *alles*, was die Welt uns zeigt (eine Form der achtsamen Offenheit). Das können wir nur, wenn wir mit »entwaffneten« Augen schauen, ohne jede Abwehrhaltung oder Motivation, etwas oder jemanden zu benutzen. Damit sich das Verständnis vertieft, müssen wir »nach innen« gehen und uns der Wirkung bewusst sein, die es auf uns hat, und dann wieder »nach außen« gehen, um mehr zu sehen. Wir müssen gleichzeitig den Ein-

---

* Ein Weg, Phänomenologie zu praktizieren, ist die Hinwendung (siehst du, was ich da gemacht habe?).

druck erfassen, den der »andere« auf uns hat *und* wie er auf uns wirkt. Mit unserem Eindruck erfassen wir das Wesen der Person. Wir würden nie mit Nachdruck behaupten: »So bist du!« Stattdessen nähern wir uns dem anderen mit der gleichen Gewissheit, mit der wir unser Selbstverständnis angehen sollten: »So sehe ich dich jetzt. So präsentierst du dich mir, so wie ich in diesem Moment mit dir bin. Das ist es, was diese Begegnung für mich bedeutet.«

Der Beobachter ist *Teil* des Beobachteten. Wenn wir uns diesen Gedanken vor Augen halten, kann er uns helfen zu unterscheiden, wo wir aufhören und wo der andere anfängt. Und, was am wichtigsten ist, er kann uns helfen zu verstehen, wie das Selbst und der andere untrennbar miteinander verbunden sind.

Alles, was dir begegnet – ein Stuhl, ein Gemälde, ein Glas Wasser, ein Sonnenuntergang, ein Gespräch, ein Fremder in der U-Bahn, du selbst im Spiegel nach einer schlaflosen Nacht – ist ein Tor zum Verständnis nicht nur deiner Welt, sondern auch deines eigenen Selbsts. Unsere Aufgabe ist es, bereit zu sein, uns von diesen Begegnungen (ob mit Menschen, Dingen oder Ideen) bewegen und beeindrucken zu lassen und zu versuchen zu verstehen, was uns jedes einzelne Ereignis sagen will.

Dies ist der Schlüssel. Wenn du dich immer noch verwirrt oder überwältigt fühlst von der Aussicht, du Selbst zu werden oder zu sein, dann ist das in Ordnung. Atme tief durch und erinnere dich:

> Dein Selbst ist greifbar nahe. Sieh dich um – das *ist*, wer du *bist*.

An diesem Tag mit Claire, als sie sich mit dem Stuhl verband, verband ich mich mit ihr. Und als wir beide unser Verständnis für die »andere« vertieften, vertieften wir auch unser Selbstverständnis (sie stellte sich ihren Ängsten, und ich übernahm die Verantwortung dafür, dass ich mich zunächst nicht auf sie eingelassen hatte). Es erfordert Mut, *in* der Welt zu sein – sich aktiv auf sie einzulassen, von Augenblick zu Augenblick. Es erfordert eine unglaubliche Menge an Mut, sein eigenes Selbst zu sein.

Ich frage mich, wie es wäre, wenn wir alle als Gesellschaft beschließen würden, uns zu *zeigen*, anstatt uns zu verstecken oder zurückzuziehen. Wie wäre es, wenn wir unser Selbst erleben würden, anstatt die Last unserer vorgefassten Meinungen und Erwartungen zu tragen? Wie wäre es, wenn wir zulassen würden, dass andere uns sehen und wir eingeladen wären, die anderen zu sehen? Wie wäre es, wenn wir uns alle darum bemühen würden, einander wirklich zu sehen? Wie wäre es, wenn wir anerkennen würden, dass uns *alles* etwas sagen kann, sowohl über *die Dinge* als auch über uns selbst?

Wenn man sich von seinem Selbstverlust erholt und sein authentisches Selbst ist, fühlt man sich wie geerdet, man ist verwurzelt in einer grenzenlosen Tiefe von köstlicher Resonanz und Übereinstimmung. Es ist ein Gefühl von Angekommensein; ein Gefühl von *Zuhausesein*. Es ist das Gefühl, an einem kalten, verschneiten Tag vor dem Kamin zu sitzen oder am ersten glühend heißen Sommertag in einen kalten Pool zu springen.

Erinnerst du dich an Alex vom Anfang des Buches? Die junge Frau, die ein Leben führte, das nicht zu ihr gehörte? Jetzt, da ihr Selbst nicht mehr verloren ist, erlebt sie ganz bewusst, Schritt für Schritt einen Tag in ihrem Leben, der zum Beispiel so aussehen könnte: Sie wacht auf und nimmt sich eine Minute Zeit, um sich mit sich selbst zu verbinden – mit ihrem Geist, ihrem Körper und ihrem Herzen. Der Morgen ist jetzt ihre liebste Tageszeit, sie hört sich einen Podcast an, der zu ihrer Stimmung passt, trinkt einen Kaffee und macht sich fertig. Sie wählt ihre Kleidung aus – die übrigens in letzter Zeit immer gewagter geworden ist – und bereitet sich das zum Frühstück zu, was sich in diesem Moment für ihren Körper richtig anfühlt. Sie hat einen neuen Job und geht jetzt mit Motivation zur Arbeit, oder zumindest mit Respekt vor ihrer Disziplin. Sie konzentriert sich auf ihre E-Mails, wenn sie welche schreibt, und ist bei ihren Anrufen geistig anwesend (und stellt dabei fest, dass die Arbeit viel mehr Spaß macht, wenn man wirklich engagiert ist). Obwohl es im Laufe des Tages immer noch Meinungsverschiedenheiten, Enttäuschungen und Zweifel gibt, nimmt sie diese jetzt wahr und spricht sie an, sobald sie auftreten. Nach der Arbeit geht sie nach Hause, um das von ihrem Buchclub ausgewählte Buch zu lesen: Diesen Monat ist es *Normale Menschen* von Sally Rooney – ein Buch, das sie schon lange lesen wollte, für das sie aber nie Zeit gefunden hat. Donnerstags besucht sie einen Häkelkurs – das wollte sie schon immer lernen. Seit Kurzem ist sie mit jemandem zusammen, hat aber seit ein paar Tagen nichts mehr von ihm gehört. Anstatt auf das Telefon zu starren und auf eine Nachricht zu hoffen, beschließt sie, ihn anzurufen. Als sie schlafen geht, genießt sie das Gefühl, wie sich ihr Kissen an ihr Gesicht presst. Sie bläst eine Kerze aus und schläft mit der Gewissheit ein, dass sie diesen Tag für ihr Selbst und als ihr Selbst gelebt hat.

Freunde und Freundinnen, euer Selbst zu sein, bedeutet zu wissen, dass ihr diesen Tag – und jeden Tag – bewusst lebt. Also beobachtet, fühlt und probiert das Leben. Schmeckt es! Alles um euch herum kann euch etwas erzählen, wenn ihr es zulasst. Seid wachsam, präsent und unermüdlich leidenschaftlich dabei, die Welt zu erleben. Lasst euch nicht durch Angst in euren Entscheidungen einschränken. Lasst zu, dass euer Leben von lehrreichen Erfahrungen und Triumphen durchzogen ist – von Momenten der Intensität und des Leids, aber auch von berührenden, erhebenden Momenten. Fragt euch immer wieder: *Was habe ich heute über mein Selbst gelernt*?

Wenn du morgens aufwachst – anstatt dich umzudrehen und als Erstes deine Textnachrichten, Social-Media-Accounts oder E-Mails zu checken – wende dein Gesicht der Sonne zu, spüre, wie deine Bettdecke deine Haut sanft bedeckt. Schau dir das Licht an, das durch das Fenster fällt. Regnet es? Beobachte, wie die Tropfen an deiner Fensterscheibe herunterlaufen. Und dann raus aus dem Bett! Auch wenn du müde bist – *spüre* deine Erschöpfung. Führe ein sinnvolles Gespräch, sei es mit jemandem oder mit dir selbst, während du dich für den Tag fertigmachst. Achte auf deine Gefühle. Wovor hast du heute Angst? Was macht dich ärgerlich? Was könnte dich beruhigen? Was bringt Vitalität und Leidenschaft in dein Leben?

Alles kann dir etwas mitteilen, wenn du die Dinge, die dich ablenken, lange genug ausschalten kannst, um genau hinzuhören. Hast du Angst davor, dein Leben anzugehen? Es auf dich wirken zu lassen? Bist du offen dafür, dich von deinen Gefühlen und Gedanken, von den Dingen und Menschen um dich herum berühren zu lassen?

Setze dein Selbst dem Leben aus! Wirklich, ich verstehe das, ich weiß, wie verletzlich und beängstigend das sein kann. Vertraue deinem Selbst genug, um deine eigene Resonanz zu spüren, um zu wissen, welche Erfahrungen du machen möchtest und – was auch ganz wichtig ist – welche Erfahrungen du *nicht* machen möchtest. Vertraue dir selbst, Entscheidungen zu treffen, die dir dienlich sind. Niemand sonst kann verstehen, was es bedeutet, du zu sein oder *dein* Leben zu leben. Das ist ein intimes Wissen, in das nur du eingeweiht bist.

Wenn du also wissen willst, wer du bist, wenn du es leid bist, dich zu verlieren, dann öffne deine Augen. Übernimm die Verantwortung für deine Freiheit und triff deine eigenen Entscheidungen. Die Unannehmlichkeiten und die Anstrengung sind es wert. Nichts ist so wertvoll wie das Bewusstsein über dein Selbst. Es gibt nichts Kostbareres, Wertvolleres, *Unnachahmlicheres*.

Würdest du bitte eine letzte Visualisierung mit mir machen?

Stell dir vor, du bist allein, du trägst deinen bequemsten Pullover und sitzt in einem alten, abgenutzten Ledersessel in der Mitte eines Raumes. Dein Körper schmiegt sich gemütlich in den Sessel, und mit einem tiefen Atemzug lässt du dich bequem hineinsinken. Neben dir steht ein Couchtisch, sauber und glatt, auf dem Tisch liegen zahlreiche Bücher mit zerknitterten Buchrücken und umgeknickten Seitenecken, die deine Lieblingspassagen markieren. Du nimmst deine volle, warme Tasse Kaffee (oder Tee oder Matcha, wähle einfach dein Lieblingsgetränk) in die Hand und trinkst einen Schluck, während du die Fülle des Geschmacks auf deiner Zunge tanzen spürst. Eine grüne Vintage-Lampe neben dir strahlt ihr sanftes Licht aus und erhellt deine Umgebung, zusammen mit den beruhigend knisternden Flammen im Kamin. Eine kühle Brise vom leicht geöffneten Fenster streift deine Wange. Du fühlst dich entspannt und doch hellwach, ruhig und doch energiegeladen.

Plötzlich bemerkst du, wie im offenen Kamin ein kleines, rotglühendes Stückchen von einem brennenden Holzscheit wegspritzt und auf deinem Teppich landet. Dir ist sofort bewusst, dass deine gesamte Existenz gefährdet ist, wenn du nicht aufstehst und den Funken löschst. Das Haus – und das Leben, das du dir aufgebaut hast – ist in Gefahr, bis auf die Grundmauern niederzubrennen.

Nichts ist gerade wichtiger.

Du stehst auf und löschst die Glut aus.

Als du am nächsten Tag an der Stelle vorbeikommst, bemerkst du einen schwachen Fleck auf deinem Teppich, der dich an das eine Mal erinnert, als du beinahe alles verloren hättest … aber es ist nichts passiert. Weil du bewusst und bei dir warst.

Erlaube deinem Selbst zu existieren – im Hier und im Jetzt.

Werde.

Sei.

Danksagungen

Es ist schwierig, Danksagungen zu schreiben, wenn man absolut sprachlos ist. Ein Buch zu schreiben war ein Lebenstraum von mir, die ehrlichste Form des Selbstausdrucks, eine Reise, die ich mit so vielen wunderbaren Menschen unternehmen durfte.

Ezra, du hast mich kennengelernt, als ich in den Tiefen meines Selbstverlustes steckte, und mich trotzdem geliebt. Du warst bei mir, als ich noch nicht wusste, wer »ich« war. Du warst der sichere Raum und die Unterstützung, die ich brauchte, um das Selbst zu schaffen, das ich jetzt habe und liebe. Ich bin mir nicht sicher, ob es die Person, die dieses Buch geschrieben hat, ohne dich geben würde.

Dea, du hast immer so viel Potenzial und Größe in mir gesehen, dass ich schließlich gar nicht anders konnte, als es in meinem Selbst zu sehen. Du machst es mir leicht, so zu sein, wie ich bin. Ich danke dir.

Lauren Hall! Oh, Lauren! Dieses Buch würde ohne dich buchstäblich nicht existieren. Du hast meine Vision sofort erkannt und unermüdlich dafür gekämpft, sie zu bewahren. Danke, dass du dieses Buch so sehr liebst wie ich.

Steve Troha und Jan Baumer (und dem gesamten Folio-Team). Ich habe keine Ahnung, womit ich so ein wunderbares Team verdient habe! Eure großzügigen Herzen und zuverlässigen Instinkte sind der Grund, warum ich hier bin. Ich kann es kaum erwarten, mit euch an meiner Seite weiterzuarbeiten!

Annie Chagnot! Annie! Annie! Wir haben es geschafft! Das war ein dickes Buch (ha!), und du hast deine ganze Seele hineingesteckt – danke dafür. Du hast vor allem dafür gesorgt, dass meine Stimme wahrhaftig und klar bleibt. Ich bin so dankbar, dich als Lektorin zu haben. Danke, dass du dich mit mir auf diesen wilden Ritt eingelassen hast!

Whitney Frick, Debbie Aroff, Corina Diez, Michelle Jasmine, Maria Braeckel und Avideh Bashirrad – und allen anderen im Team von The Dial Press. Ich fühle mich mehr als geehrt, jetzt eine eurer Autorinnen zu sein! Danke, dass ihr an mich geglaubt und so hart daran gearbeitet habt, dieses Buch zu erschaffen und in die Welt zu bringen.

Professor Längle, Sie haben mich inspiriert, mich gelehrt und an mich geglaubt. Sie zu kennen, war eine Ehre.

An meine Familie und Freunde und Freundinnen: Ich bin nur wegen euch hier. Ohne euch und eure Unterstützung hätte ich mich nicht getraut, so laut über die Dinge zu sprechen, die mir wichtig sind.

An meine Leser und Leserinnen: Dies habe ich für euch gemacht, ohne euch wäre es nicht möglich. Danke, dass ihr meinen Traum, Schriftstellerin zu werden, wahr werden lasst.

Anmerkungen

Teil I: Das Selbst

1 Quelle unbekannt. Meistens Søren Kierkegaard zugeschrieben.

Kapitel 1: Was ist Selbstverlust?

2 Søren Kierkegaard, »C. Die Erscheinungsformen dieser Krankheit (der Verzweiflung)«, in: *Die Krankheit zum Tode*, Stuttgart 1997, S. 35.

3 Siehe Alfried Längle, »Existential Fundamental Motivation«, Vortrag im Rahmen des 18. Weltkongresses für Psychotherapie, Trondheim, Norwegen (2002); Alfried Längle, »The Art of Involving the Person – Fundamental Motivations as the Structure of the Motivational Process«, in: *European Psychotherapy* 4, Nr. 1 (2003), S. 47-58; Alfried Längle, »The Search for Meaning in Life and the Fundamental Existential Motivations«, in: *Psychotherapy in Australia* 10, Nr. 1 (2003), S. 22–27.

Kapitel 2: Was ist das Selbst?

4 Søren Kierkegaard, »A. Dass Verzweiflung die Krankheit zum Tode ist«, in *Die Krankheit zum Tode*, S. 13.

5 Somogy Varga und Charles Guignon, »Authenticity«, in: *The Stanford Encyclopedia of Philosophy,* hg.von Edward N. Zalta (Frühjahr 2020). https://plato.stanford.edu/archives/spr2020/entries/authenticity/.

6 Die Braut, die sich nicht traut. Regie: Garry Marshall, 1999.

7 Jean-Paul Sartre, Das Sein und das Nichts. Versuch einer phänomenologischen Ontologie, Reinbek bei Hamburg 1993.

8 Jean-Paul Sartre, »Ist der Existenzialismus ein Humanismus?«, in: Jean-Paul Sartre, *Drei Essays*, Zürich 1964, S. 16.
9 Jean-Paul Sartre, Das Sein und das Nichts, S. 119ff.
10 Ebenda, S. 139–142.
11 Søren Kierkegaard, *Die Krankheit zumTode*, S. 38ff.
12 Anoop Gupta, *Kierkegaard's Romantic Legacy: Two Theories of the Self*, Ottawa, Kanada, 2005. https://www.jstor.org/stable/j.ctt1ckpgbc.5.
13 Ebenda.
14 Viktor E. Frankl, … trotzdem Ja zum Leben sagen. Ein Psychologe erlebt das Konzentrationslager, München 2002, S. 108.
15 Jean-Paul Sartre, Das Sein und das Nichts.
16 Viktor E. Frankl, … trotzdem Ja zum Leben sagen, S. 110.
17 Richard Polt (Hg.), Heidegger's Being and Time: Critical Essays, Lanham, MD, 2005.
18 »Heidegger's Anti Dualism: Beyond Mind and Body«, in ebenda.
19 Søren Kierkegaard, »Die Allgemeinheit dieser Krankheit (der Verzweiflung)«, in: *Die Krankheit zum Tode,* S. 23-30.
20 Jean-Paul Sartre, »Ist der Existenzialismus ein Humanismus?«, S. 17ff.
21 Jean-Paul Sartre, Das Sein und das Nichts, S. 787.

Kapitel 3: Was erwartet das Leben von mir?

22 Friedrich Nietzsche, »Götzen-Dämmerung«, in: *Kritische Studienausgabe* Band 6, hg. von Giorgio Colli und Mazzino Montinari, Berlin 1988, S. 60f.
23 Viktor E. Frankl, … *trotzdem Ja zum Leben sagen*, S. 124ff.
24 Alfried Längle, »The existential fundamental motivations structuring the motivational process«, in: *Motivation, Consciousness and Self-Regulation,* hg.vonD. Leontiev, New York 2012, S. 27-38.
25 Viktor E. Frankl, *Grundkonzepte der Logotherapie*, Wien 2015, S. 26.
26 Ebenda.
27 Ebenda, S. 29.
28 Ebenda, S. 31.
29 Ebenda.
30 Fjodor Dostojewski, *Die Brüder Karamasow*, Band I, Berlin und Weimar 1981, S. 407.

31 Viktor E. Frankl, Grundkonzepte der Logotherapie, S. 12.
32 Ebenda, S. 11f.
33 Ebenda, S. 21.

Teil II: Dein verlorenes Selbst
Kapitel 4: Was verursacht den Selbstverlust?
34 Rollo May, *Der Mut zur Kreativität*, Paderborn 1987, S. 10.
35 André Gide, *Der Immoralist*, München 1983, S. 74.
36 Irvin D. Yalom, *Und Nietzsche weinte*, Hamburg 1996, S. 205.
37 Ebenda, S. 148.
38 Liebe brauchte keine Ferien, Regie: Nancy Meyers, 2006.

Kapitel 5: Wie hält die Gesellschaft den Selbstverlust aufrecht?
39 Martin Heidegger, *Sein und Zeit*, Tübingen 1986, S. 268.
40 Ebenda.
41 Rollo May, in: Conny Robertson, *Wordsworth Dictionary of Quotations* (1998), S. 270. (Das Zitat scheint aus einem 1967 von Mary Harrington Hall mit May für die Zeitschrift *Psychology Today* geführten Interview zu stammen.)
42 Martin Heidegger, *Grundprobleme der Phänomenologie*, in: Gesamtausgabe, II. Abteilung: Vorlesungen 1923–1944. Band 24, Frankfurt am Main 1989, S. 458.
43 Alfried Längle, »The Viennese School of Existential Analysis, the Search for Meaning and Affirmation of Life«, in: *Existential Therapy Legacy, Vibrancy, and Dialogue*, hg. von L. Barnett und G. Madison, New York 2012, S. 159–170.
44 Carl R. Rogers, *Entwicklung der Persönlichkeit*, Stuttgart 1994, S. 34.
45 Hermann Hesse, *Lektüre für Minuten*, Frankfurt am Main 1971.

Kapitel 6: Wo ende ich, und wo beginnen andere?
46 Alfried Längle, »The Search for Meaning in Life and the Existential Fundamental Motivations«, in: *International Journal of Existential Psychology & Psychotherapy* 1, Nr. 1 (2004), S. 28; Alfried Längle, »The Art of Involving the Person – Fundamental Motivations as the Structure of the Motivational Process«, in: *European Psychotherapy* 4, Nr. 1 (2003), S. 47–58.

Teil III: Das Selbst, das du auslebst

47 Hermann Hesse, *Demian. Die Geschichte von Emil Sinclairs Jugend*, Frankfurt am Main 1976, S. 8.

Kapitel 7: Mentales Entrümpeln

48 Megan Oaten, Richard J. Stevenson, Mark A. Williams, Anina N. Rich, Marino Butko und Trevor I. Case, »Moral Violations and the Experience of Disgust and Anger«, in: *Behavioral Neuroscience* 12 (22. August 2018). https://doi.org/10.3389/fnbeh.2018.00179; J. Haidt, »The Moral Emotions«, in: *Handbook of Affective Sciences,* R. J. Davidson, K. R. Scherer und H. H. Goldsmith (Hg.), Oxford 2003, S. 852–870.

49 Martin Heidegger, *Überlegungen VII–XI. Schwarze Hefte 1938–1939*. Gesamtausgabe, IV. Abteilung: Hinweise und Aufzeichnungen, Band 95, Frankfurt am Main 2014, S. 34.

50 Martin Heidegger: *Die Grundprobleme der Phänomenologie,* hg. von Friedrich-Wilhelm v. Herrmann, Frankfurt am Main 2005, S. 458f.

Kapitel 8: Der elektrische Körper

51 Maurice Merleau-Ponty, *Phänomenologie der Wahrnehmung,* Berlin 1974.

52 Ebenda.

53 Ebenda.

54 Jean-Paul Sartre, *Das Sein und das Nichts*. Versuch einer phänomenologischen Ontologie. Reinbek bei Hamburg 1993.

55 Ebenda, S. 686.

56 Ebenda.

57 *Girls Club – Vorsicht, bissig!:* Regie Melanie Mayron und Mark Waters, 2004.

Kapitel 9: Alles fühlen

58 Jill Bolte Taylor, My Stroke of Insight. A Brain Scientist's Personal Journey, New York 2006, S. 146.

59 Ebenda, S. 155.

60 Alfried Längle, *Emotionality. An Existential-Analytical Understanding and Practice*. https://laengle.info/userfile/doc/Emotionality-incompl.pdf, S. 52.

61 Ebenda, S. 44.
62 Ebenda, S. 59.

Kapitel 10: Die Kunst, du selbst zu sein

63 Maurice Merleau-Ponty, *Phänomenologie der Wahrnehmung*, Berlin 1974.

Literaturempfehlungen

De Beauvoir, Simone. Memoiren einer Tochter aus gutem Hause.

Camus, Albert. *Der Mythos des Sisyphos.*

———. *Der Fremde.*

Didion, Joan. *Das Jahr des magischen Denkens.*

Dostojewsky, Fjodor. *Die Brüder Karamasow.*

Ellison, Ralph. *Der unsichtbare Mann.*

Frankl, Viktor E. *Der Mensch vor der Frage nach dem Sinn.*

Heidegger, Martin. *Sein und Zeit.*

Hesse, Hermann. *Demian.*

———. *Siddartha.*

Kafka, Franz. *Die Verwandlung.*

Kierkegaard, Søren. *Entweder – Oder.*

———. *Die Krankheit zum Tode: Eine christlich-psychologische Entwicklung zur Erbauung und Erweckung. Von Anti-Climacus.*

Längle, Alfried. *Existenzanalyse und Logotherapie.*

———. *Existenzanalyse.*

———. *Living Your Own Life: Existential Analysis in Action.*

Merleau-Ponty, Maurice. *Phänomenologie der Wahrnehmung.*

Nietzsche, Friedrich. *Der Wille zur Macht.*

Sartre, Jean-Paul. *Das Sein und das Nichts: Versuch einer phänomenologischen Ontologie.*

———. *Der Ekel.*

———. *Kein Ausgang.*

Whitman, Walt. »I Sing the Body Electric,« in *Leaves of Grass.*

Sachregister

A

Abkoppelung 211, 217 ff.
Ablehnung 106, 146, 169, 177, 196
- gesellschaftliche 130
Abspaltung 212
Aggression 169, 173 ff.
Akteur, Akteurin 49, 118
Akzeptanz 130, 141, 210
Alignment 137
Angst 53, 69, 87, 138, 196, 199, 225 f., 248, 252, 262
Annahme 159, 185, 199, 203 f.
Anspannung 87, 237
Aristoteles 48
Atmung, dynamische 238
Aufgeben 170, 172
Authentizität 30, 60, 62 ff., 70, 108, 145, 150, 205, 213
Autonomie 50, 109, 148, 186

B

Ballast 208
Beachtung 133 ff., 139, 221
Beleidigung 175
Beratungspsychologie 14, 18
Bewältigungsmechanismus 35, 116
Bewusstsein 31, 79, 99, 211, 221, 254, 272
Beziehung 30, 33, 37, 58, 68, 100 ff., 107 ff., 140, 151, 162 ff., 167, 177, 197 ff., 209, 220, 224 ff., 234, 240, 263
- Dynamik 146
- Problem 18
Bezugssystem 145
Body Neutrality 212
Body Positivity 212

C

Chance 42, 147, 151
Coping-Reaktion 168 ff., 176
Cortex, präfrontaler 13

D

de Beauvoir, Simone 269
Depersonalisation 176

Dissonanz 31
Dissoziation 176
Distanzierung 169, 272
Dopamin 217
Druck, gesellschaftlicher 56
Dualismus 211

E

Ehrlichkeit 115, 141, 199, 254
Eigentlichkeit 64
Einsamkeit 111, 149 ff., 169
Einverständnis 38, 128
Embodiment 95, 146, 213
Emotion 246 f., 250 ff., 259
- annehmbare 252
- Beobachtung 249
Emotionalität 38, 154, 246
Endlichkeit 79
Entfremdung 30 f.
Entrümpeln, mental 183 ff.
Entscheidung 29 ff., 49, 51 ff., 62, 69 ff., 111, 118, 186, 259, 264, 281
Ereignis, lebensverändernd 100
Erfüllung 30, 39, 88, 261
Erlaubnis 31, 38, 77, 133, 156, 266
Erstarren 169, 175
Erwartung 104, 125, 136, 152, 155, 191, 193 f.
Essenz 48 f., 64 f., 68, 250
Essenzialismus 48
Existenz 20, 38, 47, 51, 58, 64, 78, 86, 159, 197 ff., 204, 240, 246, 263
Existenzialismus 48 f., 76,
Existenzphilosophie 67, 76

F

Familienregel 105
Familiensystem 132, 245
Fehler 62, 134, 152, 198, 200 ff.
Flexibilität 66
Förmlich sein 171
Frankl, Victor. E. 57 f., 67, 77, 81 ff., 186
Freiheit 38, 43, 51 ff., 62, 69 ff., 113, 150, 164, 186, 201, 209, 216, 236, 247, 281
Freund/Freundin 132, 280
Frustration 252 ff.

G

Ganzheit 42, 66, 145
Geduld 116
Gefühl 29, 33, 39, 63, 80, 83, 135 ff., 159, 168 ff., 174, 198, 203, 213, 225, 250, 279
- inneres 117
- negatives 248
- positives 248
Gegenwart 35, 158, 215, 238, 263,
Geist 95, 151, 211, 214
Gemeinschaft 132
Gerechtigkeit 133, 142 ff.
Gesellschaft 32, 54, 82, 125 ff., 217, 230, 243, 279
Gesundheit, psychische 54, 107, 171

Gewohnheit 191, 194 ff.
Glaubenssatz 203, 250
Glaubenssystem 34, 40
Glück 228
Grenze 110, 160, 161 ff., 214
- eigene 109
- reflexartige 168, 170, 176
- überschrittene 126, 146, 168 ff.
- gesunde 162
Grundvertrauen 117

H
Handeln 29, 36 ff., 49 ff., 65, 82, 115, 120, 129, 155, 168, 172
Handelsmarke 128, 132
Handlungsfähigkeit 34, 49, 98, 213
Handlungskraft 153
Heidegger, Martin 58 ff., 128, 204 f.
Heilung 26
Heilungsprozess 42, 98
Hesse, Hermann 150, 181
Hindernis 30, 99, 145 ff., 177, 205, 211
Hingabe 84, 237, 261, 277
Hinweis, sanfter 46, 74, 92, 124, 156, 180, 208, 242, 268
Hoffnung 76, 172, 239
Holocaust 57, 77
Homöostase 87, 154

I
Ichbezogenheit 173
Identifikation, zu starke 171
Identität 49, 103, 196, 200
Identitätskrise 47, 104
Ignoranz 34, 113, 151, 211
Illusion 114
In-der-Welt-sein 277
Individuum 82, 118, 136, 145
Institution 54, 128, 132
Integrität 5, 27, 66
Intuition 109
Isolation 144

J
Jung, Carl Gustav 93, 141

K
Kierkegaard, Søren 23, 31, 49, 56, 143
Kompetenz 192
Kontrolle 26, 35, 81, 112, 114, 117, 172, 221, 243
Körper 36, 95, 187, 241 f.
- Bedürfnis 219
- Bewegung 235
- elektrischer 209 ff.
- existenzielles Verständnis 213 ff.
- für andere 219, 232 f.
- Ideal 141
- Interaktion 214, 240
- Narrativ über 221 ff.
- Objekt 215
- Projekt 228 f.
- Scan 237
- Selbst-Beziehung 217, 223

- Signal 219, 235
- Subjekt 215
- Verbindung 234 f.
- Wahrnehmung 213, 223 f.
- Werkzeug 231 f.

Körperlichkeit 213
Krankheit 57, 210
Kritik, moralische 130

L

Längle, Alfried 67, 77, 131, 173, 263, 276
Lebendigsein 43, 215
Lebenserfahrung 20, 117, 159, 224, 304
Lebenslinie, Übung 119
Lebenssinn 31, 58, 83 ff.
Lebensumstand 77 f.
Leere 31 f., 89, 112
Leid 15, 41, 57, 78, 84 f., 144, 176,264
Logotherapie 57, 67, 86
Loslassen 185, 189 ff.

M

Macher-Mentalität 172
May, Rollo 107, 130
Menschsein 19, 30, 34, 104, 142, 205
Merleau-Ponty, Maurice 214
Möglichkeit 34, 56, 68, 76, 79, 103, 115, 135, 143, 162, 187, 245, 254, 262, 266
Moral 39 f.
- Vorstellung 40, 151

Muster, emotionales 211, 252

N

Neugier 114
Neuorientierung 42
Nichtauthentizität 60 f., 112, 127, 130, 145
Nichthandeln 31, 39
Nichtstun 53
Nichtübereinstimmung 31, 61, 132
Notwendigkeit 16, 56, 205

O

Objektivierung 212
Offenheit 114, 254, 261, 277
Opfer 102, 117 f., 200
Orientierung 54, 131
Orientierungslosigkeit 32, 89, 61

P

Panikattacke 17, 20
Passivität 128
Perspektive 52, 81, 95, 187, 191
Phänomenologie 214, 276 f.
Philosophie 5, 48, 68, 246
Platon 48
Pol, äußerer 131
Pol, innerer 131
Positivität, toxische 202
Problem, existenzielles 18
Projektion 191, 223, 249, 275
Protagonist/in, des Lebens 121
Psychologie, humanistische 145
Psychotherapie, existenzielle 18, 30, 49, 76, 85, 107, 114

R

Raum 35, 61, 77, 106, 119, 151, 159, 172, 175, 183 ff., 192, 194, 203, 221
- sicherer 212, 225 f.

Reaktion, übertriebene 165
Religion 54, 82
Resonanz 39, 66, 121, 248, 261, 279
- innere 63, 264

Rogers, Carl G. 145
Rolle, gesellschaftlich 142
Rollenspiel 113 f.

S

Sartre, Jean-Paul 49, 51 ff., 58, 63 f., 215
Schmerz 14, 41 f., 55, 100, 151 ff., 169, 171, 202, 256
Schuld 26, 53, 109, 199, 204, 224, 247
Sein, Komplexität des 83
Seinszustand 30, 61
Selbst 47 ff.
- Achtung 33, 235
- Akzeptanz 141, 212
- Ausdruck 49, 160, 245, 258
- Betrug 100, 107 ff., 118
- Bewusstheit 114, 121, 146
- Definition 57
- Findung 47 f.
- Gefühl 30, 50 f., 62, 64 f., 95, 104 f., 122, 125, 130 ff., 162 f., 169, 179, 201
- Gespräch 234
- Grenzen des 161
- Hass 258
- Kontur des 161
- Liebe 30, 152, 212
- Resonanz 121
- Sabotage 33, 195, 233
- Schutz 98, 173
- Sein 128, 142, 176, 204, 248, 271 ff.
- Täuschung 31, 54, 113
- Verbundenheit 273
- verlorenes 93 ff.
- Verlust 25 ff., 95 ff., 113, 125 ff.
- Verwirklichung 211
- Viktimisierung 258
- Wachstum 26
- Wahrnehmung 136, 254
- Werdung 87
- Zuwendung 260

Sex 36, 142, 197, 210, 213, 231, 235
Sicherheit 66, 76 f., 115 ff., 162, 171, 189 f.
Sinn 33, 39 f., 51, 58, 71, 77 ff., 188, 203, 216, 246
- Haftigkeit 83
- Losigkeit 39, 76, 79, 84
- Schaffen 82, 172, 285

Soll-Erwartung 194
Soziale Medien 136, 161, 209, 229, 249
Spannung 152, 237
Stress 36, 192
Struktur 54, 133, 140, 236
System, limbisches 246

T
Tod 16, 59, 61, 88
Trauer 151 f., 263
Trauma 54, 85, 98, 118
Trigger 99, 252

U
Überaktivität 169, 172
Überzeugung 27, 30, 38, 109, 151, 163 f., 191, 199 203, 224
Uneigentlichkeit siehe Nichtauthentizität
Unverbundenheit 61
Unzufriedenheit 33, 84, 265

V
Verantwortung 39, 41, 51 ff., 64, 68 ff., 99, 107, 118, 134, 148, 153, 189, 193, 201, 204, 209, 281
Verantwortungsbewusstsein 54
Vergangenheit 32, 55 ff., 95, 146 f., 200, 255
Verhalten, modelliertes 37, 100, 105, 201
Verletzlichkeit 141, 148, 260
Verletzung 36, 168, 176, 198
Verloren sein 113
Verurteilung, gesellschaftliche 130
Verzweiflung 43, 61, 114
Visualisierung 25, 282
Vitalität 216, 240, 281

W
Wachstum 147, 151, 164
Wahrheit, harte 45, 73, 91, 123, 155, 179, 207, 241, 267
Wandel 42, 108, 146, 151 f.
Weggehen 169
Werden, Akt des 67 ff.
Wertschätzung 133, 139 ff., 233
Wertvorstellung 130
Widerstand 53, 144 ff., 154, 238
Wille 31, 145, 238
Wohlergehen 30
Wunde 37, 135, 137, 152, 187, 201 f., 225, 252

Y
Yalom, Irvin D. 114 f.

Z
Zerrissenheit 31, 100
Zukunft 56, 95, 194, 200
Zustimmung, innere 38 ff., 50, 64, 77 f., 99, 111 f., 195